Das Buch

Otto und Charlotte beginnen ihren Dienst als Krankenpfleger in einem Seniorenheim im Süden Deutschlands. Was sie dort erwartet, ist ungewiss. Gewiss ist jedoch, dass es spannend wird, so wie jeder Einsatz der beiden in der Altenpflege. Mit eisernem Durchhaltewillen und großem Herz meistern sie alle Herausforderungen, lernen viele neue Menschen kennen, alte Menschen mit all ihren Eigenheiten, ebenso wie neue Kollegen. Durch seine kritisch–satirische Brille betrachtet Otto das Leben in diesem Heim, versucht, seinen Job, so gut es geht, zu meistern und macht sich so seine Gedanken…

Ein sehr tiefsinniges und kritisches Buch, welches zum Lesen und Nachdenken einlädt.

Karl & Betta Kamp

Otto & Charlotte auf dem Pfad der Altenpflege

Eine fast unglaubliche Geschichte

 tredition®

www.tredition.de

Otto und Charlotte auf dem Pfad der Altenpflege

Originalausgabe

Copyright: Karl & Betta Kamp

©2013 Karl&Betta Kamp

Verlag tredition Hamburg

Printed in Germany

ISBN: 978-3-8495-6823-8

Bibliografische Information der Deutschen Nationalbibliothek: Die Deutsche Nationalbibliothek verzeichnet diese Publikation in der Deutschen Nationalbibliografie; detaillierte bibliografische Daten sind im Internet über http://dnb.d-nb.de abrufbar.

Inhalt

Legende

Gammlinger – abgeleitet aus dem Norwegischen,
                        herzlicher Ausdruck für alter Mensch

PDL = Pflegedienstleitung einer pflegerischen Einrichtung

WBL = Wohnbereichleitung einer pflegerischen Einrichtung

Gewidmet allen, die trotz der hohen Herausforderungen und niedrigen Löhne in der Pflege in
Deutschland ihren Mann bzw. ihre Frau stehen.

Anmerkung:

Etwaige Ähnlichkeiten mit Personen oder Orten sind
rein zufällig.
Der Autor gibt der Hoffnung Ausdruck, dass das im
Buch beschriebene Pflegeheim nicht auch nur
ansatzweise in der Realität existiert.

Anfahrt

Ich starte unser Auto, gemeinsam mit meiner Frau Charlotte fahre ich in Richtung unseres Einsatzzieles. Das Navigationsgerät kennt die Strecke. Das Ziel, ein kleiner Ort in Süddeutschland, ein klitzekleines Pflegeheim.

Vermutlich drei Häuser, fünf Spitzbuben, einer davon ist der Heimleiter. Hoffentlich nicht, aber bei den Erfahrungen, die wir im Laufe der Jahre in vielen deutschen Pflegeheimen gesammelt haben, ist das nicht unwahrscheinlich.

Wir vertrauen dem Navigationsgerät, aber trotzdem ist plotzlich die Straße gesperrt, der Grund - ein Volksfest. Uns stellt sich die Frage, muss man Volksfeste so feiern, dass alle etwas davon haben, egal, ob sie dies wollen oder nicht? Nach zwanzig Kilometern das nächste Ärgernis, selbst das Navi ist einen Moment lang überfordert, mehr als einen Moment, denn auch die Verfügbaren der Ausweichvarianten sind von der Sperrung betroffen und eine Umleitung ist nicht so recht nachvollziehbar ausgeschildert.

Da haben die Planer so richtig gute Arbeit geleistet.

Weil wir aber ein bodengebundenes Individualverkehrsmittel gewählt haben, müssen wir mit Straßensperrungen und impotenten Umleitungen leben.

Wenn ein Volksfest Ausdruck der Lebensfreude ist, so können wir feststellen, in unmittelbarer Nähe unseres Wohnortes haben die Menschen Grund zum Feiern, uns ist nicht nach Feiern zumute.

Wir sind sauer.

Meine Frau als Beifahrerin verdächtigt mich der fehlerhaften Navigationsgeräteeinrichtung, nun, so wie es gerade läuft, ist der Verdacht nicht unbegründet.

Die Entfernung zur Autobahn war eigentlich laut Navi überschaubar, aber die Umleitungen lassen den Weg schier unendlich weit erscheinen.

   Es ist zum Verzweifeln, nicht genug, dass sich die Umleitungen zu massiven Behinderungen unserer Reise entwickeln, als wir uns endlich wieder auf der vom Navi geplanten Fernverkehrsstrasse befinden, können wir uns nur kurze Zeit freuen, denn vor uns fährt ein Traktor mit zwei Anhängern, welchen wir gegenverkehrsbedingt nicht überholen können.

Was macht ein Traktor zum Samstag auf der Straße?
Wieso ist dieser Landwirtschaftspilot nicht auch auf dem Volksfest?
Glücklicherweise nach gut fünfzehn Minuten Traktorverfolgung biegt dieser von der Straße ab.
Endlich freie Fahrt, so sieht es aus, aber es sieht nur so aus.
Wer einmal Pech hat, an dem bleibt es kleben.
Wir sichten vor uns einen Mercedes, besser gesagt eine Mercedesschnecke, bei erlaubten hundert Kilometern pro Stunde ist er mit atemberaubenden fünfundsechzig unterwegs, ein Überholen wegen des Gegenverkehrs unmöglich.
Die Insassen sind vermutlich Besucher des Volksfestes auf der Rückreise.
Die Gedanken und Wünsche für den vor uns Fahrenden möchte ich lieber nicht niederschreiben, jeder, der sich schon einmal in solcher Situation befunden hat, weiß Bescheid.
Während des nun doch möglich gewordenen Überholvorganges können wir die Insassen kurzzeitig sehen.
Ein Paar, möglicherweise ein Ehepaar (jenseits der Siebenundsechzig), er mit Hut, sie ohne, sitzen entspannt im Auto und freuen sich scheinbar des Lebens.
Das ist heute der dritte oder vierte Fall, wo sich das gute alte Sprichwort bestätigt: „Des einen Freud ist des anderen Leid."

   Meine Beifahrerin macht erneut ihrem Unmut Luft, der Verdacht der Fehlbedienung des Navigationsgerätes steht nach wie vor im Raum, nun, wenn man ein Navi einrichtet und sich darauf verlässt, liefert man sich zu einem großen Teil diesem Gerät aus.

Ich bin mir nicht ganz sicher, ob das Gerät fehlerlos arbeitet, möchte dies aber nicht verbal ausfechten, vermutlich hätte meine Beifahrerin dafür kein Verständnis.

Eine weitere Umleitung und vierzig Kilometer später gibt das Navi bekannt: "Nach achthundert Metern biegen Sie rechts ab, dann fahren Sie auf die Autobahn!"

Jetzt sind wir endlich auf der Autobahn, Schnellstraße, Schmelztiegel aller zwei-, vier- und mehrrädrigen Kraftfahrzeuge.

Wir sind dort, wo wir meinen, schnellstmöglich unserem Ziel entgegen fahren zu können.

Aber schon kurze Zeit später wird uns klar, dass eine Ankunft nicht so hundertprozentig sicher ist, ein Fiat UNO, welcher sicher nichts mit der gleichnamigen Organisation und deren Zielen gemein hat, fährt auf unser Auto so nah auf, dass man meinen könnte, er, der Fahrer, hat das Ziel, in unserem Kofferraum einzuparken.

Der Fiatlenker, ein Mann, so ist im Rückspiegel zu erkennen, gestikuliert wild, gibt pausenlos Lichthupe.

Er ist dem Herzinfarkt scheinbar näher, als sein Fiat unserem Kofferraum.

Aber wir sind auf der rechten Spur, fahren die erlaubte Höchstgeschwindigkeit.

Wo sollen wir hin?

Wir können uns doch nicht in Luft auflösen.

Ist es denn tatsächlich wahr, dass die wirklich Verrückten draußen herumlaufen oder fahren?

Hat man diese Zeitgenossen nur noch nicht ausreichend untersucht?

Oder ist es wahrlich so, dass wir mehr oder weniger alle eine Meise haben, uns in das Laufrad der Aktivitäten des täglichen Lebens einsperren lassen, oft sogar freiwillig hineinklettern um

zu beweisen, was wir für tolle, überdurchschnittliche, leistungsfähige Schwachmaten sind und wir rennen, rennen und rennen, bis wir nicht mehr mithalten können, bis uns das Laufrad die Beine weg haut und wir auf der Nase liegen?
Schneller, höher, weiter.
Wieso muss man in immer kürzerer Zeit immer mehr erreichen?
Man spricht ständig davon, Zeit ist Geld. Die Frage ist für mich: Geld, nur für wen?
Der Mensch, der dies tut, oder tun muss, hat nichts oder nur wenig davon, er vermehrt mit seiner Arbeit den Reichtum von einigen wenigen, begründet damit seine eigene Armut und Hilflosigkeit.
Wir Menschen lassen uns treiben, lassen uns durch das Leben hetzen.
Wir versuchen, unsere Mitmenschen permanent zu übertreffen, sind mit dem, was wir erreicht haben, nie zufrieden und streben immer nach dem nächst Höheren, sind dabei der Meinung, nach Besserem.

Im Herbst/Winter unseres Lebens müssen und werden wir für unsere Blödheit bezahlen.

Blöd und/oder Verrücktheit oder doch Angst?

Ich habe den Verdacht, dass die Verrücktheit darin besteht, dass man hofft, wenn man fleißig ist, wenn man korrekt arbeitet, wenn man Gutes tut, sich um seine Kinder, seine Familie mit aller Kraft kümmert, treu und brav seine Steuern bezahlt, dass man dafür belohnt wird.
Wenn "Undank der Welten Lohn ist", dann hat man gute Chancen, einen gerechten Lohn zu erhalten.

Bei einer Familienfeier in einem Landgasthof habe ich einen Spruch gelesen. Dieser lautete: "Schaff und erwirb, zahle Steuern und stirb."
Genau dieser Spruch beschreibt das reale Leben in unserer Bunten Republik und das ist doch wohl die Abartigkeit zur Potenz.
Man lässt sich einflüstern oder flüstert sich selber ein, dass alles

gut wird.
Nichts klappt so gut wie sich selbst zu belügen.
Schönreden ist einfach genial.

Das Urvertrauen verliert der Mensch bei der Geburt.
Kaum das Licht der Welt erblickt, hat man eigentlich genug
gesehen.
Ein Zurück ist ab diesem Zeitpunkt nicht mehr möglich, nun ist
man Mensch, nun muss man sein, egal, wie sehr man sich
zurücksehnt in den Schutz der Mutterhülle.

Was ist überhaupt wertvoll für uns Menschen?
Wir reden über Nachhaltigkeit und meinen den eigenen
momentanen geldwerten Vorteil.
Nur Bares ist Wahres, das Geld ist in den Augen Vieler das
Nonplusultra.

Charlotte und ich kommen mit wenig Geld aus, aber auch das
muss, wenn es gar nicht anders geht, von uns erarbeitet
werden.
Aus diesem kühlen Grunde rollt unser Auto über die Autobahn,
um uns herum tobt der ganz normale Wahnsinn, wir werden
überholt von PKW und Motorrädern, welche Geschwindigkeiten
fahren, die jenseits von gut und böse sind.
Lastkraftwagen, welche ihre so genannten Elefantenrennen
fahren, LKW, die ohne Rücksicht auf die auf der Überholspur
Befindlichen einfach links herausziehen und wenn man nicht
rechtzeitig bremst, hat man den Schaden, gegenseitige
Rücksicht und Fairness… Fehlanzeige.
Es herrscht ein Krieg auf der Autobahn, bei dem keine
Gefangenen gemacht werden.
Bei manchen motorisierten Artgenossen hat man das Gefühl,
dass sie sich das weiße Stirnband mit der roten aufgehenden
Sonne umgebunden haben.
Kamikaze, was soviel wie göttlicher Wind bedeutet, erscheint in
neuer Bedeutung.

Jeder stirbt für sich allein, häufig jedoch nehmen diese Autobahnkrieger aber auch andere mit.

Die Gelegenheiten sind gar vielfältig, von solchen Herrschaften erlegt zu werden, man ist nicht gezwungen, gleich die erstbeste zu nutzen.

Wir haben uns in die riesige Autobahnnutzergemeinschaft eingereiht, sind in dieser aufgegangen.

Mit uns unterwegs in Richtung Süden, besser gesagt in den Westen Deutschlands, sind PKW verschiedener Größenordnungen mit häufig wiederkehrenden Buchstabenkombinationen auf den Nummernschildern.

Kennzeichen wie WFS, BLK, EE, BB, HAL, HRO, DZ, ERZ, TG, aber auch nichtdeutsche PKW mit Nationalitäts-Kennzeichen wie PL, BG, LT, CZ und weitere, auffällig sind sehr viele LKW aus Polen.

Da stellt man sich doch zwangsläufig die Frage, warum sind diese Menschen unterwegs?

Was treibt sie in Massen auf deutsche Autobahnen, sind sie alle auf Urlaubsreise?

Wollen sie Verwandte besuchen?

Haben sie sich verfahren?

Die Antwort ist möglicherweise oder ziemlich sicher ganz woanders zu suchen.

Es drängt sich der Verdacht auf, dass diese Völkerwanderung mit der notwendig gewordenen Flexibilität des Gelderwerbes zu tun hat.

Aber das ist nur eine Vermutung, welche sich bei der doch anstrengenden Autobahnfahrt einstellt.

Während dieser langen Autobahnfahrten muss man immer mit der Blödheit, Aggressivität oder anderen Verwerfungen der menschlichen Spezies rechnen und man kann sich glücklich schätzen, wenn man solch eine „Feindfahrt" wohlbehalten überlebt hat.

Meine bessere Hälfte und auch ich sind voll angespannter Erwartung.

Unser Bauchgefühl ist eher pessimistisch.

Weiß unser Bauch mehr als unser Hirn?
Wir haben noch kein Pflegeheim erlebt, von dem man ruhigen
Gewissens sagen könnte: "Man kann sich vorstellen, bei
Notwendigkeit dort einzuziehen oder seine Angehörigen dort
unterzubringen."
Es gibt aber auch gute Heime, so meinen einige Insider, solche,
in denen es schon zum Frühstück Champagner gibt.
Nun gut, wahrscheinlich sind die Bewohner um 10.00 Uhr schon
so besoffen, dass sie ihre Umwelt nicht mehr so richtig
mitkriegen.
Seit Neuestem gibt es ja Pflegeheime in Ungarn, Tschechien,
Thailand und weiteren Ländern, in denen deutsche Altlasten
preisgünstig untergebracht werden können.
Die Auswahl der Alkoholika wird dort sicher mittels
Bilderkatalog erfolgen, wer Kummer hat, braucht auch Likör, und
je größer der Kummer....
In Ungarn Tokajer, in Tschechien Slibowitz und wer das Glück
hat nach Sibirien verschickt zu werden, wird mit Wodka ruhig
gestellt.
Noch arbeiten wir aber in Deutschland und unser Ziel ist ein
Pflegeheim unterhalb des Weißwurstäquators.

    Ein paar Informationen hat man uns bereits telefonisch
gegeben.
Charlotte wird Dauertagdienstlerin und ich Permanentnachteule.
    Die Frauenquote in der Chefetage des Hauses ist zu
einhundert Prozent erfüllt.
    Das Heim ist in kirchlich/ privater Trägerschaft und mit
siebenundvierzig Bewohnern voll belegt.
    Im Tagdienst ist eine Pflegekraft für zehn Insassen zuständig.
Der Schichtablaufplan regelt genau, was dem Heimbewohner
vom Aufstehen bis zum Zubettgehen anzutun ist, sogar der
zeitliche Rahmen ist vorgegeben.
    Als ich dies zum ersten Mal hörte, kam mir der Spruch: "Der
BH ist für die Brust und der Plan für den Arsch" in den Sinn, ich
frage mich nach wie vor, wie Pflege alter Menschen nach Plan
funktionieren soll.
Man soll jedoch nicht voreilig meckern, es gibt Dinge zwischen

Himmel und Erde, die kann man nicht erklären, aber sie funktionieren doch oder eben auch nicht.

Der Nachtdienstler ist Einzelkämpfer oder mehr Einzelverlierer.

Einer für siebenundvierzig oder siebenundvierzig gegen Einen. Hört sich schon irgendwie nach Herkulesarbeit an. Ich bin aber kein Herkules oder Zauberer und das sind ungünstige Voraussetzungen zur Erfüllung der Aufgabe.

Enfant perdu. Auf verlorenem Posten trifft es wohl am ehesten.

In Vorbereitung unseres Einsatzes haben Charlotte und meine Wenigkeit einfach mal ein bisschen gerechnet. Für die Übergabe vom Spät- zum Nachtdienst sind fünfzehn Minuten vorgesehen.

Das bedeutet, bei siebenundvierzig Menschen neunzehn Sekunden pro Bewohner Redezeit, vom Nachtdienst zum Frühdienst die gleiche Zeit, wenn man von acht Komma fünfundzwanzig Stunden Arbeitszeit ausgeht, bleiben abzüglich beider Übergaben sieben Komma fünfundsiebzig Stunden bei siebenundvierzig Bewohnern.

Das wiederum entspricht einer theoretisch möglichen Anwesenheit beim Bewohner von zehn Komma elf Minuten, die gewerkschaftliche Pause nicht berücksichtigt, da diese in den meisten Pflegeheimen sowieso nur auf dem Papier steht, und das ist ja bekanntlich geduldig.

Selbst Speedy Gonzales, die schnellste Maus von Mexiko, müsste hier passen.

Eine Quote, die schon beängstigend ist, hauptsächlich für mich. Ich gehe jedoch davon aus, dass die Heimbewohner sich schon daran gewöhnt haben. Der Mensch ist ja bekanntlich ein Gewohnheitstier.

Von uns wird berechtigterweise erwartet, dass wir uns spätestens am zweiten Tag nahtlos in das Team eingefügt haben und die an uns gestellten Aufgaben ohne Abstriche erfüllen können.

Das bedeutet, sich als zeitlich befristeter Beschäftigter sofort einen genauen Überblick zu verschaffen, man muss Schwamm spielen, alle auch im ersten Augenblick noch so nutzlosen Informationen aufsaugen, die pflegerischen Abläufe, die Besonderheiten der Bewohner, aber noch wichtiger ist das Wissen, wie die Kollegen ticken, wer sind die Alphatiere, wer sind die Partisanen, wie steht die Kollegenschaft zur Heimleitung, welche Rolle spielt die PDL (Pflegedienstleitung), also Augen und Ohren auf, die Speicherkapazität seines Hirnes größtmöglich ausnutzen.

Eine wichtige Regel am ersten Tag und den folgenden ist, eigentlich überhaupt und von sich selbst nur Belanglosigkeiten preiszugeben.

Wer sich offenbart, ist verletzbar und das ist im Wolfsrudel tödlich.

Man gibt sich am besten einfach strukturiert und ahnungslos und fachlich so kompetent, dass es zur Ausübung der Aufgabe rcicht.

Sei schlau und gibt dich volksnah, passe dich der jeweils gefragten Inkompetenz an, ohne dein Examen zu gefährden.

Ein/e Kollege/Kollegin, welche/r als Neuling durch Kompetenz auffällt, selbstbewusst auftritt, ehrlich seine Meinung sagt, bewegt sich auf sehr dünnem Eis.

Mit dem Herz auf der Zunge ist man sehr schlecht beraten, man kennt die Verflechtungen, Verwandtschaftsbeziehungen, Abhängigkeiten oder andere Verfilzungen seiner Kollegen nicht.

Wichtiger als Reden ist Zuhören und Abspeichern, eine überdurchschnittliche Merkfähigkeit ist sehr hilfreich.

Ich weiß nicht mehr, wer es gesagt hat, aber es trifft den Kern: "Pflege ist die Tätigkeit zwischen zwei Intrigen".

Das Ziel muss sein, so zu arbeiten, dass man weder positiv oder anderweitig auffällt, alles in die vorgesehenen Akten und Formulare schreibt, wenn notwendig es so verklausuliert, dass der tiefere Sinn nicht sofort auffällig wird.

Otto lernt das Heim kennen

Nach acht Stunden ist es geschafft, der Gnadenhof, das Altenheim, das Altenpflegeheim, ist erreicht, von außen ein neuer Bau mit zwei Etagen, auch das Parkplatzproblem wurde hier großzügig gelöst.

Wir sind angekündigt und erhalten ohne Probleme unsere Zimmerschlüssel, das ist angenehm und nicht selbstverständlich.

Unsere Unterkunft ist ausreichend für zwei Personen, Fernseher ist vorhanden, Dusche plus Toilette im Zimmer, ein großes Fenster, zwei Pflegebetten, zentral gelegen.

Was wollen wir mehr?

Genau gegenüber dem Dienstzimmer und Wand an Wand mit dem großen Speisesaal der Heimbewohner.

In der ersten Nachtschicht werde ich von einer fest angestellten Kollegin des Hauses eingearbeitet.

Pünktlich begebe ich mich zum Ort der Dienstübergabe, dem Dienstzimmer im Erdgeschoss, ein dickes Notizbuch ist mein Begleiter, um alles, was von mir arbeitstechnisch und darüber hinaus erwartet wird, aufzuschreiben.

Zwei Kollegen sitzen am Tisch, sichtlich gezeichnet von den vergangenen Stunden im Pflegekampf, bereit und froh, den Rucksack der Verantwortung über den Tisch zu schleudern.

Meine Instrukteurin für diese Nacht hat eine Brigitte-Nielsen-Frisur, heißt auch Brigitte, hat einen süddeutschen Dialekt und ist auf den ersten Blick ganz nett.

Die Dienstübergabe im Allgemeinen und Besonderen geht vorüber. Nun bin ich mit der Kollegin allein.

Die beiden Spätdienstler geben Fersengeld.

"Willkommen am Arsch der Welt, ich heiße Brigitte und bin von Anfang an dabei!"

Eine durchaus herzliche, wenn auch nicht alltägliche Begrüßung.

16

Der Arsch kann ja in gewissen Notlagen ein durchaus segensreiches Organ sein.

Eine der Hintergründe für Brigittes arschige Einstufung der Örtlichkeit ist das qualitativ hochwertige Funkloch.

"Wenn du mit dem Handy telefonieren willst, ist der Friedhof der beste Platz, da hast du einigermaßen Empfang."

Nomen est omen.

Brigitte wohnt in einem zehn Kilometer entfernten Dorf. "Jedes Mal, wenn ich mit meinem Auto am Ortseingangsschild vorbeifahre, geht das Autoradio aus, in diesem Nest ist wirklich der Hund verreckt."

Ich persönlich denke mir, es gibt Schlimmeres als ein Tal der Ahnungslosen.

Nach dieser kurzen Standortcharakteristik beginnt mich meine Kollegin mit einem Überblick das Heim betreffend zu überraschen. Das Pflegeheim hat fünf angestellte Pflegefachkräfte, davon ist eine Kollegin zu einhundert Prozent fest angestellt, der Rest zwischen fünfzig und fünfundsiebzig Prozent befristet.

Seit Eröffnung des Pflegeheims vor zwei Jahren wurden sieben Pflegedienstleitungen verschlissen, viele Pflegekräfte haben aufgegeben oder wurden aufgegeben.

Die aktuelle Heimleitung war vor ihrer Inthronisierung halbtags als Sachbearbeiterin beschäftigt („Positiv bewertet", meint Brigitte, "hat sie weniger als Null Ahnung") und trägt nun in einer Einhundert- Prozent-Stellung die Verantwortung als Heimleitung.

Pflegedienstleitung Nummer Acht wird von Pflegedienstleitung eines anderen Heimes dieser Organisation beaufsichtigt, bildet mit dieser zusammen eine Doppelspitze (ein sehr zweischneidiges Schwert).

Die Führung der Pflegekräfte erfolgt sowohl von der einen Dame als auch von der anderen, nur eben nicht gemeinsam.

Wenn eine der beiden sagt rot, meint die andere blau oder trifft in Abwesenheit der gerade nicht Anwesenden Entscheidungen, die in die Gegenrichtung der vorab gefällten Entscheidung führen.

Die beiden Damen ziehen gemeinsam an einem Strang, das Problem ist nur, dass sie dies an verschiedenen Enden tun.
Die Aufsichtshabende ist die Dominante, aber auch mit ihrer Schülerin ist nicht zu spaßen.
Sie graben sich unterstützend gegenseitig das Wasser ab.
Schlussendlich hat sich hier ein Machtvakuum gebildet, eine Pattsituation, welche niemandem so richtig nützt, wohl eher allen schadet.
 Laut Brigitte ist es nur eine Frage der Zeit, bis sich das Personalkarussell wieder dreht und eine der beiden oder beide von ihren Sitzen geschleudert werden.
Die Kollegen sind verunsichert, wissen nicht, was richtig ist, was sie tun sollen, die Leitungsstruktur ist eine Struktur des Leidens. Die Regel ist, dass es keine Regeln gibt, alles ist mehr oder weniger von den Befindlichkeiten der jeweilig anwesenden PDL abhängig.

Viele Köche verderben den Brei oder ohne konkrete Vorstellungen von der Zubereitung wird aus einem Braten eine Suppe und die ist vermutlich auch noch ungenießbar, nun, man soll ja auch arbeiten und nicht genießen.
Die Mitarbeiter sind in der komfortablen Situation, die Grütze auszulöffeln zu dürfen, welche die beiden Grazien eingerührt haben, ohne die Wahl zu haben, sich zu verweigern.

Dort, wo kein Vertrauen in die Vorgesetzten vorhanden ist, wo die Firmenpolitik nicht verstanden wird, dort wo das Chaos regiert, hat der Normalo ganz schlechte Karten.
Meine Einarbeitungsverantwortliche meint, man fährt am besten, wenn man tut, was man selbst für richtig hält und persönlich verantworten kann.
Man kann und sollte nicht darauf hoffen, dass man von "verantwortlicher Seite" Hilfe erhält.
 Also macht jeder was er will, lässt sich dabei möglichst nicht erwischen und so funktioniert es trotzdem oder auch nicht.
 Eine Woche vor unserer Ankunft war die Heimaufsicht zu Besuch, die Kollegin meint, mit vernichtendem Ergebnis, nun, denke ich mir, ganz so vernichtend scheint sie ja nicht gewesen zu sein.

Das Heim wurde ja nicht geschlossen.

Unter anderem wurde bemängelt, dass nur eine einzelne Person im Nachdienst anwesend ist, es hat sich aber nichts geändert und es wird sich auch nichts ändern.

Die Verantwortlichen hier sind ein bisschen uneinsichtig und kritikresistent, meint Brigitte.

Charlotte und ich haben während der letzten Weiterbildung in Sachen Qualitätsmanagement erfahren, dass Fehler und Mängel Schätze sind, welche nur darauf warten, gehoben zu werden.

Wenn das so ist, dann sind wir hier auf einer der vielen Pflegeschatzinseln Deutschlands gelandet.

Wenn man das so hört, was man hört, wissen die Verantwortlichen scheinbar wohl wirklich nicht so recht, was sie tun, aber das machen sie mit ganzer Kraft.

Es scheint ein Minenfeld ungeahnten Ausmaßes zu sein, eine nie zuvor erlebte Fettnäpfchenansammlung.

„Pass auf, was du tust und zu wem du was sagst, sonst überlebst du hier nicht lange", ein Tipp von Brigitte, „…nicht zum Mitschreiben…"

Bevor wir beide, also Brigitte und ich, uns auf den ersten Kontrollgang begeben, die eindringliche Ermahnung meiner Kollegin: "Schreib alles auf, die Dokumentation ist das Allerwichtigste, hier muss alles hundert Prozent stimmen, der Rest ist nicht so wild."

Bedeutet im Klartext, gerade noch akzeptable Pflege bei perfekter Pflegebürokratie.

Die mir beigeordnete Kollegin ist seit Eröffnung dieses Heimes dabei und ich habe den Eindruck (jeder hat so seine Leiche im Keller), dass aber hier die Anzahl der Kellergenossen weit über dem Durchschnitt liegt und Brigitte weiß genau, wo sie versteckt sind.

Mit diesem Wissen genießt sie eine gewisse Immunität.

Zwischendurch macht sie ihrem Unmut Luft, dass es eigentlich unmöglich ist, den hier einsitzenden Menschen gute Pflege angedeihen zu lassen, im Nachtdienst hat man " Gott sei Dank" seine Ruhe vor den wenigen, aber leider im Tagdienst doch anwesenden Leitungsgrößen und Pflegezwergen, welche dackelgleich zwischen den Beinen herumwuseln, ungefragt und wirklich lästig in die Waden beißen.

Der Pflegebetrieb wird mit deren Feststellungen und Aufgaben, mit Überprüfungen und Fragen, mit Zusatzaufgaben und Anordnungen mehr behindert als vorangetrieben, ja, manchmal sogar zum Stillstand gebracht. Sabotage im Pflegeheim-ein Qualitätsmerkmal in der modernen Pflege?

Man kann nach Aussagen der Kollegin den Eindruck gewinnen, diese Funktionsträger sind ein bisschen balla bully, aber zum Glück habe ich mit denen nachts nichts oder nicht viel zu tun. Meine Charlotte jedoch tut mir jetzt schon leid.

Nun beginnt der Kontrollgang, nein, noch nicht, vor dem Kontrollgang muss man zuerst die Temperatur der Kühlschränke kontrollieren und protokollieren, sehr wichtig, denn dies ist der erste Anlaufpunkt der Heimleitung am Morgen. Dies ist ein ganz persönliches Hobby der Chefin.

Danach steht eigentlich die Herstellung des Verschlusszustandes des Hauses auf dem Plan.

Doch in diesem Augenblick kommt eine Dame mit Hund (einem ziemlich großen) auf dem Flur angewandert und meint, dass sie mit Jolanta, so der Name des Hundes, Gassi gehen müsse.

Also Hund und alte Dame raus, Tür zu!

Eindringlicher Hinweis von Brigitte an die alte Dame, erstens nicht solange draußen zu bleiben und zweitens bei Rückkehr die Nachtklingel am Haupteingang zu betätigen, worauf wir sie dann wieder einlassen würden.

So lernte ich die ersten beiden Alten kennen (grauhaariger Hund und alte Dame).

Laut meiner Kollegin muss ich mich darauf einstellen, dass Henriette und Jolanta des Öfteren nachts ihre Runden drehen. Frau Henriette ist Selbstzahlerin.

Sie hatte einen gut gehenden Escort-Service, den sie verkauft hat. Und nun lebt sie im Pflegeheim, sie braucht fast keine Hilfe, und sie ist sehr nachtaktiv.

Der Hund Jolanta ist jeden Morgen mit Schmerztabletten zu versorgen und erhält pünktlich vormittags halb elf ein Stück Leberkäse, zusätzlich zu seinem Hundefutter.

Laut einer Verordnung des Tierarztes soll das Hundetier seit einem Jahr auf Diät sein, das jedoch ignorieren alle, auch Jolanta legt darauf keinen besonders großen Wert.

Die nächste Bewohnerin, welcher ich ansichtig werde, ist Hilda, eine ehemalige Wirtin, mit einem Gewicht jenseits der einhundertundneunzig Kilo.

Betont vorsichtig betritt meine Kollegin das Zimmer, um das auf dem Tisch liegende Formular, auf welchem man die durchgeführten Kontrollgänge quittieren soll, abzuzeichnen.

Die Vorstellung erfolgt flüsternd im Telegrammstil: „Hilda, sechsundsiebzig Jahre alt, klar im Kopf, Augen wie ein Adler, Ohren wie ein Luchs, meist übellaunig, isst wie ein Marathonläufer, bewegt sich nicht mehr als sie unbedingt muss, hat drei Söhne, davon kümmert sich einer täglich um sie, er ist also täglich mindestens zwei Mal anwesend, dabei ist es nicht ausgeschlossen, dass er bereits frühmorgens halb sechs bei der Mutter erscheint. Er sucht ständig Beweise, die darauf schließen lassen, dass nach seinem Verständnis die Mutter mangelhaft gepflegt wird. So versteckt er Medizinbecher unter dem Bett, um die tägliche Reinigung des Zimmers zu prüfen, markiert den Füllstand der mit Namen gekennzeichneten Colaflasche im Bewohnerkühlschrank, verlangt Rechenschaft über getätigte oder nicht getätigte Colagabe, besteht darauf, dass seine Mutter Punkt sieben Uhr aus dem Bett geholt wird und die Erste ist, die im Speisesaal sitzt.

Was die Übellaunigkeit betrifft, steht er seiner Mutter in nichts nach, dies ist ganz sicher oder wenigstens vermutlich genetisch bedingt.

Mindestens einmal bei jedem Besuch stellt er die Frage: „Was ist das eigentlich für ein Scheißladen?" Ohne jedoch wirklich eine Antwort zu erwarten.

Jeder, der schon einmal Bestandteil eines "Scheißladens" war, weiß, dass man sich Mühe geben kann wie man will, gewisse Auffälligkeiten sind trotz alledem nicht zu vermeiden.

Ich sehe die schlafende alte Dame und gepaart mit den Informationen meiner Kollegin läuft vor meinem geistigen Auge ein Tag im Leben dieser Frau ab.

Im Alter setzt man möglicherweise andere Maßstäbe, ob man einen guten Tag hatte oder nicht.

Hilda geht davon aus:

Ich habe gewonnen, bin glücklich, wenn ich meinen Willen durchgesetzt habe, ich habe selbst bestimmt, um sieben Uhr aufzustehen und ich bin aufgestanden worden.

Hatte sieben Uhr zehn die Möglichkeit, meine schlechte Laune an der Frühdienstschwester auszulassen und sie außer der Reihe als „blöde Kuh" zu bezeichnen, worüber sie sich sichtlich geärgert hat, sieben Uhr vierzehn werde ich mit dem Rollstuhl in das Bad gefahren.

Kurz, nachdem wir das Bad erreichen und die Schwester mir die Unterhose herunterzieht, entfleucht mir ein Stuhlgangshaufen, über den selbst Kuh Elsa vom Öko-Fünf-Sterne-Bauernhof vor Neid erblasst wäre, (ich wurde zwar kurz zuvor von der Schwester gefragt, ob ich auf die Bettpfanne möchte, doch das habe ich bewusst abgelehnt), ein dampfender Riesensch...haufen, das ist doch was…

Nicht wahr, Schwester?!

Da staunste.

Ich lebe noch!

Ein Traum!!!

Wie puterrot die Schwester wird,

wie die sich ärgert,

das ist doch göttlich,

das wird sie sobald nicht vergessen.

Damit ist die erste Runde gewonnen, als Erste im Speisesaal, jetzt nur noch Cola bestellen und erhalten.

Nach dem ersten Colaschluck, ein suchender Rundumblick.

Wer ist die Zweite?

Wann kommt die Zweite?

Kruzitürken!

Warum ist die Zweite immer noch nicht da?

Endlich, die Zweite, meine Busenfreundin, auch noch klar im Kopf, wird hereingeführt, mit der kann ich endlich gemeinsam über das Personal und andere wichtige Angelegenheiten sprechen.

Zum Beispiel, was für einen fetten Arsch die Schwester hat, dass der Pfleger stinkt und vermutlich, oder besser ganz sicher, schwul ist, dass das Brot altbacken ist und der Koch inkompetent, dass das für die Bewohner vorgesehene Bier von dem Hausmeister ausgesoffen wird, dass die Heimleiterin ein Verhältnis mit dem Mann der PDL hat und die das nicht merkt, weil sie den ganzen Tag nur im Haus rumgeistert...Und nach jeder dieser tatsächlichen oder frei erfundenen Gemeinheiten ein süffizantes Lächeln...denen hab ich's gegeben...ich lebe noch!

Nach dem Frühstück kommt meine Ein-Euro-Betreuungskraft zum Einsatz, mit der muss ich mich ein bisschen gut stellen, also nicht verärgern, denn beiße nie in die Hand, die dich füttert.

Sie gibt für mich bis zum Mittagessen den Clown.

Mit dem Mittagessen endet die zweite Runde, und wenn mich meine Lieblingsschwester nicht zum Mittagsschlaf ins Bett bringt, dann streike ich, dann lasse ich mich nicht ins Bett bringen.

Denen muss doch aber klar sein, dass das Folgen hat.

In dem Fall nehme ich mir erst einmal Zeit für einen zweiten Stuhlgang, zwei Mal ist besser als kein Mal, noch ein bisschen drücken und schon ist es geschafft, wenn mein Sohn nach dem Mittagessen kommt, umweht mich ein zarter Duft von robuster Elsa.

Mein Sohn kommt, registriert dies und schreit die

diensthabende Schwester an.

Alle Ausflüchte und Entschuldigungen nützen nichts, sie wird von meinem Sohn erst einmal runderneuert…Ein Traum, ein Fest, ein Sieg…ich lebe noch!!!

Wer nicht auf Hilda hören will, muss fühlen.

Denkt immer daran, wer Hilda ärgert, legt sich auch mit ihrem Sohn an und der zeigt euch, wo es lang geht.

Bis zum Abendessen schöpfe ich Kraft, nun muss ich erreichen, dass ich als Erste ins Bett gebracht werde, dann ist mein Sieg perfekt und es war ein guter Tag. So oder ähnlich könnte es sein.

   Jetzt geht es zur nächsten Schutzbefohlenen. Helga, einundachtzig, Anus-praeter-Trägerin, Komplizin von Hilda, Flüchtling aus dem Osten, ehemalige Krankenschwester, verwitwet, hat einen Lebensgefährten, welcher sie täglich besucht, und sie bei der Gelegenheit mit Obst und Bier versorgt.

Bier und Obst mag sie sehr, je mehr, desto besser.

Einziger Wehrmutstropfen ist die beginnende dezente Demenz.

Wichtig! So Brigitte: „Anus-Praeterbeutel auf jedem Kontrollgang kontrollieren, sonst gibt es ein großes Problem, es könnte eine Scheißnacht werden."

Kompliment an Brigitte, sie nimmt sich Zeit, mich gut auf den Nachtdienst vorzubereiten.

   So arbeiten wir uns einmal kreuz und quer und rundherum durch das gesamte Pflegeheim und Brigitte erklärt mir mit einer Engelsgeduld: Wer wohnt wo?

Name, Krankheitsbild, Besonderheiten.

Was geht bei welchen Bewohnern und was geht gar nicht!

Was mögen sie!

Und was mögen sie überhaupt nicht!

Nach der ersten Kontrollrunde wird mir klar, ich muss selbstbewusst, mit gesundem Menschenverstand, fachlicher Kompetenz aber auch mit einer gewissen Kreativität und

Unbekümmertheit an diese Aufgabe herangehen.
Die eierlegende Wollmilchsau ist gefragt.
Selbstzweifel bringen mich in dieser Situation keinen Schritt
weiter.
Wie sagte Napoleon in jungen Jahren zu seinen Soldaten:
„Wir sind müde, wir sind schlecht ausgerüstet, der Gegner ist
in der Überzahl, wir können auf keine Unterstützung hoffen,
aber wir gewinnen trotzdem…" Und…er hat gewonnen.
Wer in einen Kampf mit dem geringsten Zweifel am Sieg geht,
hat schon verloren, das ist im Pflegeheim nicht anders.
Altenpflege ist Kampf ums Überleben und das gilt für beide
Seiten.
Noch einmal.
Was kann ich von Napoleon lernen?
Ich bin müde, die Bewohner sind in der Überzahl, ich bin
alleine im Dienst, ich kann auf keine Unterstützung hoffen,
aber egal, was passiert, ich löse das Problem.
Entweder Sieg oder Blut am Stiefel.
Oder auf Napoleon aufbauend… „Wenn dich die Vorschriften
an der Erfüllung deines Auftrags hindern, dann scheiß auf die
Regeln."

   Gott sei Dank! Brigitte kann keine Gedanken lesen,
Was macht Napoleon im Pflegeheim?
Die Krankenpfleger werden auch immer verrückter.
   Von den siebenundvierzig Heimbewohnern sind
fünfundzwanzig inkontinent, von diesen fünfundzwanzig
wiederum sind elf besonders ausscheidungsfreudig.
Das bedeutet rechtzeitiges Wechseln der Windeln, also in
Fachsprache des Inkontinenzmaterials, ist angezeigt,
ansonsten ist „Land unter!" und das kann man wirklich nicht
gebrauchen.
Helmut Schmidt hat bei der großen Flut in Hamburg damals
die Bundeswehr zum Einsatz gebracht, ich bin alleine, mir hilft
keiner, die Bundeswehr auch nicht.
   Kaum ist der erste Kontrollgang beendet, müsste schon der
nächste beginnen, denn drei Kontrollgänge sind im

Nachtschichtablaufplan festgeschrieben.

Brigitte meint jedoch, ob zwei oder drei Kontrollgänge, Zahlen sind Schall und Rauch, das Wichtigste ist, dass die Alten schlafen, dass es ihnen gut geht, sich keiner beschwert und bei der Übergabe zum Frühdienst alle wohlauf und vollzählig sind, wie man das macht, interessiert kein Sau.

Ich notiere alles für mich in den nächsten Nächten Wichtige und Unwichtige, alle wesentlichen und unwesentlichen Sachen, sortieren kann ich später oder auch nicht.

Es ist genug Platz in meinem dicken Notizbuch und ich schreibe wie ein Weltmeister, denn was man Schwarz auf Weiß besitzt, kann man getrost nach Hause tragen und dort noch mal durchlesen.

Auf Runde Zwei lerne ich Gerhardt kennen.

Laut Brigittes verbalem Steckbrief ist Gerhardt achtundachtzig, verwitwet, verbittert, unberechenbar. Choleriker, hatte zwei kleine Schlaganfälle in der Vergangenheit, keine wesentlichen Einschränkungen, geht mit Gehstock, hat vor siebzehn Jahren seinen Enkel durch Autounfall, vor fünf Jahren seine Tochter durch Krebs und vor knapp zwei Jahren seine Ehefrau durch einen Schlaganfall verloren.

Ein unvorstellbar hartes Schicksal.

Er ist die graue Eminenz des Heimes, weiß alles, sieht alles, erfährt alles, bastelt bei Bedarf alles so zurecht, dass es für ihn passt, unklar ist, liegt seine Unberechenbarkeit an beginnender Demenz oder Altersbosheit oder ist es die Kombination von beidem.

Gerhardt sitzt in seinem Ohrensessel und knabbert Erdnüsse.

Ein kleiner Mann, wenn man ihn so sitzen sieht, ein ganz lieber alter Opa.

Doch alles, nicht alles ist so wie es scheint, kaum wird er meiner ansichtig, fragt er mich barsch: "Bist du schwul?!"

Und als ich die Frage verneine, erwidert er sofort: "Wieso, hier waren bisher alle schwul!"

Daraufhin entgegne ich ihm, dass dies aber noch nicht Pflicht ist, er stutzt kurz, ich spüre förmlich, wie sein Gehirn unter seiner Glatze zu arbeiten beginnt.

26

Dann die nächste Frage: "Hast du gedient?"
Ich schaue mich kurz in Gerhardts Zimmer um, auf einem Foto erkenne ich Gerhardt in der Uniform eines Feldwebels des Afrikakorps. Hochdekoriert.
"Na, hast du nun gedient oder nicht", wiederholt er ungeduldig seine Frage.
"Ja", antworte ich ihm.
"Welchen Dienstgrad?" „Obermaat."
"Wo?" „Raketenschnellboot, Marine."
„Na Gott sei Dank kein Hinterlader, das waren bisher alles nur Hinterlader, bei der Marine gibt es keine Hinterlader." Mit diesen Worten beendet Gerhardt etwas beruhigt die Befragung vom Obermaat Otto.
Sichtlich amüsiert verfolgt Brigitte unser Gespräch.
Aus purer Neugier frage ich nun Gerhardt : "Sie waren beim Afrikakorps, kannten sie Rommel?"
"Ja", antwortete er, "ich habe unter Rommel gedient, solange er in Afrika Befehlshaber war, der Generalfeldmarschall.
Danach Russland, Gefangenschaft, mit Adenauer zurück in die Heimat."
Kurzes Aufflackern von Stolz, danach: "Lasst mich jetzt alleine!!!"
Brigitte erzählt, eigentlich ist er ja nicht so schlecht drauf, aber nach dem Tod seiner Frau hat ihn die Verbitterung dazu verführt, sich mit allen in der Umgebung befindlichen Menschen zu überwerfen, nur keinen Streit vermeiden, erst mit den Bewohnern seines Hauseinganges über die er schlecht redete, häufig so laut, dass diese es mitbekamen.
Die junge Frau, welche in der Wohnung über ihm wohnte, schleppe angeblich alle Kerle ab, treibt es mit jedem, der Nachbar säuft, die alte Dame aus der zweiten Etage schnorrt bei ihm Mittagessen und so weiter und so weiter, innerhalb kürzester Zeit hatte er sich mit allen Menschen seiner Umgebung verkracht.
Die einzig übrig gebliebenen Menschen, die noch Zugang zu ihm bekamen, waren sein Patenkind Regina und deren Mann Rolf, aber auch das sollte sich kurze Zeit später ändern.

Auf einem Spaziergang vor dem Haus überquerte er völlig unmotiviert die Straße, so dass er einen Polizeistreifenwagen zur Vollbremsung zwang.

Aber damit nicht genug.

Er bezeichnete den Beamten auch noch als Stradivari unter den Arschgeigen, das hatte zur Folge, dass er, da er keinen Ausweis vorzeigen wollte oder konnte, zur Feststellung seiner Personalien mit auf das Polizeirevier genommen wurde, dort wurde er von Rolf bereits empfangen, seines Zeichens Hauptkommissar der Kripo und überhaupt nicht begeistert über den Stradivarispruch.

Aufgrund seines hohen Alters und Rolfs Hilfe wurde von einer Anzeige abgesehen.

Gerhardt wurde anschließend von seinem Freund und Helfer nach Hause gefahren.

Dort angekommen verkündete er nach dieser ganzen Aufregung seinem einzig verbliebenen Verbündeten Rolf: "Auf meiner Beerdigung will ich niemanden sehen!"

Rolf war etwas überrascht, reagierte aber prompt und sagte zu Gerhardt: "Du Gerhardt, du kann dir soviel Mühe geben wie du willst, wenn du tot bist, siehst du sowieso niemanden mehr."

Mit funkelnden Augen schleuderte Gerhardt Rolf entgegen: "So jetzt reicht es, jetzt gehe ich ins Heim!" Und seitdem ist er hier.

   Die zweite Runde geht ihrem Ende entgegen. Es scheint alles ruhig und friedlich.

Brigitte zeigt und erklärt mir, wo sich die Brandmeldezentrale befindet und wie sie funktioniert.

Kurze Zeit später zeigt es sich, dass dieses Wissen sehr wichtig und nützlich sein kann.

Wissen ist Macht und Nichtwissen macht nichts, oder doch?
Doch, doch Nichtwissen ist nicht so gut.

   Plötzlich und unerwartet nimmt die Brandmeldeanlage ihre Arbeit auf, die auf allen Fluren installierten Hupen senden ihre

Warntöne lautstark aus, die damit gekoppelten gelben
Rundumleuchten tun ihren Dienst, der Fahrstuhl ist außer
Betrieb, die Brandsicherungstüren verschließen sich, die
Haupteingangstüren öffnen sich und verharren in dieser
Position.
Brigitte und Otto, das (un)erschrockene Nachtschichtduo,
stehen mit offenen Mündern im Dienstzimmer, wir sehen uns
an und denken in diesem Moment das Gleiche.
Scheiße!!! Das hat uns gerade noch gefehlt!
Was machen wir jetzt?
Noch bevor wir eine Entscheidung treffen können, beginnen
die Sirenen in näherer und ferner Umgebung zu heulen.
Unwillkürlich denkt man an Fliegeralarm.
Instinktiv fühle ich eine Riesenlast auf meinen Schultern, mir
wird klar, wir sind Ursache für den Großalarm für Feuerwehr,
das Pflegeheim, in dem ich, Otto, Nachtdienst habe.
Es ist Montag, es ist dunkel und so etwas hatten sie in diesem
Heim noch nie.
Das ist Neuland für alle Beteiligten.

*Meine Mutter hat einmal zu mir gesagt, der Mensch wächst mit
seinen Aufgaben, ich muss noch ganz schön groß werden.*

    Kurze Nachdenkepause!
Da war doch die Brandmeldezentrale, dort muss sich die
Ursache des Problems suchen und hoffentlich finden lassen.
In der Brandmeldezentrale findet sich eine
Überwachungstafel, dort sehen wir, welcher Brandmelder den
Alarm ausgelöst hat.
Es ist der Speiseraum in der zweiten Etage, so schnell es
geht, flitze ich zur Erkundung nach oben.
Auf dem Weg in die obere Etage greife ich mir einen
Feuerlöscher, leider gleich mit Wandhalterung.
Am Ort des Geschehens ist wirklich dicker Rauch, Ottilie, eine
Bewohnerin, steht im weißen Nachthemd im Raum, wedelt mit
den Armen wie ein Schlossgespenst und stammelt: "Das

wollte ich doch nicht, ich habe doch nur Hunger."

Das ist doch wie im Spuk unterm Riesenrad!

Was war passiert?

Ottilie war auf der Suche nach Nahrung und hatte sich zwei Weißbrotschnitten in den Toaster geschoben, diese hatten sich verklemmt und der Toaster hatte die Weißbrotschnitten zu Kohle mit entsprechender Rauchentwicklung verarbeitet.

Daraufhin hatte der Rauchmelder seine Arbeit aufgenommen.

Ich reiße die Fenster auf, damit der Rauch abziehen kann.

Danach eine kurze telefonische Information an Brigitte mit der Bitte, die Feuerwehr abzubestellen.

Ottilie wird von mir untersucht, sie hat keinen Schaden erlitten, die Dame wird beruhigt, mit einem großen Joghurt versorgt, auf ihr Zimmer begleitet und im Bett verstaut.

Nach erfolgter Ottilienversorgung kehre ich zurück ins Dienstzimmer, Brigitte macht einen erleichterten Eindruck, die Feuerwehr ist abbestellt.

Jedenfalls teilweise, denn der Alarm lässt sich nur von einer sachkundigen Person abstellen und außerdem muss sich die Feuerwehr entsprechend geltender Vorschriften selbst davon überzeugen, dass wirklich alles in Ordnung ist.

Statt zehn Feuerwehreinsatzfahrzeugen wie beim Großalarm mit Evakuierungsoption üblich, besuchen uns nur ein Löschzug und das Führungsfahrzeug.

Entsprechend Feuerwehreinsatzstandard natürlich mit Blaulicht und Martinshorn.

Es ist inzwischen fünf Uhr. Nun ist garantiert auch der Letzte wach.

Die Feuerwehrer erkunden das Areal des Pflegeheimes und stellen fest, dass fast alles gut ist.

Es gibt nur ein Problem, der für die Auslösung des Feueralarms verantwortliche Rauchmelder lässt sich erst nach intensiver Behandlung durch den Feuerwehrhauptmann entschärfen.

Danach folgt eine kurze Manöverkritik mit der Feuerwehr.

Fazit.

Wir haben alles richtig gemacht.

Einer der Floriansjünger ist der Hausmeister des Pflegeheims. Das passt gut, denn so kann ich auf dem kurzen Dienstweg die Befestigung des Feuerlöschers beantragen, welchen ich im Eifer des Gefechts gemeinsam mit der Halterung aus der Wand gezogen habe.

Der erste Nachtdienst geht seinem Ende entgegen, es ist viel passiert, aber zu zweit haben wir alle Klippen umschifft und den Pflegedampfer "sicher" auf Kurs gehalten.

Ich kann nur hoffen, dass mir solche oder ähnliche Katastrophen erspart bleiben, wenn ich allein im Nachtdienst bin.

Die Wachablösung sitzt pünktlich und vollzählig in den Startlöchern, nein natürlich nicht in den Startlöchern, sondern auf den Stühlen im Dienstzimmer und wartet gespannt auf das, was wir zu sagen haben.

Viel müssen wir nicht erzählen.

Die Nachricht vom Brandalarm hat im Ort bereits die Runde gemacht und alle Anwesenden wissen Bescheid, fast alle haben Angehörige in der freiwilligen Feuerwehr oder waren selbst im Einsatz.

Fünf Pflegekräfte übernehmen den Staffelstab für mehr als acht Stunden, für einen Pflegemarathon, in dem selbst Pausenzeiten zur Pflege der Bewohner genutzt werden müssen.

Arbeitszeit ist Leistungszeit, ausruhen kann man sich zu Hause oder im Urlaub und essen, trinken, pinkeln ebenso wie größere Geschäfte können warten oder fallen eben ganz aus.

All inklusive kann man sich nur leisten, wenn man das Arbeitspensum schafft.

Von den 12 oder 13 Aktivitäten des täglichen Lebens, je nachdem, an welchen Pflege-Papst man glaubt, greifen für die Altenpfleger im Schichtdienst nur fünf, dabei ist es doch erstaunlich, in welchem pflegewissenschaftlichen Luxus die Insitutionsgammlinger leben.

Zu wenig Personal, so ein Käse, so die Pflegedienstleitung, es ist immer zu wenig Personal da und sie kann auch keines herzaubern.

Man muss sich nur besser organisieren, im Klartext heißt dies, die Pflegekraft ist die Ursache allen Übels, wenn sie ordentlich und effizient arbeiten würde, wäre alles in Ordnung.

Gegenüber Angehörigen muss man mit breiter Brust das Heim, den Träger, ja, den eigenen Arbeitsplatz verteidigen.

Eine Pflegekraft, welche allein im Dienst ist, ist gegenüber Dritten zur Verschwiegenheit verpflichtet, auch in Notwehr kommt eine Preisgabe des Einsamkeitsgeheimnisses gegenüber unzufriedenen Angehörigen nicht in Frage.

Was sollen denn die Angehörigen von dem Heim denken?

Die Geheimnisträger sind zur effizienten persönlichen Stressfrustmotivationsbewältigung angehalten und verpflichtet.

Es gibt vermutlich nur sehr wenige Berufe auf der Welt, welche in Ausübung ihres Dienstes straflos von Klienten und deren Angehörigen beschimpft, beleidigt, von Vorgesetzten genötigt, mit einem der Verantwortung entsprechend unangemessenem Gehalt für geleistete Arbeit abgefunden werden.

Schlafversuche

Auf der einen Seite froh, die Verantwortung auf die Schultern des Frühdienstes abgeladen zu haben, auf der anderen Seite bedrückt zu wissen, meine Frau Charlotte, welche im Frühdienst eingearbeitet wird, in einer solchen Situation zurückzulassen, welche an die Gladiatorenkämpfe im alten Rom erinnert, lässt einen nur schwer einschlafen.

Einen geliebten Menschen wissentlich in einer bedrohlichen, einen selbst beängstigenden Situation zurückzulassen, zerreißt einem fast das Herz.

Der Vorteil, welchen wir haben, ist, sie kann mich jederzeit rufen wenn sie Hilfe braucht, sie wird es nur in höchster Not tun, aber es ist gut zu wissen, dass die Möglichkeit besteht.

Der Nachtdienst ist nun vorbei und ich bewege mich in Richtung unseres Zimmers.

Das Leben ist wunderschön, hart und ungerecht.

In unserem Zimmer angekommen finde ich trotz Müdigkeit keinen Schlaf, selbst das so genannte Frühstücksfernsehen führt maximal zu der Erkenntnis, eigentlich haben wir abgefrühstückt.
Da das Zimmer an ziemlich zentraler Stelle liegt, ist an Schlaf nicht zu denken, der Potsdamer Platz in Berlin ist dagegen eine Oase der Ruhe und Glückseligkeit.
Jetzt bekomme ich eine kostenlose Lehrvorführung, wie sich ein alter Mensch im Pflegeheim fühlt.
In der ersten Welle rollen die Pflegewagen über den Gang, jeder, der schon einmal so ein Gerät in Bewegung gesetzt hat, hat sich sicher keinerlei Gedanken darüber gemacht, was er damit anrichtet.
Wenn man ganz entspannt in seiner Koje liegt und einfach nur schlafen will, dann wird man knallhart in die Altenheimrealität zurückgeholt, hier wird geklotzt und nicht gekleckert.
Nach der Attacke durch die Pflegewägen treffen die ersten Insassen im Speisesaal ein.
Dort werden Stühle oder Tische gerückt, ich frage mich, wie viele Stühle und Tische kann man eigentlich in so kurzer Zeit verschieben.
Wer macht das?
Wer kann das?
Wie viele Leute sind denn eigentlich im Dienst?
Wie können so wenige Leute soviel Lärm machen?
Unglaublich!!!!
Unmittelbar gefühlte zwei Zentimeter neben meinem rechten Ohr sitzt eine kleine Krawallschote, besser gesagt eine riesengroße.
Die Frühdienstschwester Agnes hat Auguste mit ihrem Rollstuhl im Speisesaal eingeparkt.
Nach erfolgter Grundpflege ist eine kleine Zwischenlagerung zwischen Grundpflege und Frühstück aufgrund minimaler Personaldecke unumgänglich, eine Aufsichtsperson ist nicht

33

vorgesehen.

Auguste in ihrem Rollstuhl fühlt sich scheinbar vernachlässigt.
Sie deklamiert pausenlos: "Schwester, ich muss mal kacken!"
Das ist schon heftig, stelle dir einfach mal vor, du liegst im Bett
und eine Endlosschleife teilt dir mit, dass sie mal kacken muss.
Nebenbei bemerkt weiß ich sicher, dass Auguste gar nicht
muss, weil Auguste bereits zweimal in der Nacht bereits Erfolg
hatte.
Das ist schon richtig heftig.
Bumm…Tür zu, Doppelbumm…zweimal Tür zu.
Lärm ist übel und kann krank machen, das wird mir hier so
richtig bewusst.
Nach einer vorangegangenen Nachtschicht ist Lärm mehr als
störend beim Einschlafversuch.

   Was nun folgt ist ein verbaler Austausch zwischen zwei
Pflegekräften auf dem Flur, ein Frage- und Antwortspiel über
zwanzig Meter, und ich genau dazwischen, ich könnte
abkotzen, aber wen kümmert dies?

Wir sind im Produktionsprozess, im Wertschöpfungsprozess!
Wo gehobelt wird, lassen wir Späne fallen!
Augen- oder besser ohrenscheinlich ist der Altenpflegeprozess
mit sehr hoher Lärmemmission verbunden.

   Ich bin zwar ein Freund von allen Stinktieren, aber was zu
weit geht, geht zu weit, das Zimmer geht gar nicht, bei dem
Lärm kann man ja gleich hinter der Leitplanke auf der Autobahn
versuchen zu schlafen.
Also auf zur Heimleitung.
Nach kurzer Debatte bekommen wir ein etwas abseits
gelegenes, etwas "ruhigeres Zimmer".
Es ist zehn Uhr dreißig, ich sehe aus wie ein bekiffter Maulwurf
und versuche, in der neuen Kemenate zu schlafen, etwas Kraft
für den nächsten Nachtdienst zu tanken, denn die werde ich
zweifellos brauchen.
   Nach pausenlos durchpflegtem Frühdienst schiebt sich

Charlotte, meine Frau, durch die Tür unseres Zimmers.
"Geschafft", nicht nur die Arbeit.
Ich sehe ihr an, dass sie alles gegeben und trotzdem verloren
hat.

Als Pflegekraft in der Altenpflege gewinnen geht gar nicht.

Sie gibt mir einen kurzen Rapport, der PDL wurde von der
Geschäftsleitung nahe gelegt, sich einen neuen Arbeitgeber zu
suchen, PDL Nummer Neun beginnt in den nächsten Tagen,
ansonsten Akkordpflege, sehr fordernde Bewohner und
Angehörige.
Nun, alles keine ermutigenden Nachrichten, aber was habe ich
erwartet.
Dieses Haus der Altenpflege hat ein großes
Entwicklungspotential und Ressourcen für Gutmenschen gibt es
weder hier noch sonst irgendwo in der Altenpflege, es wird alles
mit dem Lineal der Ökonomie gemessen.

Ich, Otto, bin fast fünfzig und seit fast zwanzig Jahren als
Pfleger im Geschäft.
Jeden Tag, an dem ich in der Altenpflege arbeite, sehe, fühle
und fürchte mich vor dem, was mir blüht, wenn ich richtig alt
bin.
Die Vorstellung, ich, Otto, ein völlig geistig umnachtetes,
sabberndes, kleines Windelpäckchen, und meine Charlotte kann
mir auch nicht mehr helfen, ist einfach furchtbar.

Nun, man darf kein Feigling sein, wenn man alt werden will und
die einzige Möglichkeit, der möglichen Mühsal des Alters zu
entgehen ist möglichst jung zu sterben.
Also sozialverträglich ableben, dieses Wort wurde zwar mal zum
Unwort des Jahres gewählt, aber was kümmert uns Menschen
das Geschwätz von gestern.
Was uns nicht unmittelbar weh tut, kümmert uns nicht.

Die Zeit vergeht, kaum hat man die Ereignisse des letzten Nachtdienstes verarbeitet, befindet man sich in Vorbereitung auf den nächsten.

Nach vielen Jahren im Dienste der alten Menschen bin ich kein heuriger Hase in der Pflege, aber trotzdem schon Stunden vor Dienstbeginn aufgeregt.

Siebenundvierzig alte Menschen sicher über die Nacht zu bringen, ist mein Job. Mir geht schon ein bisschen die Düse.

Aber Angst ist ein schlechter Ratgeber.

Noch eine Zigarette und dann hinein ins "Vergnügen".

Ottos erste Nacht allein

Pünktlich, mein geballtes Wissen über den Nachdienst, in Form meines Notizbuches, in der rechten Hand, erscheine ich im Dienstzimmer zur Übergabe.

Dort sitzt eine Ingelore, ihres Zeichens Altenpflegerin und schreibt.

Mit Kopfnicken, einem gepressten "Grüß Gott" werde ich begrüßt.

Sie war verantwortlich für den Spätdienst auf einer von zwei Etagen und muss nun schriftlich niederlegen, was sie verbrochen hat.

Allein hat sie, teilweise von einer Kollegin unterstützt, den Spätdienst gemeistert.

Das heißt im Klartext, allein um halb zwei den Spätdienst übernommen, bis siebzehn Uhr als Einzelperson in der Pflege für zweiundzwanzig Bewohner auf einer von zwei Etagen im Einsatz.

Von siebzehn bis zwanzig Uhr wurde sie von einer Pflegehelferin unterstützt, danach war wieder Personaleinsamkeit angesagt.

Das ist Hardcore-Altenpflege, Ausbeutung der Altenpflegekräfte und, mit Verlaub, Betrug an den alten

Menschen und steht selbst bei großzügiger Auslegung in absolutem Gegensatz zum Pflegeleitbild dieser Einrichtung.

Von der merklich erschöpften Kollegin erhalte ich neben einer korrekten Dienstübergabe noch einige hilfreiche Tipps für den Nachtdienst.

Noch während der Ausführungen meiner Kollegin, öffnet sich die Dienstzimmertür und eine in Pflegemontur gekleidete Dame betritt den Raum, beladen mit zwei Aktenpaketen, welche sie ächzend auf den Tisch des Dienstzimmers hievt.

Danach kurze Begrüßung mit Handschlag: „Otto". „Maria".

Maria ist die verantwortliche Fachkraft der zweiten Etage für den zurückliegenden Spätdienst.

Nachdem Ingelore ihre Ausführungen beendet hat, tritt Stille ein. Etwas überrascht sehe ich irritiert die beiden vor mir sitzenden Kollegen fragend an.

War das alles?

Ingelore ist die Situation unangenehm, sie stellt die Kollegin kurz vor.

"Das ist Maria, sie kommt aus Ungarn, ist Krankenschwester mit ungarischen Examen, spricht kaum deutsch und versteht auch nicht so richtig. Sie arbeitet seit sechs Monaten im Heim."

Wie reagiert der sonst so tolerante Otto mit Krankenpflegeexamen auf eine Situation, die so unwirklich, so unmöglich, so unfassbar ist? Ich glaub, mein Hamster bohnert unter Wasser, ich glaube mein Schwein pfeift, ich falle ab vom Glauben, da platzt mir doch die Hypophyse!

Nichts von alledem beschreibt meine Gefühle in diesem Augenblick auch nur ansatzweise.

Es ist unglaublich, eine Pflegekraft ohne Deutschkenntnisse, weder mündlich noch schriftlich, hat allein die Verantwortung für fünfundzwanzig alte Menschen während einer kompletten Spätschicht.

Nun kommt der vorläufige Höhepunkt von Marias Übergabe.

"Ich nichts wissen", und schiebt mir demütig einen Zettel über den Tisch.

Darauf stehen die Namen der insulinpflichtigen Bewohner, Blutzuckerwerte, hinter den Namen die injizierten

Insulineinheiten.

Wie jetzt? Was jetzt?

Ingelore versucht mir zu verstehen zu geben, dass es üblich ist, dass Maria das Insulin spritzt und der Nachtdienst die Insulingabe unterschreibt.

Mir bleibt fast die Luft weg, ich muss mich beherrschen wie selten bisher im meinem Leben.

Könnte losschreien.

Das ist doch wohl eine Riesensauerei, die wollen mir wohl in die Flinte pissen, mir ein Ei an die Schiene nageln, ihr habt wohl eine Meise, ihr habt wohl den letzten Schuss nicht gehört, habt ihr in der falschen Kiste genascht, das ist doch Betrug,…aber losbrüllen bringt nichts, (am ersten wirklichen Arbeitstag schon gar nicht), ich schiebe Ingelore den Zettel über den Tisch zu mit der Bemerkung: "Dein Job, Spätschichtsache!"

Ingelore hat scheinbar eine andere Reaktion erwartet und ist nicht unfroh.

Sie nimmt den Zettel und beginnt, die Insulingabe im Pflegeformular mit ihrer Unterschrift zu legalisieren.

Plötzlich stutzt sie.

"Wie viele Einheiten hast du bei Hermann gespritzt?"

Der Finger von Maria fährt auf dem Zettel zu dem Bewohner mit Namen Hermann herunter. „Zwölf", und zeigt auch noch mit den Fingern diese Zahl an. „Mensch, aber der kriegt doch nur vier Einheiten abends!"

Maria sieht Ingelore mit riesengroßen Augen verständnislos an. Sie gibt mit ihrer Handfläche, welche sie auf dem Stuhl sitzend, fast auf dem Boden hält, die Höhe des Blutzuckers bekannt.

Nicht schlecht, sie hat danach wenigstens den Blutzucker gemessen und einen sehr niedrigen Wert festgestellt.

Respekt!

Mit Händen und Füßen und der Vorlage einer aus dem Papierkorb gezauberten Kindermilchschnittenverpackung vermittelt uns Maria, dass sie nach Feststellung des niedrigen Blutzuckerwertes dem Bewohner drei Kindermilchschnitten zu essen gegeben hatte.

Mann, Mann, Mann…das gibt es doch nicht.

Ich liebe es, für andere die Kastanien aus dem Feuer zu holen.
Ingelore unterschreibt die Insulingabe, die verordnete natürlich,
keine Überdosierung,
Alles gut, nichts passiert.
Zumindest vorerst, ich werde diesen Hermann gut im Auge
behalten müssen in dieser Nacht.
Es bleibt mir nichts anderes übrig, als die Bewohnerkurven
selbst durchzuarbeiten, denn Marias Deutsch ist ziemlich
ausbaufähig und reicht nicht annähernd für eine vernünftige
Übergabe und ich kann blöderweise auch kein Ungarisch.
Ich bin so etwas von wütend, mit dem von mir ausgeschütteten
Adrenalin würde ich ohne Probleme drei tote Elefanten zum
Laufen kriegen.
*Wie kann man eine Altenpflegerin in einem deutschen
Pflegeheim arbeiten lassen, welche die Sprache der Bewohner
und Mitarbeiter weder sprechen noch verstehen kann?*
*Wie man sieht, man kann und tut dies auch, ohne damit
offensichtlich ein Problem zu haben.*
Um dem Verdacht vorzubeugen ein Rassist zu sein, möchte ich
anmerken, meine Frau und ich haben selbst viele Jahre im
Ausland gelebt und gearbeitet:
Aber man kann es drehen und wenden wie man will, um das
Erlernen der Landessprache kommt man nicht herum.
Trotz intensiven Sprachkurses (drei Monate) vor der
Arbeitsaufnahme war es nicht leicht, aber wir haben gelernt und
uns durchgebissen.
Wir hatten sechs Wochen Welpenschutz, in dieser Zeit haben
wir weiter gelernt, gelernt und nochmals gelernt.
Unser damaliger Arbeitgeber hätte uns zum Teufel gejagt,
zumindest jedoch fristlos entlassen, hätten wir nach sechs
Monaten so eine Show abgeliefert.
Aber in Deutschland ist das nicht nur scheinbar alles ein
bisschen anders.

Beim Durcharbeiten der Akten und anhängiger Berichte stoße
ich auf einige zu meiner Erheiterung beitragende schriftliche
Bankrotterklärungen von sowohl deutschen als auch

fremdländischen Pflegekräften.

"Frau XY hat sich gut gefüllt!"

Wie bitte, womit denn?

"Herr M hat geklagt, dass er fünf Tage keinen Stuhlgang hatte, ich habe ihm die Beine eingerieben." Na toll, ob das seine Probleme gelöst hat?

"Frau D hatte cremigen Stuhlgang."

Pfui Teufel, wie stellt man denn so etwas fest.

Eine Pflegehilfskraft des Frühdienstes übergibt an den Spätdienst, dass „Frau R dringend einen Termin beim Pathologen" braucht, ihre Tochter wäre einverstanden.

„Frau O. hatte ein Pils, habe deshalb nur das Gesicht gewaschen."

Ich frage mich ernsthaft: Wisst ihr eigentlich was ihr tut?

Es gibt doch wohl einen kleinen, aber feinen Unterschied zwischen Pathologen und Podologen!

Und wenn die Dame nur ein Pils hatte, warum wäscht man ihr nur das Gesicht?

Und so weiter und so weiter.

Man glaubt gar nicht, dass man sich beim Lesen von Pflegeberichten kranklachen kann oder besser, halb tot gruselt.

Nach meiner Kenntnis sind Pflegeberichte nicht der schriftliche Wettbewerb, wer ist der Blödeste und wie beweise ich das dem Rest der der Welt.

Pflegedokumentation bedeutet eigentlich schriftliche Fixierung der durchgeführten Pflegemaßnahmen, transparent nachvollziehbar und als Basis für Folgemaßnahmen.

Mensch Meyer! Auch in der Pflege kommt Kunst von Können und nicht von Wollen, sonst würde es doch Wunst heißen.

Otto ist jetzt alleine im Dienst, im Nachtdienst, die Spätschicht ist nach Hause entflohen.

Ich habe den Dienst übernommen, hoffe, ich habe mich dabei nicht übernommen.

Fünfundneunzig Kilo geballter Pflegekraft, eingehüllt in weißes Pflegegewand stehen bereit.

Nun geht es los.

Bevor ich mit meinem ersten Kontrollgang beginne, lasse ich

noch einen Blick durch das Dienstzimmer schweifen und wie aus dem Nichts heraus finde ich ein mehrere Seiten umfassendes, mit Heftklammern zusammen getackertes Sammelsurium von dem Qualitätshandbuch entlehnten Seiten. Pflegeleitbild, Pflegeziele, christliche Kernaussagen, Nächstenliebe, Behandlung des Personals.

Da steht unter anderem geschrieben:

„Behandlung der Bewohner so, wie es Gott gefällt." Wenn die Behandlung der Alten in diesem Pflegeheim Gott gefällt, dann ist er ein Perverser. .

"Alle Bewohner werden gleich behandelt." Bedeutet das, gleich schlecht? Und ist gleich schlechte Behandlung besser als gar keine?

"Alle Bewohner sind Geschöpfe Gottes." Das bringt den Betroffenen aber auch bloß nichts, wenn sich der Chef nicht um seine Kinder kümmert.

Neben dem sicher zu meiner geistigen Erbauung, von wem auch immer, hinterlegten Lesestoff, entdecke ich unter der Plexiglasplatte des Schreibtisches der verantwortlichen Schichtleitung ein Blatt Papier zur Kenntnisnahme des Nachtdienstes.

Eine Arbeitsanweisung der Pflegedienstleitung an den Nachtdienst, welche den sparsamen Einsatz der Bettwäsche sowie der Inkontinenzmaterialien am Bewohner befiehlt.

Was soll man dazu sagen, besser gar nichts!

Glaubt denn unser Pflegeoberindianer, dass ich großzügig die Bettwäsche der Bewohner ohne Not wechsle, wenn ich allein im Nachtdienst bin?

Andererseits bin ich nun etwas verunsichert, was bedeutet sparsam, dass ich abwarten muss, bis die Bettlaken mit einer Isobarenkarte in Konkurrenz treten können?

Gewisse Anweisungen muss man einfach ignorieren.
Ich werde es mal mit gesundem Menschenverstand versuchen.
Versuch macht klug oder auch nicht.
Aber nicht immer kommt man damit auch wirklich weiter.

Als Einzelkämpfer im Nachtdienst im Pflegeheim ist man nicht

nur Pflegekraft, sondern auch Kummerkasten und Blitzableiter,
wahlweise auch Verantwortlicher für alles, was nicht stimmig ist.
Man möchte die Gabe haben, wie Jesus, der mit zwei Fischen
und fünf Broten fünftausend Menschen speiste, was für mich
genau so real ist, wie als Pflegekraft nachts allein
siebenundvierzig Menschen gut zu betreuen.
Der Glaube stirbt zuletzt.
Aber irgendwie ist nicht nur bei mir der Glaube gestorben,
vielleicht auch schon länger tot.

Was bedeutet eigentlich Pflege? P wie Profitable, f wie
fabriknahe, l wie leistungsorientierte, e wie Einlagerung, g wie
gesundheitsbeeinträchtigter, e wie Erdenbürger?
Mit Verlaub.
Was bedeutet Arbeit in der Pflege wirklich?
Miese Bezahlung, unsichere Zukunftsprognose, kaum
Anerkennung durch die zu pflegenden Menschen, Angehörige,
Vorgesetzte.
Wer in der Altenpflege arbeiten will, muss eine sehr stabile
Persönlichkeit sein, die ungeheuren Leidensdruck aushalten
kann. Gegen ein Altenheim ist ein Haifischbecken
Kindergeburtstag.
Wenn man allein Nachtdienst in diesem Altenheim hat, könnte
man zu dem Trugschluss kommen, man macht seine Arbeit und
damit gut, keine Kollegen, keine Chefs und die Alten schlafen.
Alles ist prima, man sorgt dafür, dass die Alten ruhig und sicher
schlafen können.
Doch Trugschluss ist nun einmal Trugschluss

.
Ich stehe auf dem Flur im Erdgeschoss und bin überwältigt.
Fünfundzwanzig Türen und hinter jeder dieser Türen ein
Pflegebett, in welchem ein alter Mensch liegt, fünfundzwanzig
alte Männer oder Frauen die hier eingelagert wurden, weil sie alt
sind, weil sie krank sind, sie nicht mehr allein zurecht kommen,
sie Hilfe bedürfen, fünfundzwanzig, die mehr oder weniger hilflos
sind, aber sich von jetzt auf gleich in unkontrollierbare Zombies

verwandeln können.
Und eine Etage darüber noch mal zweiundzwanzig Türen, noch mal zweiundzwanzig Menschen, den Pfleger Otto eingerechnet erhöht sich damit die Zahl der Hilfebedürftigen auf achtundvierzig.
Eigentlich auf achtundvierzig Komma fünf, denn Jolanta darf auch nicht vergessen werden.
Dass man sich als Pflegekraft hier auf verlorenem Posten sieht, ist mit an Sicherheit grenzender Wahrscheinlichkeit nicht untertrieben.
Eine an die Heimleitung vorgebrachte Anfrage wurde mit dem alles entscheidenden Satz beschieden, mehr als eine Nachtwache ist betriebswirtschaftlich nicht zu vertreten.
Da haben die Alten ja wirklich Glück, dass es betriebswirtschaftlich überhaupt machbar ist, eine Nachtwache zu stellen, alternativ wäre die Selbstbewachung der Alten durch Angehörige oder durch einen Wachmann einer Wach- und Schließgesellschaft.

Das Leitbild als die Firmenpolitik gibt Auskunft über die Ziele des Unternehmens und die Regeln, nach welchen diese Ziele erreicht werden sollen.
Soweit so gut.

Wie würde ein reales Leitbild aussehen?
Vielleicht so:

Grundlegendes Ziel der Pflegeinrichtung ist die Erwirtschaftung von maximal möglichem Profit. Dies ist allen Bewohnern, Angehörigen, Mitarbeitern und Leitungskräften bewusst. Diesem Ziel wird jegliches Handeln in der Pflege, Betreuung und Versorgung der Bewohner untergeordnet.

Es wird ein Mindestaufwand an Pflege garantiert, welcher in jedem Fall das Überleben des Bewohners sichert, eine darüber hinausgehende Betreuung ist vom Erreichen der Ertragskennzahlen abhängig.

Wir sehen den Menschen als Geschöpf Gottes und achten seine Würde und Einzigartigkeit, solange dies nicht der Erreichung der Ertragsziele entgegensteht.

Eine über den Mindestaufwand gewünschte Pflege ist separat vertraglich zu vereinbaren und zu bezahlen.

Vor Aufnahme eines Bewohners in die Pflegeinrichtung wird die Liquidität des Bewohners geprüft um sicherzustellen, dass anfallende Kosten vorausschauend auf zwei Jahre sicher beglichen werden können.

Ein Ableben innerhalb der ersten zwei Jahre des Heimaufenthaltes wird als höhere Gewalt eingestuft und hat zur Folge, dass bis zur Wiederbelegung des Heimplatzes die Weiterbezahlung durch Angehörige des Bewohners erfolgt, gleiches gilt, wenn ein Auszug oder Umzug in ein anderes Heim erfolgt.

Die Pflege, Betreuung, Versorgung erfolgt nach Standard des Hauses.

Individuelle Pflege und Betreuung stellen einen Mehraufwand dar und sind daher kostenpflichtig.

Ziel unseres Handelns ist es, mit möglichst wenig Aufwand an Kosten und Personal die Bewohner zu versorgen.

Wir begleiten den Bewohner würdevoll bis an das Lebensende, insofern es betriebswirtschaftlich sinnvoll erscheint.

Religiöse Bedürfnisse und andere Wünsche sind als Extraleistungen anzusehen und gesondert zu bezahlen.

Pflege, Betreuung und Versorgung werden von fachlich qualifiziertem Personal erbracht, welches aber nicht bedeutet, dass es sich um Pflegefachkräfte mit Examen handelt.

Darüber hinaus wird keine deutschsprachige Betreuung garantiert, um eine Kommunikation anzubahnen, steht eine kostenpflichtige Dolmetscherin vierundzwanzig Stunden pro Tag zur Verfügung.

Im Falle von Beschwerden sind sich alle Bewohner, Angehörige, Mitarbeiter darüber einig, dass Beschwerden gegenstandslos werden, wenn sie betriebswirtschaftlichen Befindlichkeiten widersprechen.

Wir legen Wert auf partnerschaftliche Zusammenarbeit aller am Pflege- und Versorgungsprozess Beteiligten mit dem Ziel, die wirtschaftlichen Ziele unseres Unternehmens zu erreichen.

So ein Leitbild ist natürlich absolut nicht akzeptabel und niemand würde in ein solches Heim einen seiner Angehörigen verfrachten, es sei denn, er ist völlig ga ga und kann den Angehörigen nicht leiden.
Aber es wäre zumindest ehrlich, denn egal, ob kirchlich angehaucht, sozial ummantelt, privat engagiert, es geht nur um Moneten, je mehr, desto besser und nicht die Alten, sondern deren Kohle sind das Objekt der Begierde.
Deshalb kann man das aktuelle Leitbild so darstellen:
Leitbild = Trugschluss = Missverständnis = Wunschbild

Aber ein Wunschbild ist für mich nicht so richtig hilfreich.

Pünktlich wie jede Nachschicht beginnt die Kommunikation mit den Bewohnern, besser die Bewohner kommunizieren mit mir und das mit geballter Macht, jeder der siebenundvierzig

Aufrechten hat einen Klingelknopf am Bett, den er oder sie drücken kann um mir mitzuteilen, er oder sie braucht Hilfe oder er oder sie möchte mich einfach nur sehen.

Wie eine Perlenkette aufgereiht leuchten die roten Lampen und ich fühle mich fast erdrückt von soviel Anteilnahme.

Ich entscheide mich systematisch, der Reihe nach, die Hilferufe abzuarbeiten, am nächstliegenden Zimmer beginne ich.

Anklopfen.

Poch, Poch.

Tür auf.

"Hallo, was kann ich für Sie tun?"

"Wieso, ich habe doch nicht geklingelt?"

"Gut, gut. Kein Problem." Alarmrückstellung.

"Gute Nacht!" Und weiter.

Nächste Tür.

Schon von draußen höre ich Hilfeschreie.

"Hilfe, Hilfe! Warum hilft mir denn niemand?"

Mit einem Ruck reiße ich die Tür auf.

Stehe im Zimmer und was muss ich da sehen und hören.

Hilda, die Wirtin, grölt im Bett liegend vor sich hin.

Meiner Bitte an Hilda, aufzuhören zu schreien und mir mitzuteilen, wie ich ihr helfen kann, kommt Hilda erst mal nicht nach.

Sie gebärdet sich wie eine Vollirre.

Eine gefühlte Ewigkeit vergeht, bis sie sich zu einer Kommunikation, besser dem Versuch einer solchen, herablässt.

Meine Frage, wie ich ihr helfen kann, was ich für sie tun kann, wird von lautstarkem Unverständnis quittiert.

Ich sei doch der Nachdienst, ich müsse doch wissen, wie ihr zu helfen sei, ich sei doch so lang wie blöd, eigentlich der größte Idiot, den man sich vorstellen kann und außerdem würde sie jetzt gleich ins Bett scheißen, dann würde ich schon sehen, was ich davon habe…

Möglicherweise ein Stuhlgangproblem.

Also Hilda mit Schwung auf Bettpfanne gewuchtet.

Kaum habe ich Hilda auf der Bettpfanne platziert, will die federleichte Einhundertneunzig-Kilo-Dame ihr Geschäft

46

beenden, ehe es überhaupt begonnen hat.

Die Bitte, noch etwas zu warten wird ignoriert, stattdessen droht sie, wenn sie nicht umgehend ihren Willen bekommt, erneut zu schreien und kaum gedroht, beginnt sie schon wieder aus vollem Halse um Hilfe zu schreien: "Hilfe, Hilfe, helft mir, lieber Gott hilf!"

Doch der hat momentan scheinbar keine Zeit, also muss ich, Otto, ran. Hilda zur Seite gewälzt, Bettpfanne weg (nichts ist passiert, Bettpfanne sieht aus wie unbenutzt), Hildas einhundertneunzig Kilo im Pflegebett verteilt, so dass sie zufrieden ist.

Meine Frage, ob jetzt alles in Ordnung ist, wird mit dem Satz beantwortet: "Hau bloß ab Du Arschloch!"

Warum muss man solchen undankbaren, scheinbar bösen Menschen helfen und sich dabei auch noch schikanieren lassen?

Nach Aktenlage ist die Dame völlig klar und orientiert, außer Bluthochdruck und Übergewicht fehlt ihr nichts, vielleicht ist es doch eine fortgeschrittene Altersbosheit oder sie ist, mit Verlaub, einfach nur ein Miststück.

Aufregen bringt nichts und es warten noch mehr Bewohner auf meinen Besuch.

Im nächsten Zimmer sieht es aus wie nach einem Schneegestöber.

Ottilie hat ihre Windel zerpflückt und im ganzen Zimmer verteilt.

Eine Großreinigungsaktion ist unumgänglich, eine Maßnahme, welche Ottilie nur mürrisch erträgt.

Mit Schweißperlen auf der Stirn verlasse ich das Zimmer, vorher habe ich Ottilie ermahnt, dass sie die Zerstörung ihrer Windel unterlassen möge, aber das hätte ich mir auch sparen können.

Dies hat sie mit Sicherheit im nächsten Augenblick vergessen.

Wieder auf dem Flur begegne ich Henriette und Jolanta, sie müssen Gassi gehen, besser gesagt, Jolanta muss.

Genauer gesagt, hat bereits gemusst und muss immer noch, eine Dünnpfiffspur markiert ihrem Weg.

Das hat mir gerade noch gefehlt.

Reicht es denn nicht, dass ich siebenundvierzig

Schutzbefohlene im Nachtdienst habe, von denen die Mehrzahl mich nach Kräften daran erinnert, dass ich mein Geld nicht umsonst bekomme?

Nein, Jolanta, ein alter Hund, muss sich auch noch daran beteiligen.

Jolanta ist Mitinsasse dieses Pflegeheims und Frauchen ist Selbstzahler und Frauchen hat richtig Kohle.

Der Hund ist so ein von der Chefetage mehr oder weniger geduldeter tierischer Pflegeheimbewohner (ein schwammiger Status) ohne Pflegestufe, um welchen sich die im Dienst befindlichen Pflegekräfte mit kümmern müssen.

Angefangen von Medikamentengabe bis hin zur Unterstützung beim Gassi gehen.

Nun habe ich den Scheiß, besser gesagt eine ganze Spur davon auf dem Teppichboden.

Ein Dampfreiniger ist das Mittel der Wahl, es ist unglaublich, Urin und Stuhlgang in den Betten der Alten und Hundekot auf dem Flur.

Jolanta hat jedoch keine Bewohnerakte, also muss der Berichtsbogen von Frauchen zur Niederschrift des Sachverhaltes herhalten, das wird wieder Probleme mit der Pflegedienstleitung geben, da das Fehlverhalten des Hundes keine Besonderheit der Bewohnerin darstellt.

Aber damit nicht genug. Der Hund ist das Ein und Alles von Henriette.

Gerade, als ich mit der Reinschiff-Aktion fertig bin nach dem Motto: "Hast du etwas Zeit für mich, habe ich Reinschiff für dich, Flur, WC und Kellergang fünfundzwanzig Meter lang",

fordert mich Henriette völlig aufgelöst auf, sofort den Notarzt zu rufen.

Na ja, Krankenpfleger/Raumpfleger Otto macht fast alles möglich, fühlt sich jetzt aber doch ein wenig überfordert.

"Wie, was? Notarzt? Wieso, für wen?"

"Na, für Jolanta, die rührt sich nicht mehr."

Das kann doch wohl nicht wahr sein, ich weiß nicht, wie ich alleine alle Bewohner versorgen soll, nun habe ich auch noch eine ausgeflippte Bewohnerin an der Backe, welche Angst hat, dass ihr Hund stirbt.

Jolanta, eben noch aktiv bei der Teppichbodenverschmutzung des Flures, liegt nun in ihrem Hundekorb, alle Viere von sich gestreckt und gibt keinen Mucks mehr von sich.

Was macht man in einem solchen Fall?

Ich habe keine Ahnung!

Die Nase ist feucht und warm, natürlich die vom Hund.

Für die Rettung von Hunden bin ich weder ausgebildet, noch ausgerüstet.

Gut, also ruhig bleiben, die Rettungsleitstelle, die müssen mir helfen.

Der Leitstellenmitarbeiter ist etwas irritiert, als ich mein Anliegen vorbringe…Altenheim…Hund…Notfall…Notarzt.

Aber man muss auch mal Glück im Leben haben, es gibt hier eine Notfalltierrettung, die Leitstelle schickt einen Tierarzt, der befindet sich glücklicherweise auch noch in unmittelbarer Nähe.

Kaum hat der Tierarzt das Zimmer betreten, hebt Jolanta den Kopf und wedelt mit dem Schwanz, vermutlich hat sie die weibliche Neugier aus dem Koma zurück ins Leben geholt.

Der Tierarzt verpasst dem Hund eine Infusion und lässt ein paar Tabletten gegen den Durchfall da, Jolanta ist wieder fast fit, die Bewohnerin ist glücklich und ich, Otto, bin fast am Ende meiner Nervenkraft, aber nicht am Ende der Nachtschicht.

Da ich mich in einem kirchlichen Pflegeheim befinde, muss ich dies wohl als Prüfung des lieben Gottes auffassen, doch was, wenn es so ist, was will der liebe Gott damit erreichen?

Ich bin doch gar nicht Mitglied in seinem Verein, er ist genau genommen gar nicht so richtig zuständig für mich.

Oder doch?

Ich weiß auch nicht, aber der "liebe Gott" lässt mich auch jetzt nicht so richtig los.

Klara, eine nette alte Dame, beansprucht nun meine ganze Aufmerksamkeit.

Sie wurde von ihrer Tochter vor sechs Wochen vorübergehend

probehalber im Heim eingebunkert und hat sich nun ein Dauervisum eingefangen.

Das ist ihr vor zwei Tagen mitgeteilt worden und seit diesem Zeitpunkt ist sie ziemlich schwermütig.

In besseren Zeiten besaß sie mit ihrem Mann einen riesigen Bauernhof und war die Chefin.

Jetzt besitzt die Tochter den Bauernhof und Klara, jetzt fünfundachtzig, passt nicht mehr so richtig ins Lebenskonzept ihrer Tochter.

Immerhin wird sie einmal in der Woche besucht.

Zu Neudeutsch auch Speeding date, so schnell wie die Tochter erscheint ist sie auch schon wieder weg, wenn man die Zeit abzieht, welche sie benötigt, Klaras Schmutzwäsche einzupacken, gewaschene Sachen auszupacken, das Personal zu kommandieren und zu beschimpfen und sich wahlweise bei Heimleitung, Pflegedienstleitung oder Schichtleitung zu beschweren, war sie eigentlich nicht da.

Klaras Zimmer ist das unpersönlichste Zimmer, was ich je gesehen habe. Tisch, Bett, Stuhl, Schrank, Rollstuhl.

Ein Schild an der Eingangstür ihres Bewohnerzimmers sowie am Rollstuhl und die gekennzeichneten Waschutensilien im Bad sind das einzig Persönliche in ihrem Zimmer und das auch nur, weil es der MDK vorschreibt.

Klara hat geklingelt. Sie sitzt weinend im Bett.

"Otto", sagt sie mit tränenerstickter Stimme, "das ist doch nicht zu fassen, da habe ich mein Leben lang gearbeitet und bin nun hier. Der liebe Gott hat mich verlassen." Diese Aussage rührt auch mich zutiefst.

Was soll ich dazu sagen, so wie ich die Sache sehe und unter der Maßgabe, dass es einen lieben Gott gibt und wenn sie jemals das Gefühl hatte, dass er ihr auch nur ansatzweise geholfen hat, dann schätzt sie die Lage richtig ein.

Ich habe auch das Gefühl, dass der liebe Gott keine Zeit für mich hat.

Mann, Mann, Mann was treibt der Typ da oben wieder? Immer wenn man ihn dringend braucht, ist er anderweitig beschäftigt.

Ich versuche sie zu trösten. "Der liebe Gott sieht alles und hilft

allen." Und dass es nach einer gewissen Eingewöhnungszeit besser wird und alle im Heim sie mögen und schätzen würden. Klara stutzt plötzlich und hört auf zu weinen, ich wische ihr mit einem Taschentuch die Tränen aus dem Gesicht.
Sie strafft ihren Oberkörper schaut mich an und sagt: "Otto, glaubst du den Scheiß, den du mir da erzählst, eigentlich selbst?! Ich bin fünfundachtzig, nicht mehr ganz klar aber so klar, dass ich weiß, dass ich kaum Sachen im Kleiderschrank habe, keinen Fernseher, meine Tochter selbst nicht weiß, warum sie mich besucht, vermutlich braucht sie ab und zu Abstand von ihrem Mann, das Essen hier schmeckt furchtbar, außer fünf Leuten des Pflegepersonals sprechen hier alle anderen polnisch, russisch, ungarisch oder serbokroatisch. Nur kein Deutsch.
Im Speisesaal sabbert mein linker Nachbar entweder auf den Tisch oder schreit, meine rechte Nachbarin hat mir gestern neben meinen Teller gekotzt.
Mich mag hier niemand, keiner hat Zeit und geschätzt wird maximal, dass ich Pflegestufe 3 habe und nicht vier Mal am Tag ins Bett mache.
Also Otto, entweder du bist ein bisschen verblödet oder du willst mich verarschen.
Otto, ich bin alt, aber tu mir den Gefallen und verarsch mich nicht, wenn ich dir mein Leid klage und du mir zuhörst, dann ist das gut, aber bitte, bitte erzähl mir nie wieder so einen Blödsinn, dann sag lieber gar nichts.
Ich weiß selbst, dass ich hier nicht mehr herauskomme, der Tod ist nicht das Schlechteste, nur dass man solange darauf warten muss, ist schlimm!"
Puh, die alte Dame hatte Recht und ihre Worte waren für mich wie eine schallende Ohrfeige.

Ja, Reden ist Silber und Schweigen ist Gold, ich wollte sie ja wirklich nicht verarschen, nur nett sein.
Aber ist Nettsein nicht häufig die kleine Schwester von Verarschen?
Das habe ich ja prima versilbert.

Das Dienstende ist in greifbarer Nähe. Das bedeutet für mich, dass ich den Staffelstab der Verantwortung an den Frühdienst übergeben kann, mit der Gewissheit, mit Beginn der nächsten Nachtschicht eine unveränderte Krisensituation vorzufinden. *Gleiche Stelle…gleiche Welle.*

Nach so einer Nachtschicht fühle ich mich wie die sieben göttlichen Plagen auf einmal erlitten.
Es dauert einige Stunden, bis mich der Schlaf übermannt, das im Nachtdienst Erlebte ist wirklich schwere Kost und das Verdauen dieser Geschichten ist mühsam und mündet in der Erkenntnis: *Scheiße, ja, das ist Oberscheiße.*
Was habe ich verbrochen, dass mir das Arbeitsleben so schwer gemacht wird?
Ich habe wohl übersehen, dass man nach mit Mühe und Fleiß bestandenem Krankenpflegeexamen bei der Zeugnisübergabe heimlich die Arschkarte mit überreicht bekommen hat.
Augen auf bei der Berufswahl!
Der allgemein bekannte Spruch: „Schlimmer geht's nimmer!" gilt in der Altenpflege nicht, denn hier gilt: „Schlimmer geht es immer!"
Man kommt selbst in seiner Freizeit nicht von seiner Arbeit los. Man fragt sich permanent, hat man irgendetwas vergessen, richtet sich der Volkszorn, die Unzufriedenheit des Frühdienstes oder Spätdienstes oder beider gegen den Nachtdienst, wird man in Abwesenheit von den Kollegen bei der Heimleitung oder der Pflegedienstleitung angeschissen?
Wer scheinbar freundliche Kollegen hat, braucht keine Feinde, Die Bereitschaft zum Denunziantentum, um eigene Vorteile zu erlangen und oder in der Wertschätzung der Vorgesetzten aufzusteigen ist unwahrscheinlich hoch, die Hemmschwelle, dies zu tun, vergleichsweise gering.
Ein geringfügiger, scheinbar bedeutungsloser Anlass reicht aus, die Messer zu wetzen und den vorher geschätzten Kollegen den Dolch in den Rücken zu stoßen.
Meist sind es die wenig qualifizierten Fachkräfte, die sich mit

berufsfremden Pflegehilfskräften, ahnungslosen
Reinigungskräften, klatschsüchtigen Angehörigen, sich
langweilenden Bewohnern, möglicherweise dem frustrierten
Hausmeister verbünden.
Alles ist recht, um dem fachlich korrekt arbeitenden Kollegen
Respekt vor dieser Meute beizubringen.
Funktioniert das nicht, darf es auch gern etwas grober sein.

Mein Opa hat einmal zu mir gesagt: "Junge pass auf, die Blöden
sind meistens gefährlich." Und Opa hatte Recht.

*Am Allerbesten, man macht seine Arbeit so gut wie möglich,
schreibt jeden Furz auf, soweit pflegerelevant oder auch nicht,
wahrt Distanz zu Angehörigen, Bewohnern, Mitarbeitern, Chefs
und schärft den Blick für seine Umwelt, denn die, die dich heute
überschwänglich loben, sind deine Mörder von morgen.*

Ottos weitere Nächte

Eines ist so sicher wie das Amen in der Kirche.
Dienstübergabe an den Nachtdienst und insbesondere in
diesem Pflegeheim ist der Anfang allen Übels.
Der Spätdienst informiert mich als Nachtdienst mal mehr, mal
weniger genau über die Besonderheiten des vergangenen
Tages, die Bewohnerakte kann man getrost als Hilfsmittel
vergessen, denn in diesem Heim werden Probleme, die die
Pflege oder den Bewohner betreffen nur mündlich
weitergegeben und erst nach Entscheidung der PDL und nach
deren Freigabe entweder einen Tag später oder als Nachtrag
oder eben gar nicht eingetragen.
So ist laut Aktenlage eigentlich immer alles in Ordnung.
    Oder eben auch nicht.
Nicht alle Kollegen halten sich an dieses ungeschriebene
Gesetz. Auch ich, Otto, bin einer der wenigen Ungezogenen.

Die Mehrheit aber ist gesetzestreu. Die Dienstübergabe entwickelt sich häufig zur Weiterleitung von Gerüchten, Vermutungen, an Phantasie und Inkompetenz nicht zu übertreffenden Verdachtsdiagnosen, bei denen ein Wadenkrampf zur Thrombose, 37,3 Grad als behandlungswürdiges Fieber eingestuft, die notwendige Vorstellung einer Patientin beim Notarzt vom Spätdienst dem Frühdienst des darauf folgenden Tages empfohlen wird.

Manchmal habe ich bei den Dienstübergaben den Eindruck, es ist so, als wenn sich zwei Demente gegenüber sitzen, aneinander vorbei reden und sich trotzdem gut verstehen.

Die Floskel: „Ich habe dieses oder jenes gemacht, ich habe es aber nicht eingetragen" führt häufig nach einem bescheidenen: "Warum nicht?" meinerseits zu absolutem Unverständnis.
"Das können wir nicht eintragen, wenn das der MDK liest, wenn das die Heimaufsicht mitbekommt, dann wird das Heim geschlossen." Solche Äußerungen haben mich um so mehr zu aussagekräftigen Berichten verführt, um im Zweifelsfall meinen eigenen Allerwertesten zu retten…
Trotz alledem versuchte ich den Zorn polnisch/rumänisch/serbo-kroatisch /russisch/albanischer Führungsebene im Bündnis mit ungarisch geprägter Pflegehilfskraftkolonne nicht zu erregen. Was mir anfänglich auch gelang.
   Ich benötigte einige Zeit um zu begreifen, hier geht es nicht um fachliche Kompetenz, hier geht es um Machtanteile. Wenn man nicht zum inneren Zirkel dieses Heimes gehört, hat man keine
Chance und hierbei spielt es keine Rolle, wie gut man arbeitet. Jeden zweiten Mittwoch oder bei Notwendigkeit öfter tagt der Integrationsauschuss des Pflegeheimes, eigentlich als Anlaufpunkt bei Problemen für ausländische Arbeitnehmer oder Arbeitnehmer mit Migrationshintergrund gedacht, hat sich dies zu einem Instrument entwickelt, welches das Pflegeheim in Wirklichkeit führt.

Im "inneren Führungskreis" stehen neben der russischen Wohnbereichsleitung die serbokroatische Sachbearbeiterin, die rumänische Pflegedienstleitung, die polnische Heimleiterin und eine bulgarische Köchin und verschiedene ungarische Hilfskräfte.
Hier werden auf wundersame Weise hausinterne Pflegestandards entwickelt, neue Inkontinenz-Strategien, Schichtzeitänderungen, Dokumentationsrichtlinien, Dienstplanänderungen, Einstellung und Entlassung von Personal diskutiert und entschieden.
Entscheidend ist nicht die Heimleitung, hier wird alles auf scheinbar demokratisch-mafiöser Basis geregelt.
Das war mir lange Zeit nicht klar und unsere Arglosigkeit hätte für meine Frau Charlotte und mich, Otto, beinahe ein schreckliches Ende genommen. Doch ich will den Ereignissen nicht vorgreifen.

Die Dienstübergaben durch den Spatdienst an mich sind teilweise genau so anstrengend wie die sich daran anschließende Nachtschicht.
Hier gibt es einige absolute Kracher.
Ich als Nachtdienst erhalte die Dienstübergabe zweckmäßigerweise von denen sich im Spätdienst befindlichen Pflegekräften.
Natascha und Olivia sind die absoluten Übergabeüberflieger, aber ich bin Kummer gewöhnt und erwarte nicht viel, denn dann kann man ja bekanntlich auch nicht enttäuscht werden.
Doch da habe ich die Rechnung ohne Natascha und Olivia gemacht, wenn scheinbar nichts mehr geht, die beiden setzen noch einen drauf.
Natascha spricht russisch und deutsch fließend mit Akzent, Olivia ungarisch verhandlungssicher, aber sie spricht und versteht kaum ein Wort deutsch.
Die Gesamtheit der deutschen Vokabeln lässt sich sehr schnell zusammenfassen. "Guten Abend", „Guten Tag", wahlweise "ich schlecht können deutsch, ich nichts wissen, aber ich können arbeiten viel und hart."

Damit erschöpft sich der Kommunikationsvorrat.

Wieso, frage ich mich, will man in der Pflege viel und hart arbeiten, wenn man die Landessprache nicht spricht, der von Geburt an Blinde ist bei der Bildbeschreibung besser dran.

Aber zu diesem Zeitpunkt kannte ich die Philosophie des kirchlichen/ privaten Trägers noch nicht: "Sie sollen arbeiten und nicht verstehen und kosten außerdem nur einen Bruchteil…"

Natascha führt die Gesamtübergabe, unterbrochen von einigen Stummel-/Stammeleinwürfen von Olivia (unter anderem: "Frau Schlimm" und fährt sich mit der flachen Hand waagerecht am Hals vorbei).

Das überrascht und erschreckt allerdings auch Natascha.

"Waaaaas? Tot?"

"Nein, schlecht!"

Und fügt hinzu: „Aber vielleicht bald tot!"

Hier wurden sich beide nicht einig. Auch die Akte konnte keine Klärung herbeiführen.

Der Frühdienst hat notiert, dass nach Rücksprache mit dem Hausarzt alle Medikamente abgesetzt wurden, die Bewohnerin keine lebensverlängernden Maßnahmen wünsche, keine Krankenhauseinweisung, maximal solle der Bereitschaftsdienst zum Zwecke der Schmerzlinderung gerufen werden. Die Bewohnerin befinde sich in der Sterbephase.

Natascha, meine Kollegin aus Krasnojarsk, meint, der Hausarzt sei ganz schön blöde, die wird schon wieder und Sterbephase ist der größte Blödsinn, den sie je gehört habe.

"So schnell stirbt man nicht", so Nataschas Prognose in bayrisch-russischem Akzent.

Der Spätdienst hat keine Besonderheiten in die Bewohnerakte eingetragen, außer der bezeichnenden Handbewegung am Hals durch Olivia gibt es also nichts zu berichten...

Keine der beiden lässt sich von mir überreden, die Frau nach der Dienstübergabe aufzusuchen und Einigkeit über den Zustand zum Zeitpunkt der Dienstübergabe zu erlangen.

Ehe ich reagieren kann, sind…Schwupps…beide schon geflüchtet.

Otto, sage ich mir, das ist ein Scheißtag, besser ausgedrückt, das wird eine Scheißnachtschicht, aber es wird wohl nicht die Letzte bleiben.

Schnell wird klar, die beiden hatten mir ja noch nicht alles erzählt (kleine Geheimnisse muss man ja auch für sich behalten können).

Auf dem Schreibtisch der Schichtleitung finde ich einen „Liebesbrief" der Pflegedienstleitung:

"Lieber Pfleger Otto!" (allein schon die Anrede ist für mich wie eine Kriegserklärung)

„Leider sind die Bettlaken alle, wenn es notwendig sein sollte, die Waschmaschine steht im Keller. Das Waschpulver befindet sich in den Räumen der Reinigungskräfte. Du müsstest also selber waschen oder Bettbezüge statt Bettlaken benutzen, geh aber auch mit diesen sparsam um, es sind auch nicht mehr so viele da und der Frühdienst braucht gleichfalls noch welche. Das Gleiche trifft auf die Handtücher zu, der Frühdienst soll dann eben Waschlappen zum Abtrocknen nehmen. Außerdem sind die Gummihandschuhe in Größe L und XL leider im Moment nicht vorrätig, nur noch Größe M und S vorhanden, da müsst ihr eben mal improvisieren. Der Engpass bei dem Inkontinenzmaterial ist nach wie vor aktuell, alles alle außer Variante gelb."

Unterschrift: „Kloppo."

Jetzt noch die weiße Fahne zum Zeichen der bedingungslosen Kapitulation hissen, das würde die ganze Sache abrunden (aber wir haben ja weder weiße Fahne noch Bettlaken…)

Kloppo, frage ich mich, bist du denn mit dem Klammersack gepudert, aber von ihr kann man eigentlich nichts anderes erwarten, erschreckend ist nur, dass die Befindlichkeit der PDL augenscheinlich auf den Spätdienst abgefärbt hat.

Das konnte doch nicht wahr sein, die beiden Grazien waren sich nicht einig, ob die Bewohnerin tot, halbtot oder Schlimmeres ist und jetzt sind die Bettlaken alle, keine passenden Schutzhandschuhe und der absolute Höhepunkt sind

Inkontinenzeinlagen, deren Saugfähigkeit eigentlich ein kontrolliertes Ins-Bett-Pissen darstellt.

Na, und Bettlaken kann ich ja selbst waschen, das ist wohl wieder so eine der Plagen oder Prüfungen, die der liebe Gott explizit für mich vorgesehen hat.

Außerdem bedeutet „nicht vorrätig" schlichtweg „nicht vorhanden" und ich werde genötigt, meine nicht ganz kleinen Hände in Mäuseboxhandschuhe zu zwängen.

Aber Jammern bringt nichts, es ist ja ohnehin niemand da, der mir zuhört und oder mir helfen kann.

Nach kurzem Nachdenken entschließe ich mich, meine Probleme der Wichtigkeit nach abzuarbeiten.

Als Erstes nochmaliges Studium der Akte der Frau Schlimm. Ergebnis, nach Aktenlage eine grundverschiedene Beurteilung des Zustandes der Frau von Früh- und Spätdienst und in jedem Fall wenig hilfreich für mich als Nachtdienst.

Gegen neun Uhr am Vormittag, so der Pflegebericht, ist die Bewohnerin mit einem Krankentransport aus dem Krankenhaus in das Pflegeheim zurückgekehrt. Sie wirkte nach Einschätzung der Frühdienstschwester müde und stark reduziert und verweigerte jegliches Essen und Trinken.

Der Zustand der alten Dame wurde aber als unproblematisch beschrieben.

Die Medikamente sind nach telefonischer Rücksprache mit dem Hausarzt komplett abgesetzt worden, außer Abführzäpfchen bei Bedarf (was sich noch bitter rächen sollte…), sowie Schmerzmedizin wurde nichts angeordnet, mit den Angehörigen wurde vereinbart, dass bei Verschlechterung des Zustandes keine Krankenhauseinweisung, kein Notarztruf erfolgt, in diesem Fall soll der ärztliche Bereitschaftsdienst zum Zwecke der Schmerzlinderung tätig werden.

Der Spätdienst stellte laut Olivia mündlich fest, die Bewohnerin gab keine Beschwerden an, jedoch wäre „schlecht"…und „vielleicht bald tot!"

Asterix würde meinen: "Die spinnen, die Römer!" Damit hat er Recht, nur dass in meinem Fall nicht die Römer spinnen.

Ja, Asterix und seine Freunde wären mir eine echte Hilfe, sind aber leider auch nicht verfügbar.

Die Bewohnerakte hat nichts gebracht, also muss ich, um Gewissheit zu erlangen wie es der Dame geht, mich zur Bewohnerin in deren Zimmer begeben.

Im Zimmer von Frau Schlimm angekommen, wird mir sofort klar, der Nachname der Dame beschreibt ihren Zustand.

Die Krankenakte in der Hand, die alte Dame vor Augen frage ich mich, wie konnte diese arme Frau aus dem Krankenhaus entlassen werden.

Des Rätsels Lösung muss in dieser Akte liegen und richtig, hinter dem Formblatt mit den Stammdaten der Bewohnerin finde ich in einem ungeöffneten Briefumschlag den vorläufigen Arztbericht des behandelnden Krankenhausarztes, in diesem schreibt der Arzt, dass aufgrund der infausten Prognose und in Absprache mit dem Betreuer und Angehörigen alle therapeutischen Maßnahmen eingestellt werden und empfohlen wird, die Patientin vom Hausarzt im Pflegeheim palliativ weiterzubehandeln.

Na prima, wer lesen kann und dies auch tut ist klar im Vorteil. Aber wenn dies erst Freitagabend gegen zweiundzwanzig Uhr und dreißig Minuten geschieht, alle Arztpraxen geschlossen haben, relativiert sich dieser Vorteil.

In diesem Umschlag befindet sich neben dem Arztbrief auch eine aktuelle Patientenverfügung, in der nochmals darauf verwiesen wird, dass die Dame keine lebensverlängernden Maßnahmen wünscht, keine Krankenhauseinweisung, keinen Notarzt, bei Notwendigkeit nur Einsatz des Bereitschaftsarztes, keine künstliche Ernährung, keine Infusionstherapie weder intravenös noch subkutan, einzige Ausnahme sollte die Gabe von geeigneten Schmerzmedikamenten sein.

In Ordnung. Otto hat die Ansage verstanden, über mein Diensttelefon rufe ich den ärztlichen Bereitschaftsdienst an.

Währenddessen liegt vor mir in ihrem Bett eine völlig ausgemergelte, sechsundneunzigjährige Frau, ihre körperliche Erscheinung erinnert mich an Fotos von KZ-Überlebenden, die bemitleidenswerte Frau ist völlig verschwitzt, die Augen angstgeweitet, tief in den Höhlen liegend, die verschwitzen

Haare kleben wirr im Gesicht, sie ist kaum noch ansprechbar, der Puls ist schwach, aber gut tastbar, der Blutdruck im Keller, die Lippen verkrustet, eine gequälte Kreatur.
Eines ist mir sofort klar, die Frau liegt im Sterben und wie steht es nachzulesen im aktuellen Leitbild diese Hauses?
"Wir betrachten alle Bewohner als Geschöpfe Gottes und achten ihre Würde und Einzigartigkeit, wir begleiten den Bewohner würdevoll bis zum Lebensende."

Ich bin innerlich so aufgewühlt. *Diese pflegerischen U-Bahnfahrer merken doch nicht mal, wenn jemand stirbt und würdevolle Begleitung unterscheidet sich in diesem Haus von der Realität wie Grimms Märchen von einem Pornofilm.*
Nach kurzer Wartezeit habe ich den diensthabenden Bereitschaftsarzt am Telefon.
Schon nach wenigen Worten ist offensichtlich, dass dieser Tag nicht wirklich mein Glückstag ist.
Kurz und knapp schildere ich dem Arzt die aktuelle Situation, nach dem Ende meiner Ausführungen, entsteht eine kurze Pause.
Danach eine Frage oder hat Doctore doch nur laut gedacht:
"Tja, was machen wir denn da?"
Ich bin ein bisschen verblüfft, möchte aber nicht als frech gelten, ich sage dem Arzt:
"Ja Doktor, Sie sind der Arzt, aber nach meinen Erfahrungen haben die Ärzte in vergleichbaren Fällen mit Morphin begonnen."
Daraufhin der Arzt: „Woher nehmen und nicht stehlen?"
Das Gespräch war so bizarr, dass ich mich vom Niveau des Doktors anstecken ließ und antwortete: "Wir können es ja mal in der Apotheke versuchen."
Darauf meinte mein Gesprächspartner, er könne sich erinnern, in seiner Praxis noch zwei Morphintabletten zu haben und er würde so schnell wie möglich vorbeikommen.
Nach Beendigung des Gespräches war ich einigermaßen verwirrt, hatte ich wirklich mit dem Bereitschaftsarzt gesprochen oder hatte mich die Leitstelle irrtümlich mit " Verstehen Sie Spaß" verbunden?

Der Anblick der sterbenden Frau holt mich jedoch auf den Boden der Realität zurück, so kann ich die Dame dem Arzt auf keinen Fall vorstellen.

So behutsam wie nur irgend möglich bekommt meine Schutzbefohlene das volle Programm einer kompletten Körperpflege, Bettwäschetausch (Bettbezug statt Laken), Mundpflege, Trinken angeboten (sie schluckt wie eine Verdurstende und schaut mich danach dankbar an), Vitalwerte dokumentiert, Dokumentation von Auffindesituation bis zum Anruf des Bereitschaftsarztes.

Noch schnell etwas Buttermilch aus der Küche geholt, sie hat mir diesen Herzenswunsch unter Aufwendung aller ihrer noch vorhandenen Kräfte zugeflüstert und ich habe ihr versichert, dass der Doktor bald kommt, um ihr etwas zu geben gegen ihre Schmerzen.

Nach Abschluss der vorläufigen pflegerischen Versorgung von Frau Schlimm habe ich mit der Betreuung meiner restlichen Freunde straff zu tun. Urin, Stuhlgang, überlastete Inkontinzeinlagen, überfeuchtete Bettlaken und Bettdecken, nicht urinresistente Nachthemden pflastern meinen Weg. Waschmaschine und Trockner laufen auf Hochtouren.

Zum Nachdenken bleibt keine Zeit, die Wäsche und Müllsäcke füllen sich unaufhaltsam, ein Fäkalaroma liegt in der Luft, man kann es, wenn man sich auf dem Flur befindet, förmlich schmecken.

Plötzlich Großalarm! Im Erdgeschoss in fünfzehn Zimmern überall rote Alarmleuchten.

Was geht denn jetzt los, frage ich mich bei der Überwindung der Treppe vom Ober- ins Erdgeschoss.

Arme und Beine bilden eine rotierende Scheibe, ich pumpe wie ein Maikäfer. Am Ort der Katastrophe angekommen treffe ich Magda, sie ist Mitglied der Demenzfraktion und mit ihrem Rollator unterwegs.

Irgendetwas sagt mir, dass sie etwas mit dem Großalarm zu tun hat und wirklich, in dem Rollator anhängigen Korb stapeln sich ca. fünfundzwanzig Prothesen, die können, so bin ich mir sofort völlig sicher, nicht alle Magda gehören.

Kurz entschlossen konfisziere ich die Prothesen und bringe Magda ins Bett.

Im Anschluss beginne ich meinen Canossagang, denn, wie vermutet, haben die Ersten bereits gemerkt, dass irgendjemand ihre Zähne geklaut hat.

Nun war ich aber richtig am Arsch, ich hatte zwar fünfundzwanzig Prothesen, aber wem gehört welche?

Also Plan B. Bekanntgabe an alle, die es wissen wollen, die Prothesen wurden vom Spätdienst eingesammelt, da der Zahnarzt am Morgen die Prothesen auf Schäden kostenlos kontrollieren wolle und die Ausgabe umgehend durch den Frühdienst erfolgen würde.

Gut gemacht, Otto, damit hast du etwas Zeit gewonnen und den schwarzen Peter an den Frühdienst weitergeleitet.

Besondere Situationen erfordern besondere Maßnahmen, zugegeben, ein Verstoß gegen das siebente Gebot, aber der Oberhirte hilft mir ja auch nicht.

Mittlerweile ist es still geworden.

Plötzlich fährt mir ein intensiver Duft von Zigarre in die Nase, ich suche und erschnüffele das Zimmer des Übeltäters, Gerhardt!!!

Der liegt nackt im Pflegestuhl, raucht Zigarre und trinkt Schampus und lässt sich von zwei jungen, ebenfalls nackten Damen verwöhnen.

Ich bin etwas irritiert und frage Gerhardt:

"Was ist denn hier los? Wie kommt denn dein Besuch hierher?"

Gerhardt fühlt sich ertappt und gesteht, dass er sich telefonisch zwei Damen vom Seniorenservice bestellt und über die Terrassentür im Erdgeschoss eingelassen hat und er eigentlich fertig sei.

Gerhardt bezahlt, die Damen verschwinden, ich räume auf, lüfte das Zimmer und ermahne Gerhardt, nicht mehr im Zimmer zu rauchen.

Glücklicherweise sind im Bad keine Rauchmelder.

Gerhardt bittet mich, den Vorfall nicht weiterzumelden, er habe die beiden Damen aller vierzehn Tage zu Besuch und bisher war dies auch völlig unproblematisch, denn bis vor vier Wochen hatten zwei Krankenpfleger im Wechsel Dauernachtwache.

Da waren solche gelegentlichen Servicebesuche kein Problem, beide waren schwul und beide, sowohl der Eine wie auch der Andere erhielten des Nachts selbst Besuch von ihrem Liebsten. So war der Nachtdienst ab halb eins bis drei Uhr in der Frühe im Ruheraum beschäftigt.
Problematisch wurde die Angelegenheit erst, als den beiden bewusst wurde, dass sie ein- und denselben Poppkameraden hatten.
Daraufhin haben beide gekündigt und das Heim bekam eine neue Nachtwache und Gerhardts Entspannungsübungen standen plötzlich unter keinem so guten Stern.
    Hier war guter Rat teuer. Von Gerhardt auf der Nase herumtanzen lassen ging gar nicht.
    Also sagte ich zu Gerhardt: "Also, dass du auf dem Zimmer geraucht hast muss ich schon in meinen Bericht schreiben und wenn du weiter rauchen willst, so tue dies bitte wie sonst auch auf der Terrasse."(ein harmloser Vorschlag mit fatalen Folgen, denn diese Terrasse befindet sich genau über dem Haupteingang).
    Trotz all dieser ungewöhnlichen Vorfälle schaffe ich es, eine kontrollierte Übergabe vorzubereiten.
    Es ist halb sechs, plötzlich höre ich einen entsetzlichen Aufschrei. Genau vor der Eingangstür steht wie versteinert unsere neue Pflegedienstleitung und von der Terrasse durch das Geländer hindurch, die Zigarre in der Hand, pinkelt ihr Gerhardt auf den Kopf.
Er schaut hinunter und nuschelt: „Tschuldigung, ich konnte es nich mehr halten." Gerhardt drückt seine Zigarre aus und verdrückt sich.
Die PDL fühlt sich ganz klar angepisst.
Völlig unmotiviert kommt mir der Gedanke, glücklicherweise hat Gerhardt sich nicht aus einer anderen Körperöffnung entleert und der "Chefin" ein nicht gewünschtes Toupet auf den erlauchten Kopf gesetzt.
Aber auch so ist es spektakulär genug.
Es ist schon ein Bild für die Götter, dass ich das noch erleben darf, eine angepisste Pflegedienstleitung, im Normalfall wäre

nach dem Motto "Orden und Bomben fallen meist ins Hinterland und treffen immer die Falschen" dies jedem Anderen passiert und die Dame hätte mit Sicherheit lauthals lachend bei jeder sich bietenden Gelegenheit das Urinvorkommnis ausgewertet.

So aber wird wohl Schweigen im Walde angesagt sein.

Ich bin nicht schadenfroh, aber ich gönne ihr diese Dusche von ganzem Herzen und nebenbei bemerkt, Gerhardt hat ganze Arbeit geleistet. Die Frisur ist hin, Daunenjacke und Jeans sind betroffen und sogar aus der Handtasche tröpfelt es auf den Boden.

Sie sieht mich völlig fassungslos an, mir fällt nichts Blöderes ein als dass ich frage: " Kann ich helfen?" Hierauf ein gepresstes "Nein!" Und ganz entgegen meiner Art höre ich mich noch fragen: "Soll ich den Vorfall dokumentieren?"

„Um Gottes willen! Nein!"

Gut. Auf allerhöchsten Wunsch…es ist nichts passiert und Otto hat auch nichts gesehen…

Die Diva entschwindet in Richtung Umkleideraum.

Wer den Schaden hat spottet jeder Beschreibung.

Endlich um dreiviertel sechs kommt nach sechs Stunden Wartezeit auch der Bereitschaftsarzt, er hat Morphin dabei, ist in der Apotheke fündig geworden.

Der Doktor versorgt die leidende alte Dame nach den Regeln der ärztlichen Kunst:

Nach Beendigung seiner Behandlung macht er seinem Ärger Luft über die Insuffizienz der Betreuung der Bewohnerin durch die Pflegekräfte dieses Altenheimes, wobei er meine Person ausdrücklich ausnahm.

In diesem Augenblick erscheint Gerhardts Opfer im Dienstzimmer und stellte sich als Pflegedienstleitung des Hauses vor.

Die Augen des Arztes verformen sich zu schmalen Schlitzen, ein kurzes scharfes: "Wir müssen reden!" verführt die PDL dazu, den Arzt in ihr Büro zum Gespräch zu bitten.

Kurze Zeit später verabschiedet sich der Bereitschaftsarzt von seiner Gesprächspartnerin mit den Worten: "In dieser Angelegenheit ist das letzte Wort noch nicht gesprochen!" und verlässt grußlos das Pflegeheim.

Die Pflegedienstleitung steht wie ein begossener Pudel auf dem Flur, zum zweiten Mal an diesem Tage, nur diesmal ohne Urin.

Nach kurzem Innehalten, fordert sie mich auf, einen detaillierten Bericht über Vorkommnisse und Besonderheiten zu geben.

Die Augen wurden im Verlaufe meines doch sehr umfassenden Rapportes im größer, der Gesichtausdruck immer ungläubiger mit einem Anflug von potenter Hilflosigkeit.

Es ist ihr anzumerken, dass sie bestrebt ist, den angestauten Ärger weiterleiten zu wollen.

Schließlich liegen eine Menge Probleme auf dem Tisch, welche dringend einer Klärung bedürfen und nicht zu vergessen die fünfundzwanzig herren- beziehungsweise damenlosen Prothesen, welche auf die Rückgabe an die Besitzer warten.

Da kommt der Dienstbeginn von Tamara, Altenpflegeschülerin im ersten Lehrjahr, gerade recht.

Ehe sich Tamara so richtig besinnen kann wird sie grußlos aufgefordert: „Siehst du den Korb und die Zähne, die machst du ordentlich sauber und verteilst sie bis zum Frühstück!"

Über eines bin ich mir jetzt schon vollkommen im Klaren. Das geht in jedem Fall schief und bis zum Frühstück ist dies absolut nicht machbar.

Aber Tamara klemmt sich widerspruchslos den Prothesenkorb unter den Arm und zieht von dannen.

Gedanklich wünschte ich ihr gutes Gelingen und bin froh, mich zurückziehen zu können.

Aber nach dem Nachtdienst ist vor dem Nachtdienst und ehe ich mich so richtig versehe, sitze ich bereits wieder im Dienstzimmer und übernehme den Nachtdienst.

Wie schon am Tag zuvor übergeben mir Natascha und Olivia den Dienst, besser gesagt, Natascha spricht und Olivia schweigt.

Für besonders wichtig und deshalb erwähnenswert an erster Stelle hält Natascha Menneken piss namens Gerhardt.

Irgendwie hat sich Gerhardts Begrüßung der Pflegedienstleitung wohl doch herumgesprochen.

Die Rückabwicklung der herrenlosen Prothesen hat sich, wie vermutet, sehr schwierig gestaltet, denn Tamara als Vollblutpflegeanfängerin war mit dieser Aufgabe zu hundertfünfzig Prozent überfordert.

Da sie aufgefordert wurde, die Prothesen gründlich zu reinigen, hat sie die künstlichen Zähne in einer Wanne mit Desinfektionsmittel versenkt und dort cirka dreißig Minuten belassen, neben der zweifelsohne erreichten Keimreduktion hatte diese Maßnahme den eher unerwünschten Nebeneffekt, dass sich alle Prothesen komplett rosa verfärbt hatten.

Bis zum Mittagessen war Tamara, assistiert von der Pflegedienstleitung, damit beschäftigt, durch Ausprobieren jedem Bewohner zu einer passenden Prothese zu verhelfen. Ob nun jeder wirklich seine eigene Prothese zurückerhalten hat, dahinter steht ein großes Fragezeichen.

Die Pflegedienstleitung hat verfügt, dass das Rauchen auf der Terrasse des Obergeschosses ab sofort verboten und der Zugang zur Terrasse vom Nachtdienst zu verschließen ist.

Mit einer Besserung der Situation im Bereich Inkontinenzmaterial und Handschuhe ist vor der nächsten Lieferung durch das Sanitätshaus in sieben Tagen nicht zu rechnen, das Pflegepersonal hat mit den vorhandenen Mitteln auszukommen.

Bezüglich Frau Schlimm hat auch Natascha eingesehen, dass es der Bewohnerin sehr schlecht geht. Jedenfalls fast.

Ganz beiläufig teilt sie mir mit, dass sie ihr um vierzehn Uhr und um achtzehn Uhr jeweils ein Dulcolax-Zäpfchen (Abführzäpfchen) verabreicht habe.

In diesem Augenblick ist mir das Gesicht eingeschlafen. Hatte ich wirklich richtig verstanden, diese von allen guten Geistern Verlassene hat einer Sterbenden innerhalb von vier Stunden zwei Abführzäpfchen geschoben, einer Dame, die seit acht Tagen nichts gegessen und kaum etwas getrunken hat, die noch vor zwei Tagen an Durchfall litt?

Natascha meinte, dass die Bewohnerin fünf Tage nicht auf

Toilette war, wo sie diese Weisheit her hatte, ließ sie offen. Und warum gleich zwei Geschosse? Weil das Erste ihrer Ansicht nach nicht gewirkt hatte.

Bei Natascha hat die dreijährige Ausbildung zur Altenpflegerin augenscheinlich auch nicht gewirkt und anstatt diese zu wiederholen, hat sie sich das Examen geben lassen.

Wie katastrophal muss das Angebot an Pflegekräften sein, wenn man solch einen Tiefflieger einstellt und bis zur Wohnbereichsleitung aufsteigen lässt?

Im Gegensatz zu ihren vorangegangenen Abenteuern hat sie alles dokumentiert.

Wenn man mich fragen würde, müsste ich zugeben, ich habe den Verdacht, Natascha ist des Wahnsinns fette Beute. Doch da scheint sie nicht die Einzige zu sein.

Unsere "allseits geschätzte" neue Pflegedienstleitung hat sich den "Urinstein" aus dem Haar geschüttelt und begonnen, ihr eigenes Profil zu entwickeln.

Zudem leidet sie an Persönlichkeitsspaltung. Zu den Mitarbeitern el Rabiato, zu den Angehörigen el Schleimo und zu den Bewohnern el Ignoranto.

El Rabiato hat begonnen, dem Nachtdienst zusätzliche Arbeitsaufgaben zu übermitteln.

Jedoch hat sie vergessen, dass ich nur zwei Arme und zwei Beine habe, das ist allen bekannt…außer Kloppo!!!

Jedoch ehe ich mich den hochfliegenden Plänen zur effizienteren Gestaltung des Nachtdienstes widmen kann, muss ich mich um meine Bewohner kümmern.

Die sind mir ehrlich gesagt wichtiger als eine ehrgeizige Pflegedienstleitung, die diesem Pflegeheim ihren persönlichen Stempel aufdrücken will.

Als ich das Dienstzimmer verlassen will, werde ich auf ein neu an die Pinwand geheftetes Schreiben aufmerksam, in diesem gibt die Pflegedienstleitung bekannt, dass laut neuesten Erkenntnissen des Robert-Koch-Institutes zur Behandlung von Wunden nur noch Einwegmaterial verwendet werden darf und die Ärzte sind darauf hinzuweisen, dass nur noch

Einwegmaterial verschrieben werden soll.

Unterschrift: „Kloppo. Pflegedienstleitung.“

Hier sieht man Otto einigermaßen verwirrt, was wurde denn vorher verwendet?

Ich kann mich nicht erinnern, jemals Mehrwegmaterial zur Wundbehandlung verwendet zu haben.

Hat Kloppo auch einige wesentliche Abschnitte der Ausbildung verpennt?

Nimmt sie Vitamine, die ihr nicht ganz so gut tun?

Es ist aber wesentlich besser, dass Kloppo meint, Einwegmaterial wird verwendet, als dass sie mehrfach zu verwendenden Kompressen den Vorzug gibt.

Aber Kloppo hat noch eine andere herausragende Neuerung, ab sofort legt sie fest, dass vom Früh- zum Spätdienst am Montag, Mittwoch und Freitag eine schriftliche Dienstübergabe zu erfolgen hat, um Informationsverlust zu vermeiden.

Da hat sie natürlich absolut Recht, denn am Dienstag, Donnerstag, Samstag und Sonntag ist mit keinem Informationsverlust zu rechnen…

Kloppo hat den Namen nach der Tat.

Es kann einem schon Angst und Bange werden, wenn man eine solche Wohnbereichsleitung und eine solche Pflegedienstleitung hat, da wäre man ohne beide besser dran.

Aber hätte, wäre, wenn, es ist nun einmal so wie es ist.

Hätte meine Tante Eier wäre sie mein Onkel.

Trotz nicht zufrieden stellender personeller Besetzung der unmittelbaren Leitungsebenen muss ich meine Arbeit so gut machen, wie es die Situation zulässt.

Die Alarmklingel erinnert mich daran, dass ich Nachtdienst habe. Hilda klingelt.

Sie liegt in ihrem Bett und ein Mordsveilchen ziert ihr linkes Auge.

Ganz spontan frage ich Hilda: "Na, gegen eine parkende Faust gelaufen?"

"Nein, Carla hat mich geschlagen!" Carla ist eine cirka fünfunddreißigjährige, junge Frau, geistig behindert, ruhig und gemütlich, geistiger Entwicklungsstand einer Zehnjährigen, von der Statur ein Kerl wie ein Baum, besser gesagt eine stabile Frau.

Hilda will nicht weiter mit mir reden. Es ist ihr sichtlich peinlich und so komplimentiert sie mich mit dem ihr eigenem Charme: "Hau bloß ab du dämliche Frukke!" aus dem Zimmer.

Von Charlotte erfahre ich, das Hilda und Carla nach dem Frühstück alleine im Aufenthaltsraum saßen, für Carla war am Fernsehapparat der Kinderkanal eingestellt worden, „Bernd das Brot" schaute sie sich mit Begeisterung an.

Hilda hatte sich die Fernbedienung geangelt und den Fernseher ausgeschaltet, daraufhin hatte sich Carla behäbig erhoben, war langsamen Schrittes auf Hilda hinzu gegangen und hatte ihr unvermittelt mit ihrer Riesenfaust ihren Unmut über entgangenes Kinderfernsehen aufs Auge gestempelt.

Nach getaner Arbeit hatte sie sich scheinbar zufrieden wieder auf ihren Stuhl gesetzt.

Man darf niemanden schlagen, egal wie blöde oder provokant er ist, aber das versteht Carla nicht und das ist "gut so".

Wie heißt es doch so schön, der liebe Gott straft kleine Sünden sofort und ich muss sagen, daran hat er gut getan.

Die Nachtschicht ist wieder ein ganz normales Einzelverfolgungsrennen, außer, dass sich auch Frau Schlimm nach dem Abführangriff durch meine Spätdienstkollegin durch die Nacht quält und ich ihr nicht so richtig helfen kann. Einen Arzt rufen? Die Polizei verständigen? Die Pflegedienstleitung anrufen? Nichts dergleichen kommt in Frage.

Ich bin in einer aussichtslosen Situation.

Egal was ich tue, es hilft weder mir noch dieser armen Frau. Trotz dieser völlig irren Vorbehandlung hält sich die alte Dame sehr tapfer.

Als Entscheidungshilfe für den Tagdienst schreibe ich meine Einschätzung in das Berichtsblatt der Bewohnerakte.

Kurz vor Dienstübergabe erscheint Kloppo auf der Bildfläche, ich bin immer noch sehr erbost und winke sie ins Dienstzimmer, wo ich im Begriff bin, die Akten für die Dienstübergabe vorzubereiten.

Aufgewühlt informiere ich Kloppo über die meines Erachtens nach absolut nicht akzeptable Behandlung von Frau Schlimm, doch die Reaktion ist für mich unfassbar, mit unbewegtem Gesicht entgegnet mir diese Frau: "Otto, wer sagt Ihnen eigentlich, dass die Frau stirbt oder sind Sie der liebe Gott, kümmern Sie sich um Ihre Arbeit und nicht um Sachen, die Sie nichts angehen!"

Ich denke, ich höre nicht richtig.

Aber das ist doch meine Arbeit, mir wird plötzlich klar, el Rabiata und el Ignoranta haben sich wiedervereinigt zu einem qualifizierten el Blödo, besser bekannt unter dem Namen Kloppo.

Dieser Frau ist alles scheißegal. Die Kollegen, die Bewohner, was ist ihr überhaupt wichtig? Dass an ihrer Bürotür ein Schild hängt mit der Aufschrift: „Kloppo-Pflegedienstleiterin" und dass am Monatsende ihr Gehalt pünktlich auf ihrem Konto landet?

Nach der Dienstübergabe verlasse ich den Stationsbereich, ich fühle mich wie gerade eben verprügelt.

Die Gedanken an die Ereignisse der letzten Stunden, der letzten Tage lassen mich nicht los.

Man hat den Eindruck, ein Großteil der Kollegen hat auf Durchgang geschalten, hier sind nur noch Hüllen mit zwei Händen und zwei Beinen am Werk, ohne Herz und Hirn.

Nein das ist nicht ganz richtig. Ein Teil des Hirns scheint noch zu funktionieren und dieser Teil signalisiert pausenlos Gefahr…

Man hat Angst vor den eigenen Kollegen, die frustriert die den chaotischen Zuständen geschuldeten Defizite in der Pflege an die Kollegen der nächsten Schicht weiterleiten.

Man hat Angst vor der Chefetage, die willkürlich Kollegen an den Pranger stellen um ihre eigene Unfähigkeit zu vertuschen.

*Man hat Angst vor Bewohnern, die sich berechtigterweise
über mangelnde Zuwendung bei vorgesetzter Stelle
beschweren.*

*Man hat Angst vor den Beschwerden von Angehörigen der
Bewohner, die unzufrieden mit dem Personal sind, weil es nicht
genug Zeit hat und die dabei gelegentlich auch Namen nennen.
Man hat Angst, unter denen zu sein, die namentlich in den
Beschwerden benannt werden, obwohl man die gesamte
Schicht ohne Pause, ohne zu essen und zu trinken, ohne
Toilettengang korrekt gearbeitet hat.*

*Man hat Angst vor den ausländischen Kollegen, die im
Gegensatz zu den deutschen Kollegen sich verbünden, die bei
Notwendigkeit deutsche Kollegen gemeinsam an die Wand
drücken und oder aus dem Job drängeln.*

*Zwischen den Kollegen herrscht ein Klima des Misstrauens,
wird ein Kollege von einem Bewohner oder Angehörigen gelobt,
kann man davon ausgehen, dass die Messer gewetzt werden
und neidische Kollegen, die sich zurückgesetzt fühlen, machen
diesem beziehungsweise dieser Kollegin das Leben so schwer,
dass sich die Betroffenen über das Lob nicht mehr freuen
können.
Man hat quasi nicht nur Angst angeschissen zu werden, ein Lob
erfüllt fast denselben Zweck.*

*Der Druck erfolgt quasi von überall her, Druck von der
Chefetage, den Kollegen, den Bewohnern, den Angehörigen
und nicht zu vergessen von sich selbst.*

*Einige, nein, viele versuchen, immer mehr zu leisten, gehen
über ihre Leistungsgrenzen hinaus, um anerkannt zu werden,
Pausen werden durchgearbeitet, Überstunden gratis geleistet,
Arbeiten in der Freizeit zu Hause erledigt.
Das Verrückte ist, dass diese Art der Arbeitsauffassung immer
mehr zur Normalität wird.*

Nach dem Motto: „Was du während deiner Arbeitszeit nicht schaffst, ist Freizeitvergnügen."

Immer mehr Kollegen gehen diesen Weg, aus Angst schlecht bewertet zu werden, dem inneren Zwang folgend, zu den Besten zu gehören, aus Angst, den Arbeitsplatz zu verlieren und von Billiglöhnern aus Budapest, Tallinn oder Kasachstan ersetzt zu werden.

Ständige Erreichbarkeit ist selbst auferlegte Pflicht.

In der Altenpflege der Neuzeit halte ich, mit Verlaub, mittlerweile alles für möglich, schlechte Pflege ist abhängig von der Betrachtungsweise.

Wenn man das schlechteste Pflegeheim in Deutschland mit der Behandlung der Alten in Südwest-Afghanistan vergleicht, stehen wir doch immer noch gut da.

Jegliches aufgetretene Druckgeschwür war mal ein Pflegefehler. Aber anders betrachtet stellt es doch einen Wirtschaftsfaktor dar (der Arzt verdient, die Apotheke verdient, die Pharmaindustrie verdient…).

Es stellt sich die Frage: Warum verkauft man nicht gleich das staatliche Pflegeexamen? Man spart Ausbildungszeit, das Geld wird dann in den Pflegeheimen der Moderne abgearbeitet, die Pflegemitarbeiter werden nach dem Bilde des Arbeitgebers geformt.

Learning by doing. Gefährliche Pflege war gestern, dafür haben wir heute keine Zeit mehr.

Die Pflegekräfte von heute sind die Altenheiminsassen von morgen, darüber sollte sich nicht nur jeder in der Pflege Tätige klar sein.

Vorteil von denen, die nicht in der Pflege arbeiten, sie wissen

nicht was auf sie zukommt oder sie wollen es nicht wissen.
Selbst wenn man ihnen davon erzählen würde sie würden es
nicht glauben wollen.
Aber sie sollten es besser glauben, denn es ist schlimm und es
wird noch schlimmer werden, dann stehen die in Afghanistan
über kurz oder lang gar nicht mehr so schlecht da.

Die Frage ist, ob die Alten in den Entwicklungsländern im
Gegensatz zu Deutschland wirklich so schlecht behandelt
werden.
Vergleicht man Deutschland und China sind kleine Provokateure
zu dem Schluss gekommen, Deutschland und China sind
Schwellenländer, nur nähern sich beide der Schwelle von zwei
unterschiedlichen Seiten.

Die Tatsache, dass verantwortliche Politiker das
Pflegeproblem mit weiteren ausländischen Fachkräften lösen
wollen ist bezeichnend, völlig leidenschaftslos nehmen sie die
Misere zur Kenntnis, Ideen wie Verringerung der
Ausbildungsdauer, Zulassung von Hauptschülern zu
Altenpflegeausbildung.

Warum tun wir Menschen uns diese Selbstverleugnung an?

So frage ich mich, ist es das wert? Ich glaube nein.

Von der Geburt über die Kinder- und Jugendzeit, in der man
darauf vorbereitet wird, ein wertvolles Mitglied der Gesellschaft
zu sein, und im Anschluss ein mit Arbeit ausgefülltes Leben bis
momentan siebenundsechzig Jahren.
Diese Periode endet in der Regel mit der Erkenntnis, dass man
da, wo man konnte, sich den Spaß versagt hat, weil andere
Dinge wichtiger waren. Und wenn man nicht mehr kann, hört der
Spaß sowieso auf.

Stellt sich die Frage: Warum arbeitet man? Vernünftigerweise arbeitet man, um zu leben und lebt nicht, um zu arbeiten.
Aber irgendwie haben wir Menschen dies umgekehrt, wir haben Spaß daran gefunden, uns selbst zu quälen, nennen es Einsicht in die Notwendigkeit und machen die Unvernunft zum Maß aller Dinge.

Was ist eigentlich notwendig, was ist wichtig?

Dies haben wir bei der Jahrhundertflut 2002 an der Mulde und Elbe erlebt, urplötzlich war ein Großteil unseres damaligen Wohnortes ein Opfer der Wassermassen geworden, die Versorgung mit elektrischem Strom war ausgefallen, kein Bus, kein Zug fuhr mehr, kein Fernseher lief, kein Amt hatte geöffnet, an elektrische Beleuchtung nicht zu denken, zur Arbeit zu gelangen unmöglich, Geld von der Bank zu holen nicht machbar…nun, man brauchte es ja auch nicht.
Die betroffenen Menschen halfen sich gegenseitig, teilten ihre Vorräte, redeten miteinander, saßen einträchtig beieinander. Lachten, ja, sie lachten, weil sie durch die Naturgewalt keinen Schaden genommen hatten, weil ihre Frauen, Kinder, Enkel, Eltern und auch Freunde ohne Stress sich selbst und das oft vergessene oder durch Zeitmangel nicht mögliche Miteinander genießen konnten.
Es war problematisch, Kaffee oder Tee zu kochen, Nahrungsmittel zu besorgen, aber jeder trug dazu bei mit allem, was er hatte oder konnte. Auf dass es den kleinen lokalen Notgemeinschaften so gut es eben ging.
Keiner hat in diesen schwierigen, teilweise anstrengenden Tagen die Arbeit, den Stress, nervende Kollegen, fordernde Vorgesetzte vermisst.

Muss denn erst eine Katastrophe passieren, dass die Menschen wieder wie Menschen miteinander umgehen? Es nicht einfach, wenn man nur von Geiern umgeben ist, die

74

einem ans Leder wollen und oder darauf warten, dass sie eine Gelegenheit dazu bekommen.

Ich stelle mir so oft die Frage, warum arbeite ich in Deutschland in der Pflege?

Und so richtig ehrlich beantworte ich mir diese Frage nie. Denn, wenn ich es tun würde, müsste ich mir eingestehen, ich möchte es eigentlich nicht, es tut mir nicht gut, es schadet mir, ja, es macht mich kaputt.
Hier kommt wieder die Einsicht in die Notwendigkeit, ich brauche eigentlich kein Geld. Das Problem ist, dass Andere ständig Moneten von mir haben wollen wie Finanzamt, Krankenkasse, Rentenversicherung, Wohnungsvermieter, Tankstelle, Versicherungen.
Nein, ich möchte eigentlich nicht jeden Tag auf eine Arbeit gehen wollen, die ein Spießrutenlauf ist und jeder, dem danach ist (die Gründe sind vielfältig), schlägt auf mich ein, streut Salz in die Wunden und weidet sich an den Qualen, die ich leide.
Die Wunden sind äußerlich unsichtbar, aber sie hinterlassen tiefe Spuren.
Angst, den Anforderungen nicht zu genügen, Angst vor missgünstigen Kollegen, Angehörigen, Vorgesetzten ist allgegenwärtig, man schläft schlecht, man steht permanent unter Hochspannung, man ist psychisch und physisch am Ende.
Man will und kann eigentlich nicht mehr aber man tut es trotzdem.
Man stellt sich Tag für Tag die Frage: Warum? Und will sie nicht beantworten, denn schlussendlich gibt man sich selbst die Schuld.
Warum schaffst du es nicht, warum hast du diese Probleme, die anderen schaffen es doch auch.
    Das ist jedoch nicht das einzige Problem, neben diesem kommt auch die Sorge um die eigenen Kinder, welche sich auch im Hamsterrad befinden.
    Und zu guter Letzt unsere Eltern, die noch körperlich und geistig einigermaßen fit sind, den Problemen jedoch oft hilflos

gegenüberstehen und sich immer mehr, wie so viele in unserer Gesellschaft, tief in ihr eigenes Schneckenhaus zurück gekrochen haben aus Angst vor der Zukunft.

"Jeder hat sein Päckchen zu tragen" sagten die Alten, aber von einem Seesack exorbitanter Größe hat niemand etwas erzählt. Es belastet schon immens, die Jungen haben oder nehmen sich nicht die Zeit zu Besuch oder Kontaktaufnahme, nur wenn sie einen Vorteil daraus ziehen können, welcher ihnen das Leben erleichtert, wenn es gerade in das Konzept passt. Oder es wird ein Pflichtkontakt.

Und die Alten denken man spinnt, wenn man die Probleme schildert, die einen bewegen.

Alle wollen eine heile Welt, aber niemand will etwas dafür tun, weil, es könnte ja Probleme bringen und eigene Probleme hat man ja genug. Da muss man sich ja nicht noch mit den Problemen anderer belasten.
Es ist so ja schon schwer genug.

Tue nichts Gutes, dann kann dir nicht Böses widerfahren. Die meisten wollen oder sind zumindest bestrebt, die Minuspunkte abzuwählen und fleißig Pluspunkte zu sammeln, aber das funktioniert nicht so richtig.
Bei genauerem Hinsehen entwerten sich die so genannten Pluspunkte. So wird ein großes Grundstück mit Haus, nach Übertragung an Tochter, Sohn oder Enkel wertlos oder die Kosten des Altenheimaufenthaltes entwerten dies. Gleiches gilt für schwer erarbeitetes Geldvermögen, Statussymbol Auto wird wertlos, wenn du nicht mehr damit fahren kannst.

Liebe, Zuwendung, Lebenszeit und Gesundheit, die schönen Stunden lassen sich nicht speichern.
Man muss irgendwie versuchen das Leben so zu leben, dass

man am Lebensende sagen kann, es war ganz schön und nicht umsonst.

Neben der aller Wahrscheinlichkeit nach nicht zu vermeidenden Geldbeschaffung, wenn es gar nicht anders geht auch durch Arbeit.
Perioden der Arbeit sollten Perioden der Erholung folgen, also „nicht nur hämmern und sicheln sondern auch bumsen und picheln" (wer auch immer diesen Spruch getätigt hat, er hatte Recht)oder was auch immer zur Erholung beiträgt.

Eines ist sicher noch wichtig, man muss sich ganz genau anschauen, wem man seine Pluspunkte überträgt, denn diese Personen suchen meist auch das Pflegeheim aus, in das man eingebunkert wird.

Neben fast komatösem Nachdienstschlaf, kreisen die Gedanken über solche und andere Probleme. Man kommt einfach nicht davon los.
Otto ist ein Problembürger und Otto ist wütend.
Voll ohnmächtiger Wut und Angst, machtlos, planlos, ohne Idee, wie er es ändern kann. Angst ist ein schlechter Ratgeber, Angst ist gar kein Ratgeber, Angst ist eigentlich ein Fluchtreflex. Und das sollte man, so man kann, tun.
Nach der Nachtschicht ist wie gesagt vor der Nachtschicht und das Hamsterrad der Altenpflege lädt wieder ein.
Ein häufig erlebtes Phänomen ist das Problem anderer Leute. Das funktioniert so. Ein im Spätdienst bewusst nicht gelöstes oder leider nicht bewältigtes Problem wird für den Nachtdienst aufbewahrt und nach Übergabe des Spätdienstes an den Nachtdienst ist es ein Problem des Nachtdienstes und der muss es lösen oder eben auch nicht, man könnte es ja je nach Dienstauffassung und Befindlichkeit auch dem Frühdienst durchwinken.
Die Zeit der Übergabe ist in dieser speziellen Altenverwahreinrichtung die Zeit von maximaler

Adrenalinausschüttung, Hypertonie, Herzrasen, gepaart mit Zornesröte, aufgerichteten Nackenhaaren sowie wegbleibender Spucke.

Es vergeht fast kein Tag, an dem ich mich frage, ob bei meinem Gegenüber die Anzahl der Tassen im Schrank noch stimmt oder ich die Vollzähligkeit der Latten am Zaun anzweifele.

Meine Lieblingspflegeamateurin schafft es immer wieder, eine Dienstübergabe hinzulegen, die man unzweifelhaft als unvergesslich einstufen kann.

Diese hat aber eine sich immer wiederholende Gliederung, zwei Drittel Gelaber/Rhabarber und dann kommt der Hammer.

Und während ihr Gesprächsgegenüber den Superwumm gedanklich noch verdaut ist sie…eins, zwei fix verschwunden.

Dieser Superwumm beinhaltet nicht zwingenderweise nur ein Problem, meist sind es gleich mehrere Schwergewichte.

An diesem Abend fällt das Vorspiel etwas kürzer aus, neben: "Ich bin völlig fertig, das war der blanke Wahnsinn, es war kaum zu schaffen…" ,war für mich fast klar, dass wieder einmal eine nicht unerhebliche Portion unerledigter Probleme anderer Leute seinen Weg, stillschweigend und unausgesprochen, auf meinen Zettel gefunden haben würde nach Beendigung des Rapportes.

Ganz entspannt kommt sie dann zum interessanten Teil.

„Frau Schlimm ist apathisch, aber sonst gut beieinander und bei Helga haben wir ein kleines Problem.

Die Anus-praeter-Beutel sind alle und ich habe ihr einen Aldibeutel mit Pflaster aufgeklebt."

Etwas irritiert schaue ich meine Kollegin an.

"Was hast du gemacht?" Mit starker Betonung auf dem Wörtchen „was" kommt reflexartig meine Frage aus mir herausgesprudelt.

Die Russen wie auch die Ossis sind für ihre Improvisationsgabe bekannt, aber hier sind ihr wohl eindeutig die Pferde durchgegangen oder besser übers Ziel hinausgeschossen, in jedem Fall hat meine Spätdienstkollegin einen kapitalen Bock geschossen.

"Ja", meint sie, „die Anus-praeter-Beutel sollten am Nachmittag geliefert werden, das wurden sie aber nicht und außerdem hatte

78

ich so viel zu tun und konnte mich nicht auch noch darum kümmern.".

Sprach dies und hüpfte von dannen.

Mendo sino, das Einzige, was hier mit Sicherheit klappt sind die Türen, nun ja Alditüte und Anus-praeter-Beutel haben ja eines gemeinsam, beide Beutel fangen mit A an, aber das ist auch schon die einzige Gemeinsamkeit und die Gebrüder Aldi würden sich schon sehr wundern über die Einsatzmöglichkeiten ihres Einkaufsbehältnisses.

In jedem Fall, es passt mehr rein in den Aldibeutel.

Aber es muss doch einen Grund dafür geben, warum wir Anus-praeter-Beutel verwenden und keine Alditüten einsetzen.

Nun, sehr erfreulich entwickelt sich diese Nachtschicht nun wirklich nicht, weder für mich noch für die frisch gekürte Aldibeutelträgerin.

Meine spontane Bewertung der Situation: "Im Ansatz verrissen".

Wie sich jeder vorstellen kann, führt mein erster Gang zu Helga und diese ist hochgradig unfroh, denn das, was eigentlich in den Beutel abgeleitet werden sollte, findet sich im Pflegebett wieder und tropft von dort auf den Fußboden unter dem Bett.

Ein brauner See von der Größe einer XXXL-Familienpizza.

Otto, was hast du verbrochen, dass dir so etwas widerfährt, lieber Gott, wenn du etwas damit zu tun hast, plage bitte jemand anderen weiter oder hilf mir wenigstens, sende mir ein Zeichen, erleuchte mich, wie ich aus diesem Schlamassel wieder heraus komme, wie ich ... ach ist doch schon alles scheißegal.

Meine Überlegungen überschlagen sich fast, was ist zu tun? Aldibeutel in jedem Fall idiotisch, Apotheke hat zu, also Leitstelle.

Ein bisschen beklommen rufe ich die Rettungsleitstelle an, die denken sicherlich, das ist kein Pflegeheim, das ist mit Verlaub eine Klapsmühle und damit haben sie wahrscheinlich wirklich nicht unrecht.

Die Rettungsleitstelle meldet sich, ich erkläre die Situation, erwähne den Aldibeutel aber nicht, der Dispatcher verbindet mich mit dem Bereitschaftsarzt. Diesem erzähle ich die Geschichte noch einmal.

Ohne jegliche Emotionen entscheidet der Arzt: „Kann Ihnen da auch nicht weiterhelfen, einzige Lösung ist die Einweisung in das nächstgelegene Krankenhaus."

Die Leitstelle schickt einen RTW (Rettungsleitwagen).

Bevor der RTW eintrifft, dichte ich den Aldibeutel großzügig mit Rollenpflasterstreifen aus meinem privaten Sanikasten ab, denn auch dieses ist im Heim ausverkauft.

Der Rettungswagen kommt, kurz nachdem ich die Abdichtungsaktion abgeschlossen habe.

Ungläubig bestaunen sie den Aldi-Anus-praeter-Beutel, so etwas haben sie, und das bestätigen beide unabhängig voneinander, noch niemals gesehen.

Einer der beiden fragt mich: "Was ist denn das für ein Notfall?"

Ich könnte im Erdboden versinken, denn augenscheinlich werde ich für den Aldibeutel verantwortlich gemacht.

Da ich keine Lust habe, über Sinn oder Unsinn, ob Notfall oder Nichtnotfall zu diskutieren, einige ich mich mit dem Rettungsassistenten darauf, in das Rettungsprotokoll als Einsatzgrund Krankenhauseinweisung durch Bereitschaftsarzt zu schreiben.

Damit ist die Kuh vom Eis oder besser gesagt Helga im Rettungswagen, kurze Zeit später natürlich notfallmäßig mit Blaulicht auf dem Weg ins Krankenhaus.

Jetzt zu meinem zweiten Sorgenkind Frau Schlimm. Wie meinte meine Kollegin, sie ist apathisch, aber gut beieinander. Nun die Zustandbeschreibung stimmte nicht so ganz.

Frau Schlimm liegt regungslos im Bett, kein Puls, keine Atembewegung, lichtstarre, entrundete Pupillen.

Wenn gut beieinander ein anderer Ausdruck für tot ist, dann hatte meine Kollegin zweifellos Recht.

Frau Schlimm ist also tot, sie hat es geschafft.

Aber was ist mit mir, nun, tot bin ich nicht und geschafft habe ich es auch nicht, muss ich doch schon wieder die Leitstelle beziehungsweise den Bereitschaftsarzt belästigen.

Erst AldITüte, dann erwarteter Todesfall. Was kommt als Nächstes?

Hilft ja alles nichts, was muss, das muss.

Nun, der Disponent der Leitstelle ist nicht nachtragend, kein Nachtreten wegen der Alditüte und auch keine Frage, ob wir uns den Sarg für Frau Schlimm im Lego-Land besorgen.
Nein, ganz Profi, nach Aufnahme der Daten der Hinweis: "Der Arzt kommt in zwei Stunden."
Eigentlich reicht das, was ich bis jetzt erlebt habe für mindestens zwei Nachtschichten, aber erst die Hälfte einer ist geschafft.
Nach zwei Stunden ist der Bereitschaftsarzt vor Ort, um die notwendige Leichenschau durchzuführen.
Plötzlich kommt es zu einem unvorhergesehenen Zwischenfall, nach der Untersuchung vergleicht der Arzt den Namen im Personalausweis mit dem Namen der Frau Schlimm auf der Geburtsurkunde und stellt fest, dass Frau Schlimm laut Personalausweis Julia heißt, während die Geburtsurkunde sie als Julie ausweist.
Somit ist unklar, wer gestorben ist.
Nach Aktenlage heißt Frau Schlimm Julia, der Arzt sagt, dass er nur eine Person für tot erklären kann und nicht zwei, denn es ist ja auch nur eine Person gestorben, also bis zur Klärung kein Totenschein.
Warum, frage ich mich, passiert mir so etwas, einmal Alditüte eingewiesen, einmal ein erwarteter Todesfall und doch kein Totenschein, weil Name auf Geburtsurkunde und Personalausweis nicht übereinstimmen, das wird garantiert wieder Stress mit Kloppo geben.
Was hier innerhalb weniger Stunden in einer Nachtschicht in diesem Pflegeheim passiert ist, gleicht eigentlich einem Offenbarungseid und die Pflegedienstleitung ist hier in jedem Fall gefordert.
Es ist jedoch zu befürchten, dass sie das zu lösende Problem gar nicht erkennt und mit ganzer Kraft bemüht ist, es auszusitzen.
Doch wie ich Kloppo bisher erlebt habe, hat sie kein Problem mit der Offenbarung der Ahnungslosigkeit, bisher hat sie jeden Kompetenzverdacht im Ansatz zu einhundert Prozent entkräftet.
Fakt ist, es ist völlig egal, ob sie als Pflegedienstleitung wirkt

oder nicht, am optimalsten für alle ist es, wenn sie dienstfrei hat.
Wie von mir erwartet und oder besser befürchtet, erscheint
Kloppo als Erste (seit ihrer Urinberegnung von Gerhardt, dessen
Zeuge ich unfreiwilligerweise wurde, begegnet Kloppo mir immer
mit einem Gesicht, als hätte sie ein Pfund Schmierseife
gefressen).
Doch diesmal schleicht sie wortlos am Dienstzimmer vorbei und
verkrümelt sich in ihr Büro.
Eigentlich kann sie einem ja ab und zu leid tun, aber im Prinzip
doch nicht.
Wenn ich Kloppo sehe, kommt mir der Titel eines Films aus
meiner Jugendzeit in den Sinn: "Die blinde schwertschwingende
Frau".
Aber die unheimliche Begegnung der dritten Art lässt nur zehn
Minuten auf sich warten, entschlossen schwebt ein PDL-
Namenschild durch den Raum und nimmt in der Übergaberunde
neben mir Platz.
Ohne eine Miene zu verziehen, verfolgt sie meine Übergabe an
den Frühdienst, notiert sich, so nehme ich jedenfalls an, die
wichtigsten Punkte meiner doch recht umfangreichen
Ausführungen, doch weit gefehlt.
Während ich so rede, riskiere ich unbeobachtet einen Blick auf
Kloppos Notizzettel und erkenne.
Kloppo ist überhaupt nicht bei der Sache, sie schreibt einen
Einkaufszettel: „ Mehl, Avocados, Bananen, Mineralwasser,
Toilettenpapier" und der gelegentliche angestrengte Blick gen
Dienstzimmerdecke ist nicht den Pflegeproblemen, sondern den
am Nachmittag noch zu erledigenden Einkäufen geschuldet.
Da passt die ins Krankenhaus eingewiesene Alditüte mit Helga
dran ja toll ins Konzept.
Die Pflegedienstleitung dein Freund und Helfer, aber wer solche
Freunde hat, braucht keine Feinde.
Trotz der Nebentätigkeit schien Kloppo mitbekommen zu haben,
dass in der Nacht ein bis mehrere winzige Problemchen
aufgetreten sind, welche in ihr Ressort fallen.
Kaum ist mein letztes Wort der Übergabe verhallt, kommt der
Befehl meines Pflege-U-Bootkommandanten: "Otto, sofort in

mein Büro!"
Dass die Ereignisse der letzten Nacht nicht ohne Konsequenzen bleiben und auch ich wie immer dabei Federn lassen würde, war mir schon klar.
Aber nachdem ich mitbekommen hatte, dass ein Einkaufszettel wichtiger war als die Übergabe, hatte ich das obligatorische Abbürsten nicht so zeitnah erwartet.
Kaum in Kloppos Büro angekommen wurde mir schmerzlich bewusst, dass mir eine Frau gegenüber saß und Frauen können mehrere Dinge gleichzeitig tun, also in dem Fall Einkaufszettel schreiben, zuhören und sich einige inhaltliche Schwerpunkte merken.
Gut für mich, so musste ich nicht alles noch einmal erzählen.
Ohne große Einleitung kommt sie zur Sache: "Otto, was ist hier eigentlich los?!" Treffer! Gute Frage!

„Ich begreife das alles nicht!"
Richtige Einschätzung. Auch ich tue mich damit schwer.
Ich, armer Otto, stehe vor meiner Chefin…grübel, grübel, was soll ich ihr antworten, wenn ich ihr jetzt die Wahrheit sage, ihr sage, was ich gerade denke, dann habe ich verloren.
Ich entscheide mich, meinen Otto-Kadaver aus der Schusslinie zu bringen.
Wenn selbst meine Chefin angibt, das alles nicht zu begreifen, warum soll ich ihr die Lösung des Problems auf dem Silbertablett servieren und im Endeffekt noch der Böse sein?
Nein, Otto ist nicht böse.
Also gebe ich mich auch ein bisschen blöde und stelle die Gegenfrage: "Wie meinen Sie denn das?"
Die Antwort auf meine Frage kommt prompt: "Otto, ich muss sagen, ich bin mit Ihnen nicht zufrieden."
Gut, denke ich mir, ich mit Ihnen auch nicht …
Hierauf wiederhole ich meine Frage:" Wie meinen Sie das?"
Kloppo meint das so: „Wie können Sie denn die Helga mit Aldibeutel ins Krankenhaus schicken?"
War hier der Aldibeutel das Problem, wäre ein Beutel von Lidl oder Marktkauf besser gewesen?
Was soll ich auf diese Frage entgegnen?

Gebetsmühlenartig erläutere ich meiner Pflegedienstleitung mehrfach den Verlauf der Ereignisse und bestreite vehement meine Schuld an der Alditütenbehandlung.

Was nun folgt ist für mich die absolute Unglaublichkeit: "Otto, begreifst du es nicht, es geht doch nicht um die absolut richtige Notfallbehandlung mit der Alditüte, man muss bei Notwendigkeit flexibel sein.

Wir sprechen hier um die völlig unnötige Krankenhauseinweisung von Helga."

Meiner Entgegnung, dass ich die Krankenhauseinweisung von Helga nicht veranlasst habe, sondern der Bereitschaftsarzt in Zusammenarbeit mit der Rettungsleitstelle interessiert Kloppo nur zum Teil, eigentlich aber überhaupt nicht.

"Jaaaaaaaa! Genau! Nun kommen wir zum Kern! Sie haben den Bereitschaftsarzt angerufen und das war nicht notwenig, Sie müssen mal überlegen was Sie tun, der Aldibeutel hätte schon irgendwie bis zum nächsten Morgen gehalten, wenn Sie sich ein bisschen Mühe gegeben hätten, nicht immer nur den Weg des geringsten Widerstandes wählen!

Sie müssen sich doch mal überlegen, was die Ärzte im Krankenhaus von dem Pflegeheim denken und erst der MDK und die Heimaufsicht, wenn sie davon erfahren!"

Langsam beginne ich zu begreifen, das Hauptproblem ist das Öffentlichwerden der neuartigen Anus-praeter-Versorgung.

Ich bin schuld, denn mit meiner voreiligen und durch nichts zu rechtfertigenden Kontaktaufnahme mit der Rettungsleitstelle habe ich die fachliche Integrität und Kompetenz des Pflegeheims beschädigt.

Das ist doch kaum zu glauben.

Meinen Einwand, wie das mit dem Abdichten gemeint sei, wo doch kein Rollenpflaster im ganzen Heim zu finden sei und ich sogar mit meinem privaten Sanikasten versucht habe das Schlimmste zu verhindern, wird prompt beantwortet.

Das Schlimmste, so Kloppo, hätte ich verhindert, wenn ich den Bereitschaftsarzt nicht angerufen hätte.

Mir wird schlecht, mir wird ganz offiziell und ohne Probleme der schwarze Peter untergeschoben, bloß dass es in diesem Falle kein Quartettspiel, sondern Altenpflege in einem deutschen Pflegeheim ist.

Aber damit nicht genug,

"Wieso hat der Bereitschaftsarzt keinen Totenschein bei Frau Schlimm ausgestellt?

Wieso stehen im Personalausweis und der Geburtsurkunde verschiedene Namen?

Wie kommt der Bereitschaftsarzt an die Geburtsurkunde?"

Fragen über Fragen.

Die letzte Frage kann ich wenigstens beantworten, denn der Spätdienstengel hatte in weiser Voraussicht des nahenden Todes der alten Dame das Familienstammbuch der Frau Schlimm auf den Tisch gelegt.

"Wie kann man nur so blöd sein!" Meint Kloppo.

Einem Stoßseufzer gleich höre ich: " Wir sind doch auf einem guten Weg", ich glaube, dass ich mich verhört habe.

Wo sind wir?

Auf einem guten Weg?

Nun, wenn Irrfahrt ein guter Weg ist, dann sind wir auf einem guten Weg.

Ich habe keine Erklärung dafür, auf welchem Pfad sich meine Gesprächspartnerin befindet.

Irgendwer hat sich mal Gedanken über den Sinn des Lebens gemacht und einen Erlebnisweg in unser aller Leben festgestellt.

Geburt, Schulabschluss, Berufsabschluss, Heirat, Geburt der Kinder, Hausbau, Renteneintritt, Pflegebedürftigkeit und danach ein Stern.

Der/die gedankliche Vater/ Mutter ist genial, nicht, was die möglicherweise als strittig anzusehenden Etappenorte des menschlichen Lebens oder den Erlebensweg betrifft, nein der kleine Stern, welcher den Beginn der Erlebnisperiode markiert. Denn der Beginn der Pflegebedürftigkeit und alles was danach kommt, steht in den Sternen.

Doch das kann Kloppo doch nicht gemeint haben, nein, nein.

Sie meint etwas ganz anderes, das Pflegeheim unter ihrer Leitung ist auf einem guten Weg.
Umgeben von einer Aura der Selbstgefälligkeit, eigentlich nur dem Papst zustehender Unfehlbarkeit, geschützt durch ihren Status als Pflegedienstleitung, sitzt sie hinter ihrem Schreibtisch.
Nach dem Motto: "Was kümmert es mich, wenn meine Mitarbeiter leiden, nur um mich glücklich zu sehen."
    Bin ich eigentlich im falschen Film, steht auf meiner Stirn „Blitzableiter" geschrieben, habe ich ein Schild auf dem Rücken "Tritt mich, gern auch zwei Mal"?
Ja, wird denn von dieser Pflegedienstleitung alles gedeckt, Hauptsache der Verursacher des Problems ist ihr gewogen und die Sache kommt nicht an das Licht der Öffentlichkeit?
Ohne Einschränkungen ja.
    Wie Schuppen fällt es mir von den Augen, diese Dame will mich brechen, ja zerbrechen, um mich danach nach ihrem Bild wieder aufzubauen. Nach dem Motto:
Wer mir nicht passt wird passend gemacht und wenn das nicht geht, wird er/sie ausgeblendet, denn was nicht sein darf, das ist nicht.
    Die Pflegedienstleitung leitet nicht die Pflege, die Pflege leidet unter dieser Pflegedienstleitung, aber wen interessiert das, niemanden, jeder ist froh, wenn er nicht ins Fadenkreuz gerät und nicht getroffen oder betroffen ist.
    Jede Kritik an ihrem Handeln bedeutet eigentlich einen Eimer Wasser nach oben auskippen.
    Von dem Monolog oder besser Kloppolog und meinen eigenen Gedanken hin und her gerissen komme ich zu dem Schluss, dass es an der Zeit ist, sich gegen diese aberwitzigen Anschuldigungen zur Wehr zu setzen, ohne jedoch einen Rausschmiss zu riskieren.

Wenn ich unsere Hühner zu Hause so schlecht behandeln würde, wie Kloppo ihre Mitarbeiter, müsste ich mir meine Eier im Supermarkt kaufen.
Kein Huhn würde sich bei schlechter Behandlung umso mehr anstrengen, um besser behandelt zu werden.

Fazit: Otto ist blöder als ein Huhn.
Um im Leben, speziell im Job, klarzukommen, muss man sich
eine Maske zulegen, Kampf mit offenem Visier war gestern.
Wer sich offenbart, ist verletzbar und Verletzbarkeit kann sich
heutzutage niemand mehr leisten.

In mir ist einfach nur Wut, Wut, Wut.
Es fällt mir schwer ruhig zu bleiben, ich stehe kurz davor zu
explodieren, meine ganze Wut über die provokante und zugleich
unglaubliche Art und Weise, wie die PDL mit den
offensichtlichen Missständen umgeht, herauszuschreien.
Aber wie ein ängstliches Kaninchen sitze ich vor Kloppo,
ängstliche Kaninchen müssen sich bei Gefahr aber schnell
entscheiden und Otto-Angstkaninchen entscheidet sich, um im
Tierreich zu bleiben, Ente zu spielen, das heißt, das verbale
Kloppo-Unwetter abperlen zu lassen.

Nein es ist keine Angst, es ist doch eher Vorsicht.

Es ist vergebene Liebesmüh, nochmals zu versuchen, sich zu
erklären und darauf zu hoffen, eine auch für mich akzeptable
Problemlösung zu finden.
Bekanntlich ist Vorsicht die Mutter der Porzellankiste und einen
Scherbenhaufen kann ich mir nicht leisten.

Warum hat denn Kloppo eigentlich Angst, vom Baume der
Erkenntnis zu naschen?
Weil dann die Gefahr besteht, aus dem Paradies rauszufliegen?

Dieses Pflegeheim ist Kloppos Paradies und jeder, von dem
sie meint, dass er/sie ihren Aufenthalt in selbigem gefährdet ist
Fast-Feind und kann damit rechnen, dass er unter Bewährung
steht.
Aber ich kann doch nichts für die Alditüte oder andere schräge
Pflegeauswüchse meiner Mitkollegen.

Ich möchte einfach nur meine Arbeit machen und weiter nichts.
Innerlich Zähne knirschend gebe ich bekannt: "…dass es mir
leid tut und ich mich bessern will."
Meine erkenntnisresistente Chefin scheint zufrieden.

*Ich bin jedoch überhaupt nicht zufrieden, mir tut überhaupt
nichts leid und bessern werde ich mich auch nicht.*
*Wer unter solchen Bedingungen arbeitet, muss heucheln, ja
gelegentlich zum Selbstschutz auch mal ein bisschen falsch
Zeugnis ablegen, wen interessiert denn, ob man sich an die
zehn Gebote hält.*
*Das wichtigste ist das elfte Gebot und das heißt nun mal: „Lass
dich nicht erwischen."*
Wer erwischt wird und damit in Ungnade fällt ist übel dran.
"Wer zuckt, der fällt und wer fällt, der zuckt nicht mehr."

*Jeder, der mal in der Pflege gearbeitet hat oder noch immer
dort arbeitet hat sich gewünscht, dass der Satz:*
*"Wenn es dir nicht passt, kannst du gehen, es warten genug
andere vor der Tür" durch Personalmangel die Chefetagen zum
Umdenken hin zu einer personalfreundlicheren Verhaltensweise
im Umgang mit ihren Mitarbeitern verführt.*
*Befristete Arbeitsverträge, geteilte Dienste, Dienstpläne als
Tagesgeschäft führen nicht zur Steigerung der Attraktivität und
Motivation des Pflegeberufes.*

*Nach wie vor stehen im Osten die Deutschen Schlange, im
Westen stehen neben den Deutschen Ungarn, Polen, Rumänen
im Wartestand und nehmen alles in Kauf, nur um der
Arbeitslosigkeit zu entgehen oder für Gehälter, die einen
Bruchteil des ortsüblichen Salärs darstellen.*

Doch mir helfen alle Überlegungen nicht weiter. Meine Chefin
ist noch nicht fertig, sie denkt sich wahrscheinlich, wenn sie
mich mal allein in ihren Fängen, besser gesagt in ihrem Büro

hat, dann kann sie ja diese Möglichkeit für einen Generalangriff nutzen.

In der irrigen Annahme mich weich gekocht zu haben, beginnt sie mir klarzumachen, wie sie sich meine Arbeit vorstellt.

"Otto, Sie müssen sich besser organisieren, die Effizienz in der Pflege muss bei allen Mitarbeitern besser werden, insbesondere in Hinblick auf die in Kürze anstehende erneute Kontrolle durch den MDK und Heimleitung."

Das bedeute, dass auch der Nachtdienst seinen "Zusatzbeitrag" für den Erfolg leisten müsse.

In jeder Nachtschicht sollen in Zukunft zwei Bewohner durch den Nachtdienst gewaschen werden.

Außerdem setze sie mich davon in Kenntnis, dass sie bei allen in Pflegestufe 0 und 1 eingruppierten Bewohnern Lagerungs- und Trinkprotokolle angeordnet habe, entsprechend ihrer Dekubitusgefährdung.

Nun. Das war eine neue Qualität, ich bin zwar davon überzeugt, dass unsere PDL nicht die hellste Birne im Kronleuchter ist und dass man mit vier Birnen ihrer Sorte ohne Probleme eine Dunkelkammer funktionsfähig ausrüsten könnte, aber wie sie sämtliche Bewohner mit Pflegestufe 0 und 1 als dekubitusgefährdet einstufen kann, das interessiert mich nun doch.

Auf meine Frage, wie es denn so plötzlich zu so einer akuten, epidemischen Dekubitusgefährdung kommt, antwortet Kloppo: "Das kann ich Ihnen sagen, ich habe bei allen Bewohnern den Barthels-Index überprüft und habe heraus bekommen, dass bei allen eine Dekubitusgefahr besteht."

Zu meinen Bedenken, dass ich allein im Nachtdienst mit der von ihr neu erdachten Supereffizienz überfordert sei, meint sie, ich solle ihr nicht sagen, was nicht geht, sondern endlich mal richtig arbeiten. Ich sei hier zum Arbeiten und nicht zu Erholung, in anderen Einrichtungen gehe es auch und bei richtigem Zeitmanagement ist das überhaupt kein Problem.

Mit abschließendem: "Denken Sie an meine Worte!" kann ich endlich das Kloppo-Büro verlassen.

Obwohl ich bereits zwei Stunden meiner Freizeit

gezwungenermaßen vergeudet habe, fühle ich mich durch die plötzlich eingetretene Dekubitusgefährdungslage veranlasst, mir eine Bewohnerakte der Pflegestufe 0 zu Gemüte zu führen.
Nach kurzer Sichtung stelle ich fest, dass die ausgedehnte Dekubitusgefährdung schlichtweg der mangelnden Rechenkünste unserer ach so geschätzten PDL geschuldet ist.
Sie scheint die Grundrechenarten nur unzureichend zu beherrschen,
Adam Ries würde sich die Kugel geben, aber Adam Ries ist tot und Kloppo lebt.
Das führt dazu, dass diesem anscheinend windungsmäßig reduzierten Hirn sehr bizarre Resultate entspringen.
Dies ist problematisch, in diesem Fall speziell für mich als Nachtdienst, denn ich muss diese Entschlüsse umsetzen, ihren "tot geborenen Kindern" Leben einhauchen, ohne meine Chefin der Lächerlichkeit preiszugeben und das ist fast unlösbar.
Denn sie lässt sich jeden Tag, mit konstanter Boshaftigkeit etwas Neues einfallen, worüber die normalsterbliche Pflegekraft verwundert feststellt, was hat sie sich nun wieder dabei gedacht und kommt jedes Mal zu keinem Ergebnis.
   Im Fall der Dekubitusgefährdung führt das dazu, dass ich völlig geistig klare Menschen des Nachts aller zwei Stunden drehen soll, um so eine nicht vorhandene Gefahr abzuwenden.
Wie soll ich es vermitteln?
Wer lässt sich aller zwei Stunden freiwillig wie ein Schnitzel wenden?
Wenn ich das Protokoll, was nun auf Wunsch einer einzelnen Person fast flächendeckend ausgelegt wurde, wunschgemäß ausfülle, ohne dass ich es auch wirklich durchgeführt habe, begehe ich eine Dokumentenfälschung, wenn ich es wirklich tue, springen mir die Bewohner ins Gesicht und beschweren sich bei Madam Kloppo.
Und diese wiederum wird das Problem so lösen, indem sie mich beschuldigt, wieder etwas missverstanden zu haben. Eine andere Möglichkeit wäre, mit Kloppo zu reden und sie zu überzeugen, die Dekubitusgefährdung zurückzunehmen, das ist jedoch die ungünstigste Variante, denn das wird sie wieder

persönlich nehmen und auf das Revanchefoul kann ich förmlich warten.

Bloß nicht negativ auffallen, Idiotismen, welche auch nur ansatzweise auf ihre Person zurückzuführen sind und öffentlich werden, führen automatisch zur Fahndung nach einem Schuldigen und in der Regel zur Ortung desselbigen.
Wer in den Augen unserer PDL einmal unangenehm aufgefallen ist, ist für solche Fälle vorgemerkt und wird immer wieder gern als Bauernopfer genommen.
Das können auch Nichtschachspieler wie Kloppo und Genossen.

Also wie schon so oft, Plan B, fachlich gerade noch so korrekt, kreativ und trotzdem kloppokonform.
Ich frage einfach die Betroffenen, ob sie wirklich gedreht und gelagert werden wollen und da sie das sicherlich nicht wollen, schreibe ich das genau so auf und wenn doch, dann werden sie eben nach Wunsch behandelt.
Wie im Trance gehe ich nach dem Gespräch über die Flure des Pflegeheims zu unserem Zimmer, ohne wirklich etwas von meiner Umwelt zu registrieren. Ich fühle mich wie in einem Tunnel, in dem das am Ende erwartete Licht aus Sparsamkeitsgründen (von wem auch immer) ausgeknipst wurde.
Eine Entspannungsbereitschaft will sich bei mir weder im Kopf noch im restlichen Körper einstellen.
Wenn ich es mir recht überlege ist das Ganze eigentlich unzumutbar.
Wer oder was entscheidet eigentlich darüber, wie viel einem Menschen aufgebürdet werden kann beziehungsweise darf?
Jeder Mensch selbst?
Ja natürlich !
Wenn Hilda böswillig die Fernbedienung klaut und eine für Karla wichtige Sendung ausschaltet, muss sie nach Lage der Dinge damit rechnen, ein blaues Auge zu bekommen, will sie das,

dann kann sie es tun.

Was würde eigentlich sein, wenn Kloppo mit Konsequenzen rechnen müsste, insofern sie sich verhält, wie sie es ganz selbstverständlich tut?

Wäre der Lohn für jede Entgleisung ein blaues Auge, soviel Augen kann Kloppo überhaupt nicht haben.

Man kommt nicht zur Ruhe. Tausende Fragen durchfluten meinen Kopf.

Eigentlich muss man sich wehren, sich nicht wehren bedeutet stillschweigendes Einverständnis.

Sich hinter dem weisen Spruch "der Klügere gibt nach" zu verstecken führt dazu, dass man, wenn man permanent nach diesem Spruch verfährt, um eigene Nachteile zu vermeiden, irgendwann von Blöden regiert wird.

Ich bin selbst an meinem Elend schuld, so die Quintessenz aus meinen Gedanken.

Der Mensch geißelt sich selbst, um zu gefallen und je mehr es weh tut, umso mehr stellt sich Zufriedenheit ein.

Die Erfindung von Regeln die uns selbst einschränken ist unser Favorit, wenn ich nicht mehr weiter weiß, dann bilde ich einen Arbeitskreis.

Um eine Regel herum, welche nicht mehr brauchbar ist, wird eine zusätzliche Regel erfunden, ohne groß zu überlegen.

Wir schränken uns widerspruchslos ein, glauben an mittelfristige Besserung und wundern uns über die Resultate.

Wunder gibt es immer wieder, aber mit Sicherheit nicht in diesem Castello impertinante.

Den Gürtel enger schnallen gilt nicht für alle.

Wenn die Verteilung der Krümel zur Zufriedenheit führt, muss man sich in der Öffentlichkeit nicht mit dem Kuchen beschäftigen.

Die Menschen lassen sich wie der Ochse am Nasenring durch das Leben führen, (Grund sind die paar Heidelbeersechser, die

man zum Leben braucht).
Hierbei ist es egal, die größten Blender dürfen ziehen und wir
lassen uns ziehen, sind stolz darauf, es überstehen.

"Bevor die Deutschen einen Bahnhof stürmen, kaufen sie sich
eine Bahnsteigkarte", hat mal jemand gesagt.
Was muss passieren, um mit Widerstand zu rechnen?
Wann ist die kritische Masse erreicht?
Wenn wir morgen per Gesetz vor die Wahl gestellt werden,
entweder zu ficken oder Auto fahren zu dürfen, dann würde sich
möglicherweise die Mehrzahl der Deutschen für das Autofahren
entscheiden, denn das braucht man ja, um zur Arbeit zu fahren.
Ich würde mich gegen das Auto entscheiden.
Noch, betone ich, noch ist es nicht soweit, aber sehr weit
entfernt sind wir nicht mehr davon entfernt.
Das Leben der Menschen fokussiert sich immer mehr auf die
Arbeit, die Bereitschaft wächst, Freizeit, Familienleben zu
opfern, geringen Lohn zu akzeptieren, sich vollständig vom
Arbeitgeber vereinnahmen zu lassen.

Das Gespräch mit meiner Pflegedienstleiterin hat sich als
ernsthafte Warnung in meinem Hirn eingebrannt und führt dazu,
dass ich mit Gefühl von Unsicherheit und Angst zur Arbeit gehe.
Falls ich mich nicht dem Diktat meiner Chefin unterordne oder
zumindest so tue, "mit den Wölfen heule", dann sind meine
Tage in dieser Tretmühle gezählt und das ist nicht so besonders
witzig.
　　Auch Charlotte hat sehr betroffen die schon fast erwartete
Wendung aufgenommen und beginnt nun bei Bedarf eine
Stunde früher mit ihrem Frühdienst, um mir zu helfen, so dass
die Arbeit des Nachtdienstes, also meine Arbeit, geschafft wird.
　　Das alles macht mich sehr traurig, ich habe so eine
vollkommene Leere im Kopf, eine Kraftlosigkeit erfasst meinen
ganzen Körper, irgendwie erwarte ich unterschwellig Mitleid, die
Erkenntnis von den mit mir in diesem Altenheim Arbeitenden:
"So geht es nicht!" wird nicht kommen.

Aber außer meiner Charlotte kümmert das niemanden, wie auch, alle laufen hier auf der letzten Rille und sind froh, wenn sie nach geschaffter Arbeit diesem Haus den Rücken kehren können, da bleibt keine Zeit und kein Fünkchen Kraft für den Kollegen von nebenan.

Um den Arbeitsalltag zu bewältigen nehmen wir alle gesundheitlichen Einbußen in Kauf, permanenter Druck lässt Kollegen innovative Ideen entwickeln, um den eigenen Arbeitsplatz zu sichern.

Die meisten haben keine Wahl, besser gesagt, fast keine. Natürlich könnte man sich einen andern Job suchen, aber in der unmittelbaren Nähe kaum möglich. Die Pflegesklaven werden ja überall gesucht, jedoch leider meist nicht besser behandelt. Die Sklaverei wurde ja bekanntlich per Gesetz abgeschafft (verboten), nach den Erfahrungen in den letzten Jahren gewinne ich den Eindruck, dass sie nach und nach wieder über die Hintertür eingeführt wird. Das Dasein als Pflegeteilzeitsklave muss man schon bewusst annehmen, das heißt, man muss schon eine sehr stabile Persönlichkeit sein. Aber wo lernt man so etwas? Trotz intensiver Suche habe ich keinen Anbieter eines Kompaktlehrgangs in Sachen Egoismus und Skrupellosigkeit gefunden.

Es ist doch eine Illusion, dass eine professionelle Pflege, die den Qualitätskriterien genügt, eine Pflege im Sinne der alten Menschen ist. Die Qualitätskriterien der Pflege sind doch nicht die Anforderungen, welche alte Menschen an die Pflege stellen oder welcher der alten Menschen wurde hierzu um seine Meinung oder nach seinen Wünschen gefragt?

Das Pflegeverständnis hat sich doch grundlegend gewandelt vom Dienen zum Verdienen, selbstverständlich verdienen nicht die, die das Geld erarbeiten sondern die, die den mir nicht zugänglichen Lehrgang erfolgreich abgeschlossen haben oder Autodidakten.

Mir stehen die Haare zu Berge wenn ich höre oder lese: „...der Übergang von der religiös begründeten Nächstenliebe zum Ringen um religiöse Ausrichtung..."
Kann es sein, dass dies eine unterschwellige Bankrotterklärung ist?
Nebulöse Verklausulierung für Doofe.
Warum nicht Klartext?
"Wir wollen Kohle verdienen, den Scheiß mit der Nächstenliebe glaubt keiner mehr, also bemühen wir uns wenigstens um religiöse Ausrichtung und lehnen uns an christliche Grundwerte an."

Es bringt mir und Charlotte gar nichts, wenn wir uns im stillen Kämmerlein aufregen, dieses Heim ist ein „Marokko-Haus", gleich einem Basar wird hier mit allem gehandelt.

Alles ist Ware. Der Bewohner, die Pflegekräfte, die Zeit ist Mangelware. Mit verschiedenen Konzepten wird der realen Lebenssituation "Rechnung getragen". Oder auch nicht.
Das Pflegepersonal arbeitet oft ohne Pause, ohne zu essen und zu trinken, oft verdrückt man sich selbst "das große, ja sogar das kleine Geschäft" bis nach dem Feierabend.
Kraftquelle des Heimbetreibers ist das unterwürfige Personal. Standards, Arbeitsanweisungen müssen sein, gehören in einen Hefter und sind ständig den aktuellen Erfordernissen der Kontrollbehörden anzupassen, nichts für den Pflegealltag.
Fürsorgliche Pflege!
Wie soll das mit dem Wertschöpfungsprozess funktionieren?
Minimaler Einsatz bei maximaler Abschöpfung.

Jeder Gewinner lebt von den Verlierern.
Wenn der Träger des Heimes der Gewinner ist…von welchen
Verlierern lebt er denn dann?
Wer hat denn die meisten Minuspunkte in seiner Kiste?
Angefangen von Wohnbereichleiter über Heimleitung, bis hin zur
Geschäftsführung haben alle eine Glaubwürdigkeitslücke.
Übrig bleibt die Entwicklungstendenz von der Pflegekraft zur
Pflegeschwäche.

Auch Otto ist tendenziell in der Umwandlung zum
Pflegeschwächling begriffen.
Die nervliche Daueranspannung ist kaum zu ertragen.
Eine kleine Auflockerung bildet die täglich wiederkehrende
Lektüre der Berichtsblätter von verschiedenen Kollegen, wie
zum Beispiel: „Bewohner hatte Durchfall, alles war voll, Durchfall
war breiig. Bewohner wurde versorgt, Intimbereich wurde
eingeschmiert."(mit was, bitte?) oder
„Bewohnerin wurde mit Roulade mobilisiert."(hätte ich nie für
möglich gehalten, dass das auch geht...)
Das sind aber auch die einzigen Lichtblicke, die punktuell zu
einer geringfügigen Erheiterung meinerseits beitragen, oder mir
wenigstens zeigen, dass ich nicht das blödeste Huhn auf dem
Hof bin.
Aber auch dieses Prädikat erleichtert meine Arbeit nicht
sonderlich.
Es ist ein Kampf an siebenundvierzig Fronten, ohne dass es die
Möglichkeit des Rückzuges gibt.
Ein Kampf, der nicht zu gewinnen ist, unversehrtes Überleben
ist bereits ein Sieg und das für beide Seiten.
Die Frontlinie verläuft zu beiden Seiten der Flure, es ist kein
Schwerpunkt zu erkennen, zu jeder Zeit an jedem Ort im
Pflegeheim kann die Lage zu eskalieren.
So, dass es teilweise mehr als den einhundertprozentigen
Einsatz bedarf, um den Frieden wiederherzustellen.
Jedoch ist man in einem Zimmer mit friedenserhaltenden
Maßnahmen beschäftigt, wird anderenorts durch eine oder
mehrere Alarmglocken angezeigt, dass der Dschungel lebt.

Wer zuerst klingelt, wird zuerst besucht, die nächste volle Windel hat es länger warm.

Am bloßen Klang der Alarmglocke kann man die Wichtigkeit des Anliegens nicht erkennen.

So ist jeder Ruf nach dem Zimmerservice auch für mich eine kleine oder je nach dem auch größere Überraschung.

Zu meinem Glück entschließen sich nicht alle Insassen aktiv und gleichzeitig an dem Wettkampf: "Wer schafft den Otto" teilzunehmen.

Das Teilnehmerfeld ist in jedem Nachtdienst ausreichend und einen Gewinner gibt es auch immer, nur heißt der nicht Otto.

Wallenstein meinte: "Ich kenne meine Pappenheimer", doch er irrte.

Genau so kann ich nicht mit Sicherheit die Chefklingelterroristen benennen, denn entsprechend der Befindlichkeit oder Notwendigkeit oder weiß der Geier warum, muss man diesen Titel täglich neu vergeben.

Aber nicht jeder, der oft klingelt, braucht auch Hilfe, die Gründe nach Otto zu rufen sind bei siebenundvierzig Teilnehmern sehr unterschiedlich. Achtundneunzig Prozent meines Netzwerkes sind alt, siebzig Prozent inkontinent und zwei Drittel zwischen merkwürdig bis vollständig dement.

Für keinen meiner Gammlinger würde ich meine Hand ins Feuer legen, jeder hat das Zeug für den Nachtdienst-Oscar.

Kein Nachtdienst gleicht dem anderen, eines ist jedoch sicher, Otto ist allein im Nachtdienst, wenigstens eine Konstante, auf die man sich in diesem Altenverwahrdomizil verlassen kann.

Die Qualität und Häufigkeit der Auftritte sind unvorhersehbar, jedoch haben sich fünf bis sechs Favoriten im Laufe der Zeit herauskristallisiert, die man, egal ob sie klingeln oder nicht, wenn es die Zeit zulässt, öfter besuchen sollte, insofern man keine bösen Überraschungen erleben will.

Doch selbst dann bleiben Restrisiken.

Otto kann nicht gleichzeitig und überall sein.

Neben den planmäßigen Kontrollgängen sind Bauchgefühl und die fünf Sinne des Nachtdienstes gefordert.

Doch die bösen Überraschungen bleiben nicht aus, so bei Johanna. Gerade hatte ich sie schlafend in ihrem Zimmer vorgefunden, als ich inzwischen schon drei Zimmer weiter ein lautes, regelmäßiges Klopfen, verbunden mit undeutlichem Rumoren vernehmen konnte.

Spontan kehre ich zum Ort des Geschehens zurück, eben noch im Bett liegend und schlafend, kniet Johanna auf dem Fußboden und schlägt wütend mit einer Mineralwasserflasche auf ihre am Boden liegende Zahnprothese ein.

Nur mit Mühe kann ich das der am Boden liegenden Zahnprothese geschuldete Nuscheln verstehen: "Du Schwein, du beißt mich nicht mehr!"

Die Aktion ist gelungen, die Prothese beißt niemanden mehr, dank des schlagkräftigen Einsatzes Johannas ist bei der Prothese nichts mehr wie es einmal war, diese ist völlig zerbröselt.

Es bleibt mir nichts anderes übrig, als die Kleinstteile zusammen zu kehren und in einer Plastiktüte sicherzustellen.

Die Prothese ist ein totaler Totalverlust, die kann man abschreiben, auch für mich eine Menge Schreibkram.

Nach dem k.o.-Sieg über ihre eigene Prothese lässt sich Johanna sichtlich zufrieden ins Bett bringen und schläft kurz darauf wieder.

Was die Ursache des Prothesentotschlags ist, lässt sich nicht ermitteln.

Bei Verlassen von Johannas Zimmer stellt sich mir die Frage: Wieso passiert denn so etwas in meinem Nachtdienst?

Warum mir ?

Warum heute?

Blöde Fragen.

Eindeutig!

Der liebe Gott will mich prüfen.

Prüfung bestanden?

Ich habe Johanna bei der Prothesentötung erwischt, Beweismittel sichergestellt und den Tathergang in die Bewohnerakte geschrieben. Außerdem pürierte Kost mit entsprechendem Formular in der Küche bestellt.

Wie es sich gehört, schriftlichen Tatbericht an Kloppoline mit der Bitte um abschließende Bearbeitung angefertigt.
Ich möchte trotzdem nicht in der Nähe sein, wenn sie es liest.
Danke, danke, dass ich keinen Frühdienst habe.
Aber die Zufriedenheit ist nur von kurzer Dauer.
Seit seiner Supershow mit Balkonrauch…einlage steht Gerhardt auf meiner Sonderobservationsliste, das nimmt er mir nicht übel, er freut sich über meinen Besuch.
Doch jetzt liegt Gerhardt mit hochrotem Kopf im Bett und macht einen richtig leidenden Eindruck.
Nach meinem Eintreten macht er seinem Unmut Luft. "Diese blöde Schlampe hat mich überhaupt nicht verstanden!"
Der Grund seiner Erregung ist sein rechter Fuß, dieser ist geschwollen und schmerzt fürchterlich.
Die im Spätdienst tätige Person hatte Probleme mit der deutschen Sprache, das heißt mündlich grottenschlecht, Lesen und Schreiben ging gar nicht.
Aber man muss neidlos, sprach- oder fassungslos anerkennen, man oder besser sie wusste sich zu helfen, andererseits muss ich feststellen, dass ich in meinen kühnsten Träumen, in keinem Fall, auf diesen Lösungsansatz gekommen wäre.
Da Gerhardts Fuß nicht mehr in seinem Schuh passte, hat die Kollegin die Filzpantoffeln eines verstorbenen Bewohners aus dem Kleiderfundus besorgt, der ins Jenseits entfleuchte Kollege lebte auf großem Fuß. Größe Fünfzig (damit kann man problemlos Waldbrände bekämpfen).
Und da Laufen absolut nicht mehr ging, wurde Gerhardt mit Rollstuhl zum Abendessen gekarrt.
Die deutsch-sprechende Spätdienstkollegin wurde nicht informiert, weil sie dienstlich stark eingebunden war und die Überlebenskunstpflegerin sie nicht stören wollte, sicher mit dem Hintergrund, sich selbst Stress zu vermeiden.
Aber nach dem Motto: "Was kümmert mich fremdes Elend, der Nachtdienst wird es schon richten", wurde das Problem des Spätdienstes heimlich, still und leise an den Nachtdienst-Otto weitergeschmuggelt.
Mich schockt hier überhaupt nichts mehr.

Es liegt auf der Hand, der liebe Gott hat mich auf dem Kieker.
Das war wohl die zweite Prüfung der heutigen Nacht.
Das hätte er aber auch dem Spätdienst verpupen können.
Oder hat er es versucht und der Spätdienst hat die Prüfung nicht bestanden?
Oder wollte er sich bloß nicht weiter aufregen?
Spekulieren hilft mir hier nicht weiter.
Beim Lesen von Gerhardts Akte bestätigt sich mein Verdacht, der Mann hat Gicht, Colchysat-Tropfen das Mittel der Wahl. Sie stehen in Gerhardts Box im Medizinschrank.
Das Medikament ist vom Arzt im Akutfall verordnet, aber es wurde ihm nicht gegeben.
Bei allem gebotenen Respekt eine absolute Sauerei.
Wieso haben wir überhaupt ärztliche Verordnungen, wenn dem Bewohner statt helfender Medikamente überdimensionale Filzpantoffeln verpasst werden?
Wie nennt man so etwas?
Mit Verlaub, fachliche, sprachliche, soziale Inkompetenz oder gefährliches, pflegerisches Dummbrot (gibt es aber auch in deutscher Version).
Nachdem Gerhardt seine Tropfen bekommen hat, geht es ihm bald etwas besser.
Trotzdem oder gerade deshalb lässt sich Gerhardt kaum beruhigen.
Gerhardt will sich beschweren und ich werde einen Teufel tun und ihn davon abhalten.
Ich weiß zwar nicht, ob die Verantwortlichen davon berührt sind, wenn Gerhardt meint: "…dass er im Frontlazarett besser behandelt worden ist als hier im Pflegeheim…"
Bei allem Verständnis muss Gerhardt aber einsehen, dass im Krieg ein berechtigtes Interesse darin besteht, verwundete Soldaten effizient zu behandeln, denn sie wurden ja wieder gebraucht.

Das genau ist der Punkt, das, was man dringend braucht, darum kümmert man sich.
Überall höre ich, die Welt wird immer globaler. Ist das nur ein

Pseudonym für menschenfeindlich oder wollen wir Menschen einfach nicht wissen, was wirklich Phase ist?

Ist es das Bild von einer Krake, die mit ihren Fangarmen jeden Menschen der Neuzeit erreicht, jedes Haus, in jede Tasche gelangt, um ihre unersättliche Gier nach Geld zu stillen und wenn sie sich bedroht oder entdeckt fühlt, einen dunklen Nebel ausstößt um die imposante eigene Bedrohung zu verstecken und um mit dieser nebulösen Aktion die Sinne der potentiellen Opfer zu benebeln?

Sind wir wirklich so verrückt dass wir glauben, das ist alles nur Übertreibung?

Unsere Volksvertreter erzählen viel, wenn der Tag lang ist.

Oder ist das nur die Spitze des Eisberges, dass die Wahrheit jenseits unserer Vorstellungskraft liegt und bei Öffentlichwerden selbst der bekiffteste Maulwurf sich nicht mehr beruhigen würde?

Jedes Jahr werden Unwörter des Jahres gekürt, sind das Entgleisungen Einzelner, die die wirkliche Denkweise beziehungsweise Meinung unserer Oberscharlatane widerspiegeln?

Da haben wir solche Unwörter: „schlanke Produktion, Rentnerschwemme, Langlebigkeitsrisiko, marktkonforme Demokratie, Belegschaftsaltlasten, Lebensleistungsrente".

Das, was man nicht für möglich hält, ist Realität, nichts auch noch so Perverses ist der Krake fremd.

Ein besonderes Unwort kommt mir da noch in den Sinn: „sozialverträgliches Ableben", jedoch ist doch eher kapitalverträgliches Ableben gemeint.

Man meint es so, aber so etwas sagt man nicht öffentlich.

Verflixt, und wenn man doch erwischt wird…

Dann ist Angriff die beste Verteidigung, man erklärt es zum Unwort und alles ist gut.

Wir sind für jede noch so abstruse Lüge dankbar und machen sie zum Bestandteil unseres Lebens, ein Schneeballsystem, von dem wir hoffen, dass wir am Ende nicht die Gekniffenen sind.

Doch keine Panik, der Kuchen ist schon vor dem Backen

verteilt, das Fell des Bären, bevor er erlegt wurde und die Henne gackert, bevor sie das Ei gelegt hat.

Humor ist, wenn man trotzdem lacht, aber worüber lachen wir eigentlich? Über unsere eigene Blödheit, über die Schmerzen, die uns angetan werden, lachen wir gar unsere eigene Angst weg?

Im Grunde genommen und ganz nüchtern betrachtet leben wir Menschen doch ganz nachhaltig, das, was wir heute tun, fällt uns morgen auf die Füße.

Wie schön wäre es doch, wenn auf actio…reactio folgen würde. Beispielsweise so: Lügen haben ja bekanntlich kurze Beine…die Natur verkürzt Lügnern bei jeder Lüge die Beine und verlängert den Riechkolben, der Wahrheitsgehalt einer Rede würde, mal abgesehen von der Höhe des Rednerpultes, durch die Länge von Nase und Beinen offensichtlich.

 Man stelle sich das doch mal bildlich vor, nach einhundert Tagen im Amt ist von einem einen Meter vierundachtzig großen Menschen nur noch der beinlose Torso mit zwei Meter fünfzig langer Nase übrig, hinzu kommt dann noch die sprichwörtliche Rückgratlosigkeit (oder Rückratlosigkeit…?)

Das bedeutet: Schwerbehindertenausweis, Pflegestufe 3 plus und sofortige Einweisung ins Pflegeheim.

Gott…oh Gott… bloß nicht, das würde meine Lage als Kranken- beziehungsweise Altenpfleger überhaupt nicht verbessern.

Aber das gibt es nur im Märchen und Märchen sind manchmal auch ganz schön schrecklich, schrecklich schön, fast wie das Leben.

Die Nachhaltigkeit ist in aller Munde, doch was bedeutet das eigentlich für mich,…Sicherheit?

Doch es hat den Anschein, Nachhaltigkeit ist nicht für den Menschen an sich, sondern für das Kapital gemeint.

Der Mensch ist auch Staatsbürger, und auch da können wir uns nicht beschweren, wenn die Schulden des Staates sich mit den Spareinlagen der Bürger die Waage halten.

Dann ist das doch in Ordnung, im Fall der Fälle ist der Staat schuldenfrei, das Geld des Bürgers ist weg.
Ganz weg ist das Geld zwar auch nicht, es ist schließlich nur auf einem anderen Konto.
Dafür wirklich Arbeiten und Sparen? Fragezeichen, ganz großes Fragezeichen.
Wer die marktkonforme Demokratie nicht einsieht, dem kann man auch nicht helfen, jede Revolution frisst ihre Kinder und die Demokratie, bei Notwendigkeit auch schon mal die Sparguthaben ihrer Bürger.
Also, Demokratie ist nicht zum Nulltarif zu haben.
Aber jeder Mensch hat die Demokratie, die er verdient und wenn es die marktkonforme ist.
Wem das wiederum nicht passt, der kann sich ja beschweren und manchmal klappt das auch.

Ich wünsche Gerhardt maximale Kampferfolge mit seiner Beschwerde, er hat nichts zu verlieren.
Er will sich jedenfalls mit seinem Bundestagsabgeordneten treffen und es richtig krachen lassen. Na hoffentlich hat der noch Rückgrat, von den anderen märchenhaften Plagen ganz zu schweigen.
Jedenfalls hat Gerhardt scheinbar einen Plan, damit ist er mir gegenüber klar im Vorteil.
Hauptsache, er zündet seinen Kracher nicht im Heim und ohne seinen Seniorenbegleitservice und das Allerwichtigste, nicht im Nachtdienst.
Wünschenswert wäre außerdem noch, dass sich Gerhardts Beschwerde nicht zu einem Bumerang für mich entwickelt, aber das ist auch schon egal, in der Altenpflege bummeranken wir doch sowieso von früh bis spät und in der Regel auch im Nachtdienst.
Über allen Gipfeln ist Ruh, im Pflegeheim auch.
Wer weiß, wie lange und der, der es weiß, sagt es mir nicht.
Doch lange hält sie nicht an, schon nach kurzer Zeit ist die Waffenruhe vorbei.
Marlene macht sich bemerkbar, sitzt unruhig auf der Bettkante und meint, dass sie dringend ihrer Mutter beim Melken helfen

muss.

Marlene ist siebenundachtzig Jahre alt, nicht einhundertprozentig klar, aber im Großen und Ganzen gut in Form.

Eine Situation, die nachts recht häufig vorkommt, nicht nur bei Marlene.

Auf meine Frage, wie alt sie denn sei, antwortete Marlene prompt, sie wäre siebenundzwanzig.

"Marlene, du bist doch nicht siebenundzwanzig! Überlege doch mal. Wann bist du denn geboren?"

Darauf Marlene: "Ich bin nicht geboren, mich hat der Esel im Galopp verloren!"

Mann, oh Mann Marlene.

Im Verlaufe unseres kurzen Gespräches wird sie schon etwas entspannter.

Ich erkläre ihr ganz ruhig: "Marlene, du bist nicht siebenundzwanzig, sondern siebenundachtzig. Deine Mutter ist tot und wenn sie noch leben würde dann wäre sie jetzt fast einhundertzehn Jahre alt."

Marlene ist kurz still und meint: "Stimmt, aber die Kühe müssen trotzdem gemolken werden!"

"Welche Kühe?" „Na die auf dem Gutshof!"

Ohne zu überlegen mache ich Marlene kurz entschlossen einen Vorschlag.

"Marlene, ich gehe jetzt los und melke die Kühe. Aber du musst jetzt schlafen! Du bist doch müde!"

Die alte Dame sieht mich prüfend, aber dankbar an.

"Das würdest du für mich machen?"

"Na, klar!" Versichere ich ihr.

"Danke."

Kaum hat sich Marlene bedankt, entfleuchen ihrem Mund Schnarchgeräusche, die einer Kettensäge zur Ehre gereichen würden.

Da habe ich noch mal Glück gehabt, aber es wirkt eben manchmal doch, wenn man hilfsbereit ist und wie sagen schon die Pfadfinder? „Jeden Tag eine gute Tat."

Aber Freud und Nachtdienst liegen manchmal ziemlich nah

beieinander.

Kaum schläft der oder die Eine, schon springt der Nächste aus der Kiste.

Fakt ist eines, das Altenheim schläft nie.

Neuer Gast, neue Runde.

Kaum liegt Marlene in Morpheus Armen, da verlangt Dorothea, Finanzbeamtin a. D., nach einem Arzt.

Sie ist der felsenfesten Überzeugung, dass sie eine Nervenentzündung hat.

Die alte Dame liegt im Bett und hat äußerlich keine Auffälligkeiten, auf Nachfrage meinerseits, auf was sich ihre Diagnose stützt, antwortet Doro.

Ich bin etwas verblüfft.

Entweder, meine Schutzbefohlene hat das medizinische Wörterbuch gefressen oder sie hat wirklich eine Nervenentzündung.

Ob oder ob nicht, das kann ich nicht entscheiden, das kann, darf und soll der Arzt.

Und den kriege ich mitten in der Nacht nur über die Rettungsleitstelle.

Nach Telefonkontakt und kurzer Schilderung der Situation wurde mir zugesichert, dass der Doktor in der Nähe sei und binnen von zehn Minuten vor Ort sein könne.

Daraufhin öffne ich die Haupteingangtür, um dem Arzt den ungehinderten Zugang zu ermöglichen.

In Erwartung des Bereitschaftsarztes beobachte ich von Doros Fenster aus den Parkplatz vor dem Haus.

Urplötzlich hält mit quietschenden Reifen ein gelber Sportwagen vor dem Bürgersteig und eine Dame mittleren Alters, mit Hebammenkoffer, steigt aus und bewegt sich in Richtung Eingang des Pflegeheims.

Auffällig ist ihr ungewöhnliches Gangbild.

Es ist nicht so einfach auf so hochhackigen Superteilen zu laufen.

Aber gut, sage ich mir. Arzt ist Arzt, egal wie er läuft.

Um zu verhindern, dass sich die Dame verirrt oder sich ärgert, weil sie sich nicht willkommen fühlt, gehe ich ihr entgegen, um sie zur ihrer Patientin zu lotsen.

Im Eingangsbereich finde ich die suchend um sich blickende Ärztin. Nach kurzer Begrüßung und der Vorstellung meiner Person kommt nur ein kurzes: "Schnapes. Dr. Schnapes." Sie will augenscheinlich nicht viel reden.

Als höflicher Mensch biete ich ihr an, ihren Koffer zu tragen, das registriert sie wohlwollend und übergibt mir ihren Koffer.

Ich gehe voran, die Frau Doktor im Schlepptau, so richtig freundlich ist sie aber auch jetzt nicht.

Ernstes Gesicht, masse Make up, auch fünfzig Prozent davon wären einhundert Prozent zuviel gewesen. Superknallroter Lippenstift, nun gut, jeder präsentiert sich so gut er kann.

Auf dem Weg zum Zimmer von Dorothea jagt eine Informationsaufforderung durch Frau Doktor die nächste. Name, Alter, Vorerkrankungen, aktuelle Beschwerden, Krankenkassenkarte vorhanden? Ansprechbar, klar im Kopf? Bis wir das Dorozimmer erreicht haben ist Frau Doktor im Bilde.

Zu guter Letzt. "Bewohnerakte?"

"Ja, Frau Doktor, auch die sollen Sie haben!" und reiche ihr das Aktenbündel.

Dann betreten wir das Zimmer.

Frau Doktor mit einem Gesicht zur Faust geballt.

Dorothea erwartungsvoll skeptisch.

Ich denke mir noch so in meinem jugendlichen Leichtsinn: Da habe ich ja Feuer und Wasser zusammengebracht. Doch ehe ich meine Gedanken zu Ende bringen kann, ergreift die Halbgöttin in Weiß die Initiative.

Kaum, dass sie die alte Dame begrüßt hat, wendet sie sich an mich. "Sie haben doch sicher noch mehr zu tun, ich komme alleine zurecht, wenn ich Sie brauchen sollte, rufe ich!"

Mann, Mann, Mann, so eine arrogante Ziege, bin ich denn der Abtreter der Nation?

Aber schietegal.

Natürlich habe ich noch mehr zu tun und selbst wenn es nicht so wäre, würde ich mir das Gezicke auch nicht freiwillig antun.

Mit dem höflichen Hinweis, dass sie bei Bedarf ja klingeln kann, verlasse ich die beiden.

Es ist wirklich noch eine Menge zu erledigen und so setze ich meine Patrouille durch die Gänge "meines Reiches" fort.
Sollen sie doch alle machen was sie wollen, ich mache meinen Job.
Für das Ärgern werde ich nicht extra bezahlt, denn wenn das so wäre, dann müsste ich mir finanziell keine Sorgen machen.
Mit Windelwechseln, Lagern, Besuchsdienst nach Klingel vergeht die Zeit wie im Fluge und...hast du nicht gesehen...ist eine Stunde vorüber.
Frau Doktor und Doro hatte ich fast vergessen und nach einem Blick aus dem Fenster stelle ich fest: Mensch Otto, die Zicke ist ja immer noch da. Eine Schlussfolgerung, resultierend aus dem noch immer vor dem Eingang geparkten gelben Flitzer.
Die sich mir in diesem Augenblick stellende Frage: Was treiben denn die beiden? kann ich mir nur mit einem Kontrollbesuch beantworten.
Nach meinem Anklopfen wurde ich mit einem fröhlichen "Herein" ins Zimmer gebeten.
Feuer und Wasser sind Geschichte.
Frau Doktor und Doro sitzen am Tisch, jede ein Sektglas in der Hand und auf dem Tisch eine halbleere Flasche Champus.
Der Ausdruck im Gesicht von Dr. Schnapes nach dem Motto: "Jeder Patient nach vierundzwanzig Uhr ist mein persönlicher Feind" und die Skepsis in Doros Antlitz sind wie weggewischt, einer zufriedenen, entspannten Heiterkeit gewichen.
Was sich auch auf den Umgang mit meiner Person auswirkt.
Ich werde informiert, dass es sich bei der "Nervenentzündung" um eine manifeste Verspannung handelte und die rezeptierten Massagen das Übel bei der Wurzel packen würden.
Ende gut, alles gut.
Die Einladung, ein Mitglied ihrer Damenrunde zu werden lehne ich dankend ab.
Kurz darauf sehe ich Madam Schnapes jetzt sicheren Schrittes mit ihren Stielettos zu ihrer gelben Rakete tippeln und mit aufheulendem Motor, sportlich korrekt davon brausen.
Dorothea, nun nicht mehr krank, hat sich entschlossen, ein friedlicher Gammlinger zu sein, zumindest für diese Nacht und

das ist auch gut so.

Die Nacht ist nicht allein zum Schlafen da, das merke ich, als ich am Andachtsraum vorbeilaufe.

Merkwürdige Laute dringen an mein Ohr: "Ja, ja, komm, gib´s mir…"

Na was soll denn das nun wieder?

Wer gibt es hier wem im Andachtsraum?

Ottos Neugier ist geweckt. Die nur angelehnte Tür öffne ich nur einen Spalt und ich glaube kaum, was ich da sehe, unsere Wohnbereichsleitung und der Hausmeister bei der rhythmischen Sportgymnastik und wieder "Komm, gib´s mir!" Und unser Hausmeister ist offenbar in Geberlaune.

Der Andachtsraum ist mit einigen zusätzlichen Accessoires ausgeschmückt.

Dem Jesus am Kreuz mit Dornenkranz auf dem Kopf wird von einem roten Tangaslip die Sicht verdeckt und der dazugehörige BH liegt als Lesezeichen auf dem aufgeschlagenen Buch der Bücher.

Unbemerkt von den beiden ziehe ich mich zurück.

Ich denke mir, das gibt es doch nicht. Sind die beiden nicht verheiratet? Ja, bloß nicht miteinander.

Aber warum im Andachtsraum? Und warum in der Nacht? Und wieso im Pflegeheim?

Fragen über Fragen.

Mensch Otto, denke ich mir, das ist doch ein kirchliches Pflegeheim, die sind doch alle gläubig und moralisch integer und eines der Zehn Gebote sagt doch wohl, du sollst nicht deines Nächsten Eheweib begehren. Na ja, begehren nicht, aber ficken kann man sie schon ab und zu, flüstert mir eine Stimme zu…

Der Andachtsraum ist auch nicht so problematisch, der liebe Gott sieht ja wohl sowie alles, da ist der Ort nicht so wichtig.

Wenn sie die Gammlinger nicht aufwecken und danach wieder aufräumen ist es auch für Nachtdienst-Otto kein Problem.

Sollen sie doch alle machen was sie wollen, solange sie mich in Ruhe lassen und ich nicht mitmachen muss.

Ich hab nichts gesehen, mein Name ist Otto, ich denke, ich bin im Wald und weiß von nichts.

Der Rest der Nacht bis zur Übergabe bietet nichts Aufregendes.

Der Frühdienst ist fast vollständig versammelt, unsere WBL erscheint gemeinsam mit dem Hausmeister und verkündet: "Ich habe Dietmar die kaputte Steckdose im Andachtsraum gezeigt."

Es wird von den Anwesenden wortlos zur Kenntnis genommen. Auch Otto denkt sich seinen Teil. Du hast ohne Zweifel Dietmar deine Steckdose gezeigt aber kaputt war die sicherlich nicht...

Als während der Übergabe zur Sprache kommt, dass Dr. Schnapes zum Hausbesuch bei Doro gewesen ist, tönte die WBL: "Was, Whisky-Brigitte war da, die ist doch auch nur im Tee, dass die überhaupt noch praktiziert!"

Mir wird bei soviel Unverfrorenheit fast schlecht, wie kann man im Glashaus sitzen und mit Steinen nur so um sich werfen.

Es ist doch wohl besser, wenn jemand volltrunken seinen Job richtig macht, als wenn man nüchtern überhaupt nichts gebacken bekommt, außer vielleicht seine Steckdose im Andachtsraum dem Hausmeister vorzustellen.

Also ehrlich lieber hochschwanger als radioaktiv, lieber als Otto allein im Nachtdienst als zusammen mit der WBL in der Frühschicht.

Otto hat sich übergeben, nein, um Missverständnissen vorzubeugen, er hat die Dienstübergabe hinter sich gebracht und der Frühdienst hat das Zepter übernommen und Otto ist raus aus der Nummer, zumindest körperlich.

Es sind jetzt noch sechzehn Stunden bis zum nächsten Nachtdienstbeginn und der Countdown läuft unaufhaltsam. Jeder der Frühdienstexperten beginnt in seinem Bereich loszupflegen, eigentlich haben wir Bezugspflege, doch wir haben längst den Bezug verloren.

Nach Pflegeablaufplan mittlerer Reichweite sind die Insassen gegen neun Uhr mit dem Frühstück fertig oder fertig geworden. Zumindest die, die ablaufplanmäßig im großen Speisesaal erscheinungspflichtig sind.

Der Rest hat auch etwas zu essen bekommen, jedoch bis zur vollendeten Morgenroutine kann es bei der Demenzfraktion oder Artverwandten noch etwas dauern.

Der Ablaufplan sieht nicht vor, dass der oder die Betroffene vor dem Frühstück gewaschen wurde, auf Toilette war, entscheidend ist hierbei, dass die Morgenroutine vor dem Mittagessen abgeschlossen worden ist.
Ausgeschlossen ist jedoch, dass Mittagessen und Frühstück gleichzeitig eingenommen werden.

So kommt es in der Regel dazu, dass sich ein Teil der rüstigen beziehungsweise bedingt rüstigen und oder entrüsteten Gammlinger zum gemeinschaftlichen Dösen oder zur Gemeinschaftsfernsehverblödung im großen Saal trifft.
Diese werden dann von so genannten Alltagsbegleitern und oder Ein-Euro-Fachkräften beaufsichtigt, wenn sich die Gammlinger dies gefallen lassen.

Mitunter gelingt es einer Gruppierung, sich der Betreuungspflicht durch das Wachhilfspersonal zu entziehen und sie bilden dann einen kleinen elitären Gesprächskreis, zu dem nur wirklich Auserwählte zugelassen sind.
Zu denen, welche das verfassungsgemäße Grundrecht auf Versammlungsfreiheit immer wieder nutzen, gehören Gerhardt, Hilda und Helga.
Sie sind das Dreigestirn des verbalen Tageblattes des Pflegeheims, sie reden über jeden ohne Ansehen der Person, über Gott und die Welt, auch sich selbst schließen sie dabei nicht aus.
Das kann dazu führen, dass nach Meinungsverschiedenheiten auch mal kürzere versammlungsfreie Perioden folgen.
Aber sie können nicht ohneeinander und haben sich in der Regel sehr schnell wieder „lieb".
Sie erfahren alles, geben den neusten Klatsch weiter, ob gefragt oder ungefragt, gezielt oder ziellos.
Die Drei sind somit ein nicht zu unterschätzender Faktor des täglichen Lebens in diesem Haus.
Aber auch an ihnen geht das Altenheimpflegeleben nicht spurlos vorüber, Hilda sitzt mit ihrem wunderschönen blauen Auge, welches sich bereits an den Randbezirken des Hämatoms grünlich gelb verfärbt, in ihrem Rollstuhl und fragt grinsend Gerhardt, welchem es nach seinem Gichtanfall zwar besser

geht, der jedoch auf Grund der Schwellung seines Fußes noch nicht wieder so richtig laufen kann und mit den geliehenen Filzpantoffeln Größe Fünfzig vorübergehend im Rollstuhl sitzt: "Na, gab es die Pantoffeln auch in deiner Größe?"

Das ist die Steilvorlage für Gerhardt, diese Kleinstprovokation Hildas öffnet alle Schleusen und die Erlebnisse der letzten vierundzwanzig Stunden sprudeln nur so aus Gerhardt hervor. Er redet sich richtig in Rage.

Angelockt durch Gerhardts wütenden Pflegebericht gesellt sich Gisela, eine als Einzelgängerin bekannte, mit Rollstuhl durch die Gegend fahrende, ganz nette Dame zu den "drei Freunden". Entgegen ihrer sonstigen Art beginnt sie sich an dem Gespräch zu beteiligen, sie zeigt Verständnis für Gerhardt und offenbart sich nun, auch als Geschädigte der im Spätdienst hart arbeitenden und ausschließlich ungarisch sprechenden Pflegeflachkraft.

"Ja, das kann ich nur bestätigen, die spricht kein Wort Deutsch und versteht noch weniger.

Gestern, als ich im Bett gelegen habe und mich schon riesig auf die Fernsehsendung "Stunde der Volksmusik " gefreut habe, ist mir doch die Fernbedienung aus der Hand und unter das Bett gefallen. Nachdem ich geklingelt habe, kam die..., ich habe sie gebeten meine Fernbedienung aufzuheben und mir zu geben, aber die hat mich nur mit großen Augen angeguckt, dann habe ich unter das Bett gezeigt.

Da hat sie mich, ehe ich es mich versah, auf die Toilette gebracht und obwohl ich geklingelt habe, ewig nicht wieder abgeholt.

Nach einer Stunde war ich endlich wieder im Bett und die Volksmusik war vorbei, das ist doch eine Riesenschweinerei. Wie kann man denn so jemanden auf die Menschheit loslassen?"

Hier irrt Gisela, nicht auf die Menschheit, nur auf die Alten und hätte sie sich in ihrer Vorgammlingerzeit ein bisschen besser auf das Alter vorbereitet, dann hätte sie diese Probleme nicht. Fremdsprachenkenntnisse erleichtern das Leben nicht nur im Ausland.

Zur ihrer Ehrenrettung muss man allerdings sagen, das kann auch jedem von uns passieren, denn wer weiß denn heute schon, welche preisgünstige Pflegesklavenvariante in zwanzig Jahren auf dem Markt angeboten und im Spätdienst ist.

Und wer weiß, vielleicht sind wir dann froh, wenn überhaupt jemand da ist und sei es nur, wenn diese Person jemanden anruft, der Ahnung hat und hilft, dann ist es egal, ob russisch oder chinesisch gesprochen wird.

Eine Stunde auf Toilette und eine verpasste Fernsehsendung ist doch dann ein Fliegenschiss dagegen.

Gisela sieht das sicherlich genau so, sie kann es bloß nicht so richtig zeigen.

Aber mit der Geschichte gehört sie dazu, aus dem Trio hat sich ein Quartett gebildet.

Die Zeit ist wie im Fluge vergangen, eben haben die vier noch gefrühstückt, schon wird das Mittagessen serviert.

Aber die vier haben sich gefunden, die Unzufriedenheit schweißt sie zusammen und wer weiß, was sich daraus noch entwickelt.

Gerhardt hat den Bundestagsabgeordneten nicht vergessen, da er aber gehandikapt ist, verabredet er telefonisch ein Treffen im Pflegeheim und der Politikberufsoldat sagt zu.

Das Tete-a-tete geht am späten Nachmittag über die Bühne und es läuft alles andere als bestens, in jedem Falle ganz anders, als es sich Gerhardt vorgestellt hat.

Als ich an diesem Abend zum Dienst erscheine, rollert mein Gerhardtfreund auf dem Flur hin und her.

Er wartet auf mich, er will mir etwas erzählen, aber ich muss ihn auf später vertrösten, denn ich denke es ist besser, wenn niemand etwas von dem Gespräch mitbekommt und das ist wirklich besser für uns beide. (Vertraulichkeiten mit Bewohnern können den kollegialen Neidfaktor erhöhen)

"Wir sehen uns nach der Übergabe!" Damit ist er zufrieden.

Nach der Übergabe, bestimmt es ist wichtig!

Die Übergabe, heute ist schon etwas Besonderes, zwei Angehörige der deutschen Personal-Minderheit im Pflegeheim. Zwei einheimische Krankenschwestern übergeben mir den Spätdienst, ich hätte es nie für möglich gehalten, dass es einen so glücklich macht, wenn man auch mal wieder eine Dienstübergabe in fließendem Deutsch hört und nicht im gebrochenen Dialekt oder schweigsam mit Hand- oder Winkzeichen.

Außerdem kann ich mich bei den beiden darauf verlassen, dass der Laden im Rahmen ihrer Möglichkeiten in Ordnung ist.

Kurz und schmerzlos tauschen wir uns aus.

Einzig, dass Gerhardt Besuch hatte und das Gespräch wohl nicht zu seiner Zufriedenheit gelaufen ist, scheint von Wichtigkeit gewesen zu sein.

Kaum ist der Spätdienst weg, da steht Gerhardt schon wieder auf der Matte, das musste ja total wichtig sein, das macht er doch sonst nicht.

Heute kann ich den Dienst etwas entspannter für mich und meine Gammlinger organisieren, denn Brigitte hat mir gesteckt, dass das Pflegeheim mit potenten Nachtwindeln versorgt worden ist.

Aber nicht auf dem üblichen Weg .

Am späten Nachmittag haben die beiden Spätdienstler dem Fahrer des Lieferfahrzeugs vom Sanitätshaus clevererweise beim Abladen der bestellten Ware geholfen, zusätzlich zu den für das Pflegeheim bestimmten Pakete haben sie sechs Pakete Nachtwindeln "irrtümlicherweise" umgelagert und an einem geheimen Ort versteckt.

"Hilf dir selbst, dann hilft dir Gott." Ob das wirklich so gemeint ist?

Möglich ist alles.

Das bedeutet für mich, dass ich Gerhardt eine Viertelstunde zuhören kann, ohne eine exorbitante Leckage in einem der vielen Zimmer befürchten zu müssen.

Aus Gerhardt sprudelt es nur so heraus. " Otto, du kannst dir gar nicht vorstellen, was es für Arschlöcher auf der Welt gibt."

Doch, doch das kann ich, aber was für ein Problem hat Gerhardt und wie kommt er denn auf das schmale Brett.

Ich entgegne wahrheitsgemäß, dass ich durchaus die Vorstellungskraft dazu habe.

Gerhardt beginnt mir nun von seiner Zusammenkunft mit

„seinem Bundestagsabgeordneten" zu erzählen.
"Der hat mir überhaupt nicht zugehört. Ich habe ihm von den
unglaublichen Zuständen im Pflegeheim erzählt und davon, wie
ich behandelt oder besser gesagt nicht behandelt wurde.
Doch anstatt mir den Rücken zu stärken oder wenigstens
Verständnis zu heucheln sagt dieser Speckjäger zu mir:
"Gerhardt, das, was dir passiert ist, ist schlimm, aber deine
feuchtfröhliche Einlage auf der Terrasse war ja auch nicht ohne,
ich habe mit der Pflegedienstleiterin telefoniert.
Also du hast Mist gebaut, der Spätdienst hast Mist gebaut, jetzt
seid ihr quitt. In meiner Position kann ich da nicht viel, um genau
zu sein überhaupt nichts machen, wenn du dich weiterhin
beschweren willst, dann musst du dies schriftlich tun und den
Dienstweg einhalten."
Dann hat er noch gemeint, dass ich gut rasiert sei und auch
sonst sehr gepflegt aussehe."
Eine kurze Pause, dann redet Gerhardt weiter:

"Weißt du, Otto, den interessiert doch überhaupt nicht, ob ich
rasiert bin oder gepflegt werde, den interessiert maximal, ob
seine Vorzimmerdame rasiert ist und dass er wieder gewählt
wird und damit weiter die fette Kohle bekommt. Der war doch
nur hier um sich zu vergewissern, ob ich noch blöde genug bin,
ihm bei der nächsten Wahl noch mal meine Stimme zu geben.
Jetzt ist aber Schluss, jetzt ist der Bart ab.
Wenn ich überhaupt noch mal wählen kann, dann jemanden,
dem Vertrauen, Ehrlichkeit und das Wohl seiner Wähler
tatsächlich noch etwas bedeuten!"
Das Ergebnis des Besuches seines "Freundes" kam für mich
nicht überraschend.
Was hatte Gerhardt denn erwartet?
Hilfe und Unterstützung?
Hat denn Gammlinger Gerhardt ernsthaft geglaubt, dass er
damit etwas erreicht? Das ist ja noch schlimmer als
Bumerangwerfen, da kann man sich das Teil ja gleich auf den
Kopf schlagen, da spart man Kraft für den Abwurf und Zeit für
das Warten, bis der Bumerang wieder einschlägt.
Hast du denn immer noch nicht gelernt und begriffen, die

Gewinner leben von den Verlierern und im Pflegeheim bist du wohl kaum auch nur ansatzweise ein Gewinner.
Im richtigen Leben erkennt man sein Gegenüber nicht an langer Nase, kurzen Beinen und anderen Haltungsschäden.
Schönheitschirurgen, Prothesenhersteller und Stützkorsett sowie Schauspielunterricht können fast alles übertünchen.
Blender, Ignoranten und Märchenerzähler wohin man schaut, man muss nichts, aber auch gar nichts wissen, man muss nur wissen, wem man die Schuld in die Schuhe schiebt, wenn etwas schief geht oder was noch schlimmer ist, öffentlich wird.
Kündigen, zurücktreten oder mit Abfindung gefeuert werden kann man ja immer noch.
Jeder noch so große Inkompetenzler hat einen Stab von Prügelknaben um sich geschart und dass er hinter ihnen steht, bekundet er auch öffentlich. Hierbei ist die Stufe auf der Karriereleiter unerheblich.
Doch nicht, um seine Kollegen zu stützen, nein, oft ist Verstecken angesagt, die eigenen Kollegen werden zur Schutzmauer   umfunktioniert, die eigene Unfehlbarkeit abzusichern.

Dies scheint auch in diesem Hause an der Tagesordnung zu sein.

Der Großteil der Hilfskräfte, Altenpfleger, die Wohnbereichsleitungen, die Pflegedienstleitung und auch die Heimleitung praktizieren dieses System überaus erfolgreich.
Wer dies nicht mitmacht, hat ein Problem, denn wenn die Mehrheit versucht, ihre Fehler dem Anderen in die Schuhe zu schieben, dann ist dies selbst in Pantoffeln Größe neunundvierzig und größer nur schwer auszuhalten.
Hier hilft nur pausenlose Rundumverteidigung und das ist doch sehr, sehr anstrengend und erfordert Kraft, die man neben seiner Arbeit in der Pflege eigentlich nicht hat.
Niemand, der dies nicht selbst erlebt hat, kann sich das

Gefühlschaos vorstellen, in welchem sich ein Teil der Pflegekräfte befindet.

In Deutschland herrscht Pflegenotstand. Aber nicht nur dadurch, dass Pflegekräfte fehlen, nein auch dadurch, dass gewisse Pflegekräfte im Dienst sind, die besser…

Die grenzenlose Wut und Verzweiflung Gerhardts kann ich absolut nachvollziehen und erinnert mich an die Zeit zwischen den Nachtdiensten, nur dass ich nicht auch nur ansatzweise soviel freie Zeit zum Nachdenken oder Grübeln habe.
Wenn ich mich in meiner Freizeit mit meiner Charlotte über die Erlebnisse des Schichtalltags austausche und ab und zu erregt die Stimme erhebe, dann sagt Charlotte gewöhnlich" Nicht so laut, wir kommen noch in Teufels Küche."

Wieso eigentlich kommen?
Wir sind angekommen!
Ich weiß zwar nicht, wie es in der Hölle zugeht, aber der Teufel, wenn es denn einen gibt, der wird erkennen müssen, dass er noch ordentlich etwas drauf legen muss, wenn er dieses Pflegeheim toppen will.
Wer in der Altenpflege in Deutschland gearbeitet hat, der hat keine Angst vor der Hölle, höchstens vor dem Altwerden.

Das jedoch kann ich Gerhardt nicht erzählen, denn auch Gammlinger neigen dazu, wenn sie daraus einen Vorteil erlangen können, aus dem Zusammenhang herausgerissen Gesprächsteile ungefiltert, etwas verfremdet (wie bei „stille Post") weiter zu tragen und treten dabei manchmal auch unbewusst eine Lawine los, die auch Otto begraben würde. Zuhören ja, aber Position beziehen lieber nur bedingt, auch mein Lieblingsgammlinger hat die Tendenz, wenn ich ihm den kleinen Finger gebe, mir den Arm auszukugeln.
Urplötzlich gibt Gerhardt einen für mich nicht für möglich

gehaltenen Satz von sich: "Wenn der MDK kommt, dann lasse ich die Bombe platzen."

Auf meine Frage, wie er das gemeint habe, antwortet Gerhardt: „Otto, das wirst du dann schon sehen."

Ich hatte eh nicht so richtig geglaubt, dass ich von ihm in seine bombastischen Pläne eingeweiht werden würde, insofern es überhaupt einen Plan gab, aber Gerhardt ist alles zuzutrauen oder zumindest eine ganze Menge.

Aber sich darüber Gedanken zu machen halte ich in diesem Zusammenhang für vergebene Liebesmüh, ich habe auch ohne die Bombenstimmung Gerhardts genug zu tun und so richtig helfen kann ich ihm auch nicht.

Ja, aber er hat Recht, in Dreiteufelsnamen er hat Recht, nur das nützt ihm nichts, denn Recht haben und kriegen, das sind ja bekanntlich zwei verschiedene Paar Schuhe.

Apropos Schuhe.

Gerhardt sitzt mit seinen riesengroßen Pantoffeln und seiner leicht gebückten Haltung wie ein Skispringer kurz vor dem Absprung in seinem Rollstuhl.

Doch ihn in diesem Augenblick mit dieser Ähnlichkeit zu konfrontieren halte ich für falsch, er ist im Augenblick voll auf Krawall gebürstet und jeder Gegner ist ihm gleich lieb.

Ich entscheide mich, es mit Deeskalation zu versuchen.

„Gerhardt, es war für uns alle ein langer Tag und du solltest dich ausruhen und versuchen zu schlafen, ich muss jetzt weiter arbeiten, ich bringe dich ins Bett und morgen sieht alles bestimmt schon anders aus." "Ja", kommt die krätzige Antwort, "aber bestimmt nicht besser!"

Zumindest rollert Gerhardt auf sein Zimmer und lässt sich ins Bett bringen und gibt Ruhe.

Einer von siebenundvierzig.

Scheiße, wenn man alt wird, aber die Möglichkeit jung zu sterben um den Mühsalen des Alters zu entgehen, hat Gerhardt verpasst.

Gerade noch bei Gerhardt, hat mich der ganz normale Nachtschichtwahnsinn schon wieder fest im Griff.

Am anderen Ende des Ganges steht ein Rollator mit Nachthemd

dran, welches sich bei näherem Hinsehen als Berta entpuppt.
Berta ist nach eigenen Angaben auf dem Weg zur Beerdigung
und hat den Bus verpasst.
Sie fragt mich, wo die vielen Leute sind.
Doch in ihrem Gesicht kann ich lesen, auf eine Beerdigung
muss Berta nicht, eher ins Bad, denn die bräunliche Maske, die
die Dame im Gesicht hat, sieht aus wie Heilerde, riecht aber
ziemlich streng. Es wäre mir persönlich auch lieber, wenn die
braunen Spuren an Nachthemd und Händen ursächlich von
einer Schönheitspflegemaske stammen würden.
Aber was nicht ist, ist nicht.
Ich kann es drehen und wenden wie ich will, um eine
Komplettreinigung der Dame und großen Teilen des Zimmers
komme ich nicht umhin.
Doch so einfach ist das nun wieder auch nicht.
Von wegen Duschen und das sofort, da fehlt der Dame in
diesem Augenblick die Einsicht.
"Nein! Ich will zur Beerdigung!"
Nun muss Otto mal ein bisschen energischer werden.
"Pass mal auf, so wie du aussiehst kannst du dich auf keiner
Beerdigung sehen lassen (nicht mal auf deiner eigenen).
Erst wird geduscht, dann beerdigt."
Nun scheint ein winziger Lichtstrahl durch ihr Gehirn zu
huschen, sie erklärt sich einverstanden und schlurft ins Bad.
Das Zimmer erinnert geruchsmäßig an einen ziemlich
überlagerten Camembert, auch die braunen, unregelmäßigen
Spuren an den Möbeln sind nicht original, doch erst einmal ist
Reinigung der Beerdigungswilligen vorrangig.
Noch während des Hauptwaschganges Bertas klingelt Hilda und
mindestens noch zwei weitere meiner Freunde.
Grrr, Hilda, was hast du denn jetzt schon wieder, denke ich mir
und bin in diesem Augenblick felsenfest überzeugt, resultierend
aus den Erfahrungen der vergangenen Nächte, dass dies kein
Notfall ist. Aber selbst wenn, ist mir eine sofortige Hilfeleistung
unmöglich.
Immer der Reihe nach meine Damen und Herren, ich habe nur
zwei Arme und Beine und die Lizenz als Zauberer ist ebenso

wenig in Sicht wie die eines zweiten Kollegen im Nachtdienst.
Nach reichlich einer halben Stunde ist der Fall Berta erledigt.
Sowohl Berta als auch ihr Zimmer können sich wieder sehen
lassen.
Nach der für beide Seiten anstrengenden Prozedur, hat Berta
keinen Bock mehr auf Beerdigung.
Sie meint, es ist jetzt eh zu spät und zum Grab kann man ja
auch morgen noch gehen.
Dafür hat sie meine vollste Zustimmung.
 Hilda hingegen hat überhaupt kein Verständnis dafür, dass
sie solange warten musste und tut dies auch lautstark kund.
"So ein Scheißladen, ist man denn hier nur von Bekloppten
umgeben. Ich warte hier seit Stunden!"
Nun gut denke ich, das frage ich mich auch des Öfteren, aber
ich traue mich dies nicht so lautstark zu verkünden.
Aber es ist wohl ein Vorrecht des Alters oder der Kinder, frei von
der Leber weg seine Meinung ohne Furcht vor Konsequenzen
zu äußern.
Meine Gammlinger haben ja sonst nicht mehr soviel vom Leben,
nur, dass ich recht häufig des Nachts unschuldigerweise der
Prellbock für angestautes Aggressionspotential aufgrund von
betriebswirtschaftlich verordneter Einmannpflegeshow werde,
finde ich nicht so lustig.
Die Erklärung, dass ich alleine im Nachtdienst bin, ist für Hilda
ebenso interessant, wie der Umstand, dass ein Sack Reis in
Peking geplatzt ist.
Die Frage, was der Grund ihres Klingeln ist, ist die übelste
Frechheit in Hildas Augen. "Das musst du Idiot doch wissen!"
Meine Feststellung, dass ich kein Hellseher bin, beeindruckt
Hilda überhaupt nicht.
"Muss ich denn erst meinen Sohn anrufen oder gleich ins Bett
scheißen?"
Hilda sucht Streit und ist erst dann zufrieden, wenn sie ihn
gefunden hat.
Es ist nicht zu erwarten, wenn sie sich einmal zum Krangeln
entschlossen hat, dass ausgerechnet ich sie davon abbringe
oder auch nur ansatzweise zur Vernunft bekehren kann.

In so einem besonderen Fall muss der sensible Nachtdienst-Otto auch mal über seinen Schatten springen, auch wenn er, wie in meinem Falle, etwas länger in der Luft ist.

Man muss, wenn es gewünscht ist, auch mal einen Streit zulassen können, wenn nur einer streitet und der auserwählte Gegner nicht mitmacht, dann ist das Ziel der Übung verfehlt.

Also moderat streiten und am Schluss Hilda gewinnen lassen, das kann manchmal wirklich Spaß machen, erfordert aber eine gewisse Erfahrung im Umgang mit Streitofanten.

Ich nehme den Fehdehandschuh auf und vergewissere mich spitzbübisch lächelnd: "Was möchtest du als Erstes, telefonieren oder gleich in das Bett…oder dich mit dem Sohn beraten, ob sich die Bettpfanne doch vielleicht irgendwie lohnt, oder vielleicht doch etwas trinken?"

Hilda ist etwas irritiert, das nutze ich aus.

Über ihren Kopf hinweg entscheide ich, dass nur die Bettpfanne in Frage kommt.

Und dann die gleiche Prozedur wie jedes Mal. „Nein, das geht nicht! Ich will aufstehen!" Aber nach endlosen Minuten zähem Ringen und Drehen, in denen an Otto kein gutes Haar gelassen wurde, der Großteil der mir bekannten Kraftausdrücke verwandt und auch das Tierreich nicht außen vor gelassen wurde, sitzen einhundertneunzig Kilo Hilda auf dem Pott.

Kaum hat sie den Thron erfolgreich besetzt, will sie schon wieder abdanken.

Nicht einmal die Spur eines Erfolges, gähnende Leere in der mobilen Toilettenschüssel.

Die ganze Aktion retour, Hilda zufrieden, Otto fast ohnmächtig nicht nur vor Erschöpfung, sondern auch vor Wut.

Aber wie schon gesagt, Wut ist ein schlechter Ratgeber, Erschöpfung auch.

"Hand aufs Herz", man muss nicht alle "Nettigkeiten" die einem das Leben oder seine Mitmenschen bieten, auf sich selbst projizieren, aber das ist mitunter gar nicht so leicht.

Es wohnen zwei Seelen in Ottos Brust. Auf der einen Seite die Befindlichkeiten meiner Gammlinger. Natürlich ist es absolut

*fürchterlich, wenn man den Alarmdrücker betätigt, sofort Hilfe
erwartet und keiner kommt, jedenfalls nicht sofort.*

*Ich glaube, niemand auf dieser schönen weiten Welt ist in der
Lage, glaubhaft und zur Zufriedenheit der Betroffenen zu
vermitteln, warum dies so ist.*

*Man stelle sich vor, man muss dringend auf Toilette, schafft dies
nicht mehr selbst, es sei dahingestellt und völlig egal, ob groß
oder klein, selbst wenn man mit "Windel" versorgt ist.*

*Nur für sehr Wenige ist es ein erstrebenswertes Ziel, mit voll
ausgelasteter oder überbuchter " Windel" über längere Zeit im
Bett zu liegen.*

*Die Begründung, dass betriebswirtschaftliche Erfordernisse nur
eine Pflegekraft zulassen und daraus gelegentlich kürzere oder
längere Wartezeiten bei der Hilfeleistung resultieren, hilft den in
Not Befindlichen überhaupt nicht.*

*Verständnis muss man dafür nicht haben, begreifen muss man
dies auch nicht, aber begreifen muss man wohl oder übel, dass
man daran nichts ändern kann.*

*Dass der prä- oder postfinale Toilettengänger ungeheuer
wütend ist, sich stiefmütterlich behandelt fühlt, ist berechtigt und
nachvollziehbar.*

Doch auf der anderen Seite steht Otto, alleine auf weiter Flur,
besser, alleine im Pflegeheim, kann sich nicht zerteilen, um so
allen gleichzeitig zu helfen, selbst wenn er wollte.

Aber nach dem kurzfristigen Pflegemodell a´ la Kloppo soll man
nicht feststellen, was unmöglich ist, man soll es einfach nur tun.

*Napoleon meinte wohl, dass unmöglich kein französisches Wort
ist.*

Otto ist angehalten zu beweisen, dass dieses Wort nicht aus
dem Deutschen kommt.

*Die Unzufriedenheit ist allgegenwärtig bei Gammlingern als
auch beim Personal, egal ob im Tag-, Spät- oder Nachtdienst.
Dies gilt nicht für unsere Führungsriege, die beweihräuchert sich
selbst und versucht das Letzte aus den Mitarbeitern*

rauszupressen.

Eine Besserung ist weder kurz noch mittelfristig zu erwarten, das bedeutet, wer im Pflegeheim arbeitet, oder, egal ob freiwillig oder zwangsweise eingebunkert ist, muss sich mit den Gegebenheiten arrangieren.

Einzige Möglichkeit ist auf der einen Seite der Arbeitsplatzwechsel oder der Wechsel des Pflegeheimes, ob dies jedoch mit einer Verbesserung zwingend verbunden ist, scheint höchst fraglich.

Man hat entweder Glück oder nicht.

Nichts ist am Wahrscheinlichsten und schlimmer geht eigentlich immer, und wird immer häufiger gern genommen.

Es ist sehr schwierig, mit freundlichem und dienstbereitem Gesicht seine Arbeit zu erledigen.

Umwelt formt den Menschen, wenn man seine Arbeit grundsätzlich nur unter Aufbietung all seiner Kräfte schafft, und dabei, wie es einige Oberindianer fordern, " die Arschbacken zusammen kneift und Zähne zusammenbeißt", wie soll man da motiviert lächeln?

Fakt ist jedoch eines, aus einem grimmigen Arsch kommt nie ein fröhlicher Furz.

  Die Gammlinger können nichts dafür, Otto jedoch auch nicht. Aber die Einsamkeit im Nachtdienst hat auch seine Vorteile, niemand schaut einem auf die Finger und nörgelt, außerdem hat man die Möglichkeit, die kleinen oder größeren Veränderungen, welche sich im Laufe der Stunden meiner dienstfreien Zeit angesammelt haben oder hinzugekommen sind, auf sich wirken zu lassen, wenn es die Zeit zulässt.

   Die Sichtscheibe des Dienstzimmers, welche freie Sicht auf den Flur ermöglichen soll, wird zunehmend durch Pseudo-Dienstanweisungen oder Merkzettel von jedem, der sich gemüßigt fühlt, den Dienstbetrieb beeinflussen zu wollen oder zu müssen, eingeschränkt.

Dieser Wust von größeren und kleineren Zetteln stellt einen Mix aus wichtigen Infos und solchen, die der Verfasser besser für sich behalten hätte, dar.

Das größte Problem hierbei ist, dass die Fläche, die von diesem Papierteppich belegt wird, eine immer größere Fläche einnimmt. Keines des längst überlebten Geschreibsels wird abgenommen. So kann man problemlos nachvollziehen, dass der Hausarzt von Dorothea im letzten Jahr im Februar Urlaub hatte und man auf einem anderen Formular um die Teilnahmebestätigung an einer Fortbildungsmaßnahme bittet, welche bereits seit zehn Wochen Geschichte ist.

Kaum Einer, der sich an dem Zettelwahnsinn nicht beteiligt oder zumindest daran denkt, dies auch mal tun zu wollen oder müssen.

Ein weiterer Beitrag betrifft den schriftlich dargelegten Unmut eines Mitarbeiters des Spätdienstes, in dem der Frühdienst zum wiederholten Male aufgefordert wird, den Medikamentenplan eines Bewohners durch den Hausarzt präzisieren zu lassen (der Bewohner ist jedoch schon drei Monate nicht mehr unter den Lebenden).

Der Hausmeister ermahnt schriftlich zur Entleerung der vollen Müllsäcke (Nun gut, leere Müllsäcke entleeren würde ja nicht allzu viel Sinn machen).

Die PDL leistet auch ihren Beitrag zur eingeschränkten Wahrnehmung auf die Realität (Flur) mit der Anweisung, dass Tipp-Ex in der Dokumentation nicht einzusetzen ist, die Tür des Dienstzimmers immer verschlossen zu sein hat, die Klingel der Bewohnerin XY muss so platziert werden, dass sie diese bei Bedarf auch erreicht (warum sollte man sie so platzieren, dass sie nicht an die Klingel herankommt?)

Aber auch ein anonymes Frage-Antwortspiel kann man hier verfolgen.

"Wer hat den Schlüssel für das Rollstuhllager?"

„Ich nicht!"

„Ich auch nicht!"

„Wieso, ist er denn weg?"

Oder. Wer kann am 14. April den Spätdienst gegen den Frühdienst tauschen?

Hierzu hat sich Kloppo schriftlich eingemischt: "Wer Dienste tauschen will, klärt das immer über die PDL!"
Aber dieser Wunsch, den Dienst zu tauschen, stammt auch aus dem letzten Jahr.
Verschiedene Dienst- und Arbeitsanweisungen, welche als fortgesetzt ausstellungswürdig angesehen werden, sind von verschiedenen, bereits längst der Historie des Heimes angehörenden Pflegedienstleitungen unterzeichnet und teilweise viele Monde alt.
Stellt sich die Frage. Sind die alle noch gültig?
Keine Ahnung
Anonymus schlägt an anderer Stelle noch einmal zu: „Herr Z darf nur warmes Bier bekommen!" und „Frau D darf nur noch einmal im Monat zum Friseur - mehr bezahlen die Angehörigen nicht mehr."
Diese mit Papier belegte Scheibe erinnert an einen Supermarkt, in dem im Aus- beziehungsweise Eingangbereich eine Such- und Find-Tafel platziert wurde, verkaufe, suche, verschenke.
Im Gegensatz zu öffentlichen Toiletten, wo bei Überhandnehmen der Schmierereien diese in periodischen Abständen beseitigt werden, ist bei uns im Dienstzimmer mit einer Eindämmung oder Reduzierung der angehängten Kritzeleien nicht zu rechnen.
Dass jemand Zeit findet, nach den für ihn wichtigen Informationen zu suchen, ist nicht zu erwarten und außer, dass die Sichtscheibe bald keinen freien Durchblick mehr ermöglicht, ist alles gut oder eben auch nicht.
Alle nehmen die vollgepappte Scheibe hin, die meisten ignorieren die Litfasssäulenflächen oder gewisse Spezialisten legen ab und zu ein paar Zettel nach.
Wenn solche Redakteure Spaß daran haben, mit vollem Einsatz ihr eigenes Sichtfeld und das der restlichen Kollegen mit ihren geistigen zu Papier gebrachten Ergüssen einzuengen bitte sehr, kein Problem.
Es ist wesentlich komplizierter und nervenaufreibender, wenn man sich gegen diese Schriftsteller auflehnt und die Sinnhaftigkeit hinterfragt.

Wer schreibt der bleibt? Supbär.

Warum sich mit so etwas belasten, oder sich gar aufregen, wer es trotzdem tut ist selber schuld.

Es ist teilweise schon ziemlich lustig, nein, eher traurig, auf welche Art und Weise einige Personen sich entblöden. Dies gilt nicht nur für die Themenwahl, sondern auch und insbesondere für die Rechtschreibung.

Jeder macht in diesem Heim, was er für richtig hält, einige haben sogar die neue deutsche Rechtschreibung neu erfunden.

Wobei ich hiermit einige Schwierigkeiten bei der Sinnerfassung einzelner Worte habe und häufig gezwungen bin, einzelne Sätze mehrfach zu lesen, um den Gesamtzusammenhang zu erfassen.

Da werden Worte verwendet, vor denen uns die Lehrer in der Grundschule gewarnt haben, nämlich und ziemlich.

Wo schon in jungen Jahren für die schriftliche Verwendung dieser Worte mit einem Zusatz h, das geistige Prädikat des Verursachers klar festgelegt wurde.

Wer nämlich mit h schreibt ist dämlich! (natürlich mit zweimal h)

Gut, kleine Schwächen hat jeder (natürlich ist es besser ein bisschen männlich zu sein, als dämlich dazustehen, unabhängig vom persönlichen Geschlecht, super-doof ist unbestritten für beide Geschlechter schlecht), aber die Rechtschreibsuperhelden/-innen haben hier auch sonst die große Klappe, leider Gottes sind auch die fachlichen Prädikate von den Rechtschreibkünstlern häufig genau so unterirdisch wie deren Rechtschreibkünste.

Jedoch bringt eine Bloßstellung dieser Zeitgenossen auch nur Ärger, da bin ich doch wirklich froh, dass ich von diesen Pflegekoryphäen, diesen Pflege-U-Bahnfahrern und systemkonformen Pflegehochseilartisten im Nachtdienst verschont bleibe.

Ich bewundere Charlotte, welche im Tagdienst schon einige grenzwertige Erlebnisse hatte.

Fragestellungen, ob man anstelle der nicht verfügbaren Magnesiumtabletten auch die in Form und Farbe fast identischen Beruhigungstabletten verwenden kann.

Was soll man darauf antworten?

Man könnte es ja mit einem kurzen "Nein" versuchen und "Ich persönlich würde es nicht tun, wenn es vom Arzt nicht verordnet ist."

Doch unter Umständen ist man damit noch nicht raus aus der Nummer, die Feststellung: "Das ist doch eigentlich dasselbe", führt bei jedem halbwegs gut ausgebildeten Krankenpfleger bzw. Krankenschwester zu manifester Ausprägung von stehenden Halsvenen.

Wenn man sich jetzt noch gut im Griff hat, könnte man vorschlagen, die Packungsbeilage der Medikamente zu vergleichen und wenn dies auch keine überzeugende Wirkung zeigt, dann soll doch in Teufelsnamen der Hausarzt entscheiden.

Und es gibt doch wirklich "Fachleute", die diesen Joker ziehen. Armer Doktor!

Oder man bekommt einen fünf Millimeter großen Dekubitus offeriert, welcher sich bei näherem Hinsehen als harmloser Pickel entpuppt und wird um seine kollegiale Meinung gebeten. Und trotz eindeutiger Pickelidentifizierung wird von der ratsuchenden Partei am Wochenende der Bereitschaftsarzt gerufen, welcher sich bei Ankunft im Bewohnerzimmer gar leidenschaftlich fragt, ob häufiges Kreideholen während der Ausbildung nicht doch eine gewisse fachliche Insuffizienz fördert oder aufgrund des Erreichens der Leistungsgrenze mit Abschluss der vierten Klasse man von gewissen Probanten wirklich nicht mehr als bloße Anwesenheit erwarten kann.

Anwesenheit in der Schule, Anwesenheit in der dreijährigen Krankenpflegeausbildung, Anwesenheit auf Station, überall erfolgreich teilgenommen, universell einsetzbar und zu nichts zu gebrauchen.

Doch was kann man tun, wenn sich von acht Fachkräften zwanzig Prozent als Totalversager entpuppen, wenn die PDL ein qualifizierter Rohrkrepierer ist und die Heimleitung mal gerade so als Aushilfsdenunziant durchgeht.

Wenn aber diese beiden mit aller Kraft auf der Seite der Schwachen (der Schwachmaten) stehen(wo sonst, woanders würden sie ja auffallen), da kann man nur noch resignieren und hoffen, dass der liebe Gott auch gegen solche Erdenbürger seine strafende Hand erhebt, die Faust ballt und sie erzieherisch wirksam, wenn es notwendig ist auch mehrfach, niedersausen lässt.

Aber Hoffen und Harren...
Sei es wie es sei, mein Opa hatte Recht.
Die Häufigkeit, mit der der Klügere nachgibt, muss eine Grenze haben, sonst haben die Blöden freie Bahn.

Das Einzige, was schier grenzenlos scheint, ist die Dummheit und Arroganz des Menschen und ich muss feststellen, eine Besserung ist nicht in Sicht.

Aber hat diese Erkenntnis den beiden geholfen?
Mein Opa war ein Mensch mit einer Engelsgeduld, bescheiden, lieb zu meiner Oma, zu meiner Mutter und zu mir und meiner Schwester und hatte auch Glück, denn obwohl viel zu früh gestorben, ist ihm das Pflegeheim erspart geblieben.
Opa hat mir leider nicht alles erzählt.
Denn was macht man als derjenige, der immer nachgegeben hat, (um seine Ruhe zu haben, um des lieben Friedens Willen, um nicht anzuecken), was soll man tun, wenn die Grenze erreicht ist?
Es würde mir die Arbeit in diesem Pflegeheim unwahrscheinlich erleichtern, wenn Opa mir auch erzählt hätte, was mache ich, wenn ich für mich erkenne, dass die Grenzen der Selbstverleugnung erreicht sind.

Ich habe keinen Plan, wie ich mich verhalten soll. So wie ich mich gegenwärtig verbiege, um mit niemanden in diesem Circulus vitiosus anzuecken, bin ich von der vollständigen Rückratlosigkeit nicht mehr weit entfernt.

Wie soll ich denn eigentlich bei diesem Umfeld so arbeiten, dass ich ohne Probleme noch in den Spiegel schauen kann?
Es ist unter Berücksichtigung der angespannten Personalsituation, der permanenten Überforderung schon schwer genug.
Wenn dann auch noch ein permanenter Fettnäpfchenslalom bewältigt werden muss, ausgelöst durch intrigante

Pflegeknieriesen, welche keine Gelegenheit auslassen um dich zu schikanieren, dich bei diversen Chefs oder Chefs in Lauerstellung anscheißen, dich öffentlich demütigen, ihr eigenes Fehlverhalten auf dem kurzen Dienstweg übertragen, ist das Ende der Fahnenstange fast erreicht.

Ich erinnere mich in diesem Zusammenhang an einen Werbeslogan: "Nichts ist unmöglich."

Aber nicht nur in der Werbung ist alles möglich, unsere Gammlingerresidenz kann das auch.

Nach dem Nachtdienst bin ich wie immer froh, wenn ich im Bett liegen kann, aber es dauert eigentlich nun regelmäßig so zwei bis drei Stunden, bis sich eine bewusstlosigkeitsähnliche Abwesenheit einstellt.

Zum Einen liegt es daran, dass ich versuche, die doch ziemlich aufregenden Ereignisse der jeweils vergangenen Nacht zu verarbeiten, zum Zweiten rollen auf allen Ebenen die Pflegewagen über die Flure und die Damen von Reinigungsservice zeigen dem Teppichbelag mit dem Staubsauger, wer der Chef ist.

Auch der Hausmeister gibt Laut, wahlweise mit Hammer oder Bohrmaschine.

Irgendwer fühlt sich immer gemüßigt, mehr oder minder Geräusche zu machen.

Schlussendlich mache ich mir Sorgen um meine Charlotte, die im Frühdienst alleine mit Gammlingern, Kollegen (je nachdem, nette oder Misthaken), Kloppo und Konsorten ist, da können immer wieder ganz verrückte Geschichten passieren und da ist es auf der anderen Seite ganz geschickt, wenn ich in der Nähe bin und ihr bei Notwendigkeit helfen kann.

Hilda ist weg

Erfahrungsgemäß kann man sagen, ist bis zehn Uhr dreißig nichts Außergewöhnliches passiert, geht der Rest des Frühdienstes ohne Probleme über die Bühne.

Aber niemals nie sagen.

Eines ist aber sicher, man kann sich im Pflegeheim nur auf Eines verlassen und das ist, dass man sich auf nichts verlassen kann.

Und auf selbst gebastelte Regeln schon gar nicht.

Das musste ich auch schon leidvoll erfahren, kaum war ich nach der selbst festgelegten Frist eingeschlafen, da wurde die Zimmertür von meiner Charlotte aufgerissen.

Es musste schon etwas sehr, sehr Wichtiges sein, ansonsten würde Charlotte meinen Schönheitsschlaf nicht stören.

"Otto, du musst mir helfen, Hilda ist weg."

Ich bedecke meinen Kopf mit dem Kopfkissen.

Charlotte zieht mir energisch das Kopfkissen weg und wiederholt nochmals: „Otto du musst mir helfen, Hilda ist weg."

Etwas knurrig hebe ich meinen Kopf, mit den Worten: "Die kommt schon wieder, wenn sie Hunger hat."

Aber Charlotte lässt nicht locker.

Und so bleibt mir nichts weiter übrig als mich zu erheben, mir meine Klamotten überzuwerfen und mich ins Geschehen einzubringen.

Im Stationsbereich angekommen, wartete bereits die nächste Hiobsbotschaft auf mich, denn nicht nur Hilda ist abgängig, auch Magda ist verschwunden.

Ob nun die beiden gemeinsam oder jeder für sich allein den Verschwindibus gemacht haben, ist unklar.

Inmitten dieser unklaren Situation steht Kloppo, spielt den wildgewordenen Handfeger und beginnt mit einer völlig unkoordinierten Suchaktion.

Wie ein losgelassener Luftballon, aus dem plötzlich mit einem Schlag die Luft entweicht, wuselt sie durch die Gegend.

Mal hier, mal dort, inspiziert sie verschiedene ihrer Meinung nach in Frage kommende Verstecke, um den Aufenthaltsort der beiden zu ermitteln.

Als sie den unter der Spüle befindlichen Vorhang im großen Speisesaal der Bewohner beiseite zieht, beginne ich mir ernsthafte Sorgen zu machen.

Wann? So stelle ich mir in diesem Augenblick die Frage, wird sie im Briefkasten des Pflegeheims nachschauen?

Die bloße Anwesenheit von Kloppo stellt ein schon nicht zu kalkulierbares Risiko dar, ein aufgeregter im Problemlösungsversuch befindlicher Kloppo ist der größte anzunehmende Unfall für alle Beteiligten.

Man kann ihr in dieser Situation jedoch nicht das Heft des Handelns aus der Hand nehmen, was sie ohnehin nicht hat.

Ein Streit um Kompetenzen würde uns einer Lösung des Problems, sprich der Ortung der beiden vermutlich ausgerückten Gammlinger keinen Schritt näher bringen.

So bleibt nur, in Demut vor der Macht, unter Inkaufnahme der offensichtlich völlig überforderten, mit blindem Aktionismus an die Lösung des Problems herangehenden Pflegedienstleitung, unauffällig Hilfestellung zu leisten.

Ich bin eigentlich nicht da und das ist gut so.

Als Kommissar Zufall, versuche ich mir ein Bild von der Lage zu machen, welche sich zwar schwierig, aber nicht ganz hoffnungslos darstellt.

Nachdenken ist hier oberste Pflegerpflicht. Um Antworten zu erhalten, fragt man am besten jemanden, der etwas weiß.

Mir fällt in diesem Augenblick nur einer ein, Gerhardt.

Der sitzt wie jeden Tag immer um diese Zeit im Eingangsbereich des Pflegeheims und beobachtet die Ankommenden und die Personen, die das Haus verlassen.

Ich klammere mich gedanklich an diesen fleischgewordenen Strohhalm und richtig. Auf die Frage, ob er Hilda und Magda gesehen hat, ergibt sich eine erste heiße Spur über den Verbleib der Flüchtigen.

Gerhardt meint, dass die beiden gemeinsam das Pflegeheim verlassen haben.

Hilda im Rollstuhl, angetrieben von Magda, welche den Rollstuhl geschoben haben soll.

Auch die ungefähre Richtung, in welcher sich die beiden verkrümelt haben, kann er angeben.

Auf Gerhardts Wort kann man sich einigermaßen verlassen, zumindest was die Beobachtung seiner Mitmenschen betrifft.

So wird klar, dass wir es nicht mit zwei verschiedenen, sondern nur einem Problem zu tun haben und dass die Suche innerhalb des Hauses eingestellt werden kann.

Aber auch wenn es nur ein Problem ist, so doch eines mit zwei Unbekannten, zumindest zwei Gammlinger mit unbekanntem Aufenthaltsort.

Wir entscheiden mit unserem Obermotz, vielmehr über Kloppos Kopf hinweg, dass wir die Kräfte bei der Suche außerhalb des Heimes bündeln und systematisch die Umgebung des Heimes absuchen.

Jeder verfügbare Mann sowie jede Frau, welche/r im Augenblick nicht im Heim benötigt wird, beteiligt sich an der Suche.

Das sind zwar nicht sehr viele, aber die Ortschaft ist ja nicht so riesig.

Kloppo darf auch mitmachen.

Hilda muss doch irgendwie zu finden sein, einhundertneunzig Kilo plus Rollstuhl können sich doch nicht einfach in Luft auflösen.

Insofern sich die beiden keine Mitfahrgelegenheit organisiert haben, können sie noch nicht allzu weit gekommen sein.

Magda, die es gewohnt ist, ihren eigenen Rollator mit Ach und Krach vor sich her zu schieben, wird als Antrieb von Hildas Rollstuhl (mit Hilda drin) ganz schön zu kauen haben.

Kaum ist die Entscheidung gefallen, wer welchen Bezirk im Ort absuchen soll, wer unter welcher Handynummer erreichbar ist, Charlotte wird als Chefkoordinator der Suche im Pflegeheim festgelegt (falls die beiden zwischenzeitlich zurückkehren würden), müssen wir alles noch mal überdenken.

Denn schlagartig hat sich die Ausgangslage geändert, Magda steht wie hingezaubert plötzlich auf dem Gang und als wenn nichts gewesen wäre wünscht sie allen Anwesenden einen wunderschönen, guten Tag.

Mal ehrlich, so gut war der Tag bisher wirklich nicht.

Doch Magda meint dies ganz sicher nicht böse, sie versteht die ganze Aufregung nicht, doch sie kann sich wie fast nicht anders zu erwarten war, nicht erinnern, wo Hilda abgeblieben ist.

Es ist schon ein Teilerfolg, dass wir Magda wiederhaben, aber trotz alledem, es hilft alles nichts, Hilda muss auch wieder her.

Wenn ihr Sohn mitbekommt, dass Hilda verschwunden ist, überleben wir alle den nächsten Tag nicht mehr.
Allein das ist Ansporn genug, das Schwergewicht so schnell wie möglich wieder zu finden.

Obwohl die Ortschaft nicht allzu groß ist, sind die eingeteilten Suchbezirke ziemlich weitläufig und werden auch mit dem Wiederauftauchen von Magda nicht kleiner.
Positiv ist lediglich, dass die Außentemperaturen bei zwanzig Grad liegen und die beiden es geschafft haben, ihre Sonntagsnachmittags-Ausgehmäntel anzuziehen (nach Schrankkontrolle festgestellt), wie sie das auch immer ohne Hilfe geschafft haben, im Normalfall während der täglichen Pflege ist an solche Selbstständigkeiten nicht zu denken.
Aber Magda war witterungsentsprechend angezogen und auch die Sachen von Hilda sind mit ihr verschwunden.
Weg bleibt weg, ob mit oder ohne Mantel, wieder finden und das möglichst schnell und unversehrt ist die Hauptaufgabe.

An der frischen Luft merke ich, dass ich die mich umgebende Landschaft mit anderen Augen sehe, ich bin völlig ausgelaugt (sehe zwar keine weißen Mäuse oder rosa Elefanten, aber das würde jetzt auch nicht mehr ins Gewicht fallen). Ich schaue mir die Umgebung entspannter als sonst an.
Was ist für Gammlinger interessant, wenn sie es geschafft haben, auszubrechen und alleine an der frischen Luft sind, frage ich mich.
Während ich so vor mich hin sinniere, komme ich an einem Friedhof vorbei.
Ziemlich groß, denke ich mir, na vielleicht ist das ein Zentralfriedhof des Landkreises, oder die demographische Pyramide hat sich hier schon bevor sie zum Problem unseres Landes wurde, entladen.
Übermüdung vernebelt das Gehirn fast wie Alkohol und verführt zu unvorhergesehen Gedankensprüngen.
Gammlinger gleich Interesse für Friedhof, da dieser Ort die nächste Haltestelle nach dem Pflegeheim bedeutet.

Ich weiß auch nicht, wie von unsichtbarer Hand geschubst, entschließe ich mich, von meinem Weg auf den Friedhof abzubiegen.

Außer meiner Person sind um diese Tageszeit nicht sehr viele Menschen an diesem Ort der Ruhe, ich fühle irgendwie einen inneren Frieden.

Ruhe, innerer Frieden führt bei uns Menschen zu einem Gefühl der Zufriedenheit, dies auf Arbeit, das wäre doch Klasse. Jedoch bin ich der festen Überzeugung, dass Ruhe (und alles, was damit zusammenhängt)und Kloppo zusammen überhaupt nicht gehen.

Während ich durch die Gräberreihen gehe, lese ich die Namen und Aufschriften auf den Grabsteinen.

Wie eine Galerie reiht sich Stein an Stein, Name an Name, da liegt neben dem kaiserlich, königlichen Lokomotivführer der Brauereibesitzer, neben dem Kapitän zur See das Kind von nicht mal sechs Jahren, so viele Menschen haben aus unterschiedlichen Gründen endgültig den Kürzeren gezogen.

Eine Grabsteininschrift gibt mir schon zu denken: "Unvergessen", auf dem Grab Unkräuter jeglicher Art und im Zentrum zwei meterhohe Disteln (na ja, wer Natur pur mag), unvergessen sieht für mich anders aus.

Aber vielleicht ist niemand mehr da, der sich um das Grab kümmern kann oder die Kinder leben irgendwo weit weg, oder der Verblichene war Ökoaktivist.

Manchmal sieht vieles anders aus, als es in Wirklichkeit ist oder ist im Umkehrschluss noch schlimmer.

Ein Friedhof kann aber auch komisch sein, einige Namen verleiten mich zum Schmunzeln….

Als ich den Vornamen Artos lese, kommt mir spontan in den Sinn: "Haben die hier einen der vier Musketiere verbuddelt?" Doch Geburts- und Sterbedatum sowie der Nachname Müller schließen meinen Verdacht aus.

Für kurze Zeit habe ich meinen eigentlichen Auftrag schlichtweg vergessen, doch als ich am anderen Ende des Friedhofs angelangt bin, entdecke ich Hilda.

Ich kann es gerade noch verhindern, lauthals loszulachen.

Hilda sitzt einer Glucke gleich auf ihrem Rollstuhl, besser gesagt auf den Resten, die davon übrig geblieben sind, die Räder des

Rollstuhls haben sich als solche verabschiedet und als Abstandhalter unter der Sitzfläche des Rollstuhls wieder angemeldet, so dass Hilda nicht auf der Erde sitzen muss.
Die Sonne lacht und Hilda genießt das Probesitzen auf dem Friedhof.
Sie ist nicht unerfreut mich zu sehen.
In Anbetracht des desaströsen Zustandes von Hildas Rollstuhl wundert es mich gar nicht, dass Magda die Flucht nach vorn angetreten hat.
Dies bestätigt auch Hilda, denn sie meint: "Sie wollte doch Hilfe holen."
Das demenzielle Handikap hat wahrscheinlich dazu geführt, dass die gute Magda die Notlage Hildas vergessen hat, glücklicherweise nicht den Weg zurück ins Pflegeheim.
"Nun steh ich hier, ich armer Tor" und weiß nicht so genau was ich machen soll.
Der Rollstuhl total zerschossen und Hildas einhundertneunzig Kilo sowie eine grob geschätzte Entfernung zurück zum Pflegeheim von drei Kilometern (Luftlinie), eine für Otto allein unlösbare Aufgabe.
Wenn ich nicht mehr weiter weiß, dann probiere ich es mit meinen Telefonjoker.
    Charlotte hält ja die Stellung im Pflegeheim, hoch erfreut nimmt sie die Nachricht, dass ich Hilda wieder gefunden habe, auf, aber für die Rettung hat sie leider auch keinen Plan.
Nach und nach treffen nach telefonischer Zielzuweisung Charlottes, die Reste des Suchtrupps auf dem Friedhof ein.
Es sind genau sechs Persönlichkeiten. Kloppo, der Andachtshausmeister, die Verwaltungsdame, die Küchenhilfe, eine Ein-Euro-Fachkraft und nicht zu vergessen, ich, der Otto.
    Man muss kein Hellseher sein um festzustellen, dass ein Rücktransport mit vorhandenen Kräften und Mitteln unmöglich ist.
Ich halte mich mit Vorschlägen zurück, schließlich ist Kloppo anwesend und Chef ist verantwortlich, Kloppoline macht jedoch das, was sie sonst immer macht, nichts. Na ja, fast nichts, sie kriecht fast zu Hilda auf den Schoß, geht auf Kuschelkurs mit

Hilda (umarmt und drückt sie), somit ist sie für uns, dem Resttrupp, ein Totalausfall.

Nun haben wir genau betrachtet zwei Hilfsbedürftige, besser gesagt drei. Hilda, Kloppo und nicht zu vergessen der Rollstuhl, dem geht es auch nicht so gut.

Kaum hat Kloppo begonnen, sich um Hildas Seelenheil zu kümmern, taucht auch plötzlich der Pfarrer der kleinen Gemeinde auf und beginnt pastoralen Beistand zu vermitteln, aber eine Idee, wie wir Hilda ins Heim zurückbekommen, hat er aber auch nicht.

Mann oh Mann, denke ich mir so, wenn wir hier so weiter machen komme ich zu spät zum Nachtdienst.

Nach dem Motto: "Her mit dem Klavier, ich trag die Noten" mischt sich Kloppo völlig unerwartet ein. "Ich geh dann schon mal zurück und koche Hilda eine gute Tasse Kaffee."

Alle sehen sich verwundert an, selbst der Pfarrer zweifelt an der Funktionstüchtigkeit seiner Ohren.

Und als ob dies nicht genug ist, setzt sie noch einen drauf. "Ihr tragt Hilda und den Rollstuhl ins Pflegeheim zurück. Ich nehme schon mal Kontakt mit dem Sanitätshaus auf, wegen dem Formular für Bestellung eines neuen Rollstuhls."

Die Kette ist nur so stark wie ihr schwächstes Glied, allen ist spätestens jetzt klar, dass wir mit unserer Kette total aufgeschmissen sind.

Auch unser Hausmeister fängt an, langsam Böses zu ahnen. Wer trägt schon einhundertneunzig Kilo an der Uhrkette, geschweige denn über drei Kilometer und da ist der Rollstuhl selbst in Einzelteilen ja nicht mal mit gerechnet, nun gut, wenn es gar nicht anders geht, kann man ja zweimal laufen.

Er macht seinem Unmut Luft: "Was sollen wir machen? Hilda tragen, das können Sie vergessen! Entweder holen wir die Feuerwehr oder das THW!"

Kloppo ist etwas irritiert, Widerspruch von Seiten des Hausmeisters, das hatte sie nicht erwartet, gehört er doch zu ihren Spezies, und auch die restlichen von Kloppo zum Gewichtheben und über drei Kilometer Tragen Verurteilten lehnen den kühnen Transferplan ab.

Ich halte mich zurück, ein Mann muss wissen, wann er seine Klappe zu halten hat.

Es riecht nach Aufstand und die Chefin muss sich beeilen, dass sie das Ruder herumreißt, ohne das Gesicht zu verlieren.

Im nächsten Augenblick entscheidet sie sich urplötzlich für den "ganz großen Bahnhof".

Sie nimmt ihr Handy in die Hand, wählt demonstrativ die 112, meldet sich als Pflegedienstleitung des Pflegeheims, und erzählt, dass sie auf dem Friedhof steht und eine Bewohnerin mit ihrem Rollstuhl zusammengebrochen ist.

"Ja, ja, Rettungsleitwagen reicht!"

In diesem Moment denke ich etwas verdutzt: Ob sie weiß, was sie tut? Was will sie denn mit einem Rettungswagen?

   Völlig überraschend meldet sich Birgit, die Küchenhilfe, zu Wort. „Ich kann doch einen anderen Rollstuhl aus dem Pflegeheim holen."

Ein vernichtender Blick Kloppos ist die Folge.

Was bildet sich Birgit ein, in ihrer Funktion als Küchenhilfe sich einfach zu Wort zu melden, die Küchenschabe hat keine Stimme im Parlament, zumindest nicht in den Augen von unserer Chefin. Das macht sie knallhart und bissig deutlich.

"Welchen Rollstuhl? Wo wollen sie den denn hernehmen?"

Unterwürfig antwortet Birgit: "Na wir können uns ja den Rollstuhl von Agathe ausborgen."

"Kommt überhaupt nicht in Frage! Rollstuhl ausborgen, so ein Blödsinn. Überlegen Sie erst einmal, bevor Sie den Mund aufmachen! Kommt überhaupt nicht in Frage. Das ist unerlaubtes, zweckentfremdetes Benutzen vom Eigentum anderer Bewohner. Das können Sie vergessen, wenn das der MDK mitbekommt! Das lasse ich nicht zu, keine Diskussion, Punkt."

Ein durchaus vernünftiger Vorschlag wird einfach abgebügelt. Birgit verstummt augenblicklich.

Hier wird Demut vor der Macht gefordert und Birgit hat die Ansage verstanden.

Alle anderen auch.

   Ich muss mir auf die Zunge beißen, aber was soll ich zu so

einer abgehobenen Person sagen.

Die Dame Kloppo schwebt so hoch, dass man ihr ohne Probleme das Frühstück mit der Flak zuschießen könnte.

Nein, es ist einfach nur furchtbar, man kann ihr nicht helfen.

Mir würde sie auch nicht helfen, nicht einmal, wenn sie könnte.

Der Rettungswagen kommt wie bestellt, natürlich mit Blaulicht und Martinshorn und hält cirka zwanzig Meter von unserem Versammlungsort entfernt.

Zwei Sanis steigen aus, ein langer Dünner und ein kurzer Untersetzter, der Lange ein Blondschopf der kurze Abgedrehte ein Rotkopf. Beide kommen mit zügigem Schritt auf uns zu.

Der Rotkopf, sieht sich die Bescherung an und fragt: "Wer hat denn hier einen Rettungswagen bestellt?"

"Ich!", meldet sich Kloppo selbstbewusst.

Der Fragesteller sieht einige Augenblicke starr gen Himmel, atmet tief aus und senkt den Kopf.

Er hebt den Kopf wieder, schaut Kloppo an und zischt sie an: „Was haben Sie sich dabei gedacht? Wissen Sie überhaupt, wofür ein Rettungswagen da ist?"

"Natürlich" entgegnet sie schnippisch.

"Das ist eigentlich nichts für den Rettungsdienst" gibt der Fahrer des Rettungswagens zu bedenken.

Nach einem weiteren prüfenden Blick auf Hilda stellt er die Frage:

"Wie viel wiegt die Dame eigentlich?"

„Circa hundertneunzig Kilo", der Fahrer stößt einen leisen, nachdenklichen Pfiff aus,

Deutlich stellt er klar: "Hundertneunzig Kilo, das geht nicht, unsere Trage ist nur bis hundertsechzig Kilo zugelassen, das können wir nicht machen. Ich spreche jetzt mit der Leitstelle."

Spricht es und läuft zum Rettungswagen, kurz darauf kommt er zurück und macht eine klare Ansage:

"Die Leitstelle hat entschieden, der Rettungswagen bricht den Einsatz ab, die Feuerwehr übernimmt mit einem Schwerlastkrankentransportbus, zudem wird die Polizei zur Transportabsicherung hinzugezogen und ist auf dem Weg. Bei Notwendigkeit steht das THW zur Hilfestellung bereit.

Es wird eine Weile dauern, der Transportbus für etwas schwerere Personen kommt aus der fünfzig Kilometer entfernten Kreisstadt."

Rot und Blond verabschieden sich, der nächste wirkliche Rettungseinsatz ruft.

Mit Blaulicht und erst einmal ohne Martinshorn fährt der RTW vom Friedhofsgelände.

Kurz darauf ist der RTW aus unserem Sichtfeld verschwunden.

In der Ferne ist nun doch noch das Halali des Martinhornes zu hören und verstummt auch kurz danach.

Mit großen Augen, sprachlos, bleibt Kloppo zurück und steht da wie bestellt und nicht abgeholt.

Nach einer Weile der Besinnung hat die RTW-Bestellerin ihre Sprache wieder gefunden.

Wieder fällt mir das alte Sprichwort ein: "Reden ist Silber, Schweigen ist Gold". So ist eine versilberte Pflegedienstleitung eigentlich nicht das Mittel der Wahl, aber eine Wahl haben wir nicht.

"Na Hilda, nun ist es ja bald überstanden", doch bei Hilda macht sich langsam eine Glaubenskrise bemerkbar, nach dem Auftauchen und wieder Verschwinden des Rettungswagens ist das Vertrauen Hildas an baldige Rettung schwer erschüttert, da hilft auch der schleimigste Spruch nichts.

Unsere Hilda thront inzwischen schon eine ganze Weile auf den Trümmern ihres Rollstuhl und die ungewohnte frische Luft macht hungrig.

"Ich will was zu essen und Durst habe ich auch!"

Ein Blick auf die Uhr zeigt, dass Hildas Begehr nicht unberechtigt ist. Es ist Mittagszeit.

Ratlosigkeit macht sich breit, ein Ende der Odyssee ist nicht abzusehen.

Hunger macht böse, Durst auch, die Kombination von beiden kann keiner auf diesem Friedhof gebrauchen.

"Was gibt es denn heute?", wird Birgit gefragt.

Prompte Antwort: „Tote Oma!"(was soviel bedeutet wie Grützwurst mit Sauerkraut und Kartoffeln)

Die Augen unserer Hilda beginnen zu leuchten.

"Ja, das will ich haben!"
Es sieht nicht so aus, als ob sie sehr lange auf ihr Mittagmahl warten will.
Birgit wird von unserer Unfehlbaren beauftragt, das Mittagessen aus dem Pflegeheim zu holen, natürlich nicht ohne die Nettigkeit zu vergessen: "Aber ein bisschen Beeilung!"
Na Spitze, "tote Oma" auf dem Friedhof, Trümmerrollstuhl als Sitzgelegenheit mit unvergleichlichem Blick auf die Grabsteine.
Ich nehme mir die Zeit, einen Blick über den Friedhof schweifen zu lassen, so viele Grabsteine und in jedem Grab mindestens ein toter Mensch.
   Plötzlich schießt mir ein großes Fragezeichen durchs Hirn. Wieso hat der liebe Gott soviel Denkpotential zu sich gerufen?
Warum hat er zugelassen, dass Kloppo Pflegedienstleitung wird?
Und wenn er dies in einer schwachen Stunde durchgewinkt hat, warum hat unsere PDL keine suffiziente Hauptfunkzentrale zwischen den Ohren erhalten?
Soviel brauchbare Persönlichkeiten wurden abberufen, Kloppo jedoch durfte und darf bleiben.
Der Allmächtige kann doch nicht Potente zu sich rufen und Impotente zurücklassen, das wird doch eine positive Negativbilanz.
Aber Nehmen ist seliger denn Geben oder habe ich da etwas verwechselt?
Wenn ich meine PDL abwählen könnte, würde ich dies auch tun. Die Gedanken sind frei, Gott sei Dank meine auch.
   Inzwischen ist Birgit mit Fahrrad und mit einem großen Korb zurück, jedoch nicht mit Kuchen und einer Flasche Wein.
Unser Rotkäppchen ist mit Grützwurst und Mineralwasser unterwegs.
Hilda macht sich mit Riesenappetit über ihr Mittagessen her und vertilgt die Portion in Rekordzeit, auch der Inhalt der Mineralwasserflasche geht den üblichen Weg aller Nahrungsmittel.
Nachdem sie sich gestärkt hat, schaut sie uns mit erwartungsvollen Augen an, welche sagen wollen: „Wann geht

es denn eigentlich zurück?"

Erstmal kommt ein Funkstreifenwagen, zwei Polizeibeamte stehen auf der Matte, besser gesagt auf dem Friedhofsrasen.

"Was es nicht alles gibt" ist der Kommentar des Älteren der zwei Polizeibeamten, nach kurzer Begrüßung Hildas und der Frage nach ihrem Befinden.

Unsere Hundertneunzig-Kilo-Dame ist begeistert über so viel Anteilnahme.

Unmittelbar nach Eintreffen der Polizei sehen wir einen roten Bus vor dem Eingang des Friedhofsgeländes anhalten.

Endlich geht es vorwärts, uns allen fällt beim Anblick des Feuerwehrbusses ein Stein vom Herzen.

Auch Hilda registriert die Ankunft der Floriansjünger voller Hoffnung.

Kloppo stellt sich in Position, will gerade etwas sagen, wird aber von den Feuerwehrleuten, höflich aber bestimmt, gebeten, nicht im Weg zu stehen und die Feuerwehr ihre Arbeit machen zu lassen.

Wutentbrannt und mit den Worten: "Ich warte dann am Heim!" macht sie auf dem Absatz kehrt und lässt uns allein "in unserem Elend".

Feuerwehr und Polizei, mein Freund und Helfer.

Acht Feuerwehrleute, bewaffnet mit einer überdimensionalen Trage, steuern zielgerichtet unseren Versammlungsraum an.

Neben der anwesenden Feuerwehr und Polizei zeigt auch die Lokalpresse Interesse.

Ein kleiner, unscheinbarer, älterer Mann, ein Basekap mit der Aufschrift Presse auf dem Kopf, fotografiert, mit einer Kamera, aufgerüstet mit einem waffenscheinverdächtigen Objektiv, den Rettungsangriff.

Hilda kennt den Typen: "Das ist Harry vom Blitzkurier, der war Stammgast in meiner Kneipe!"

Die Schlagzeile in der Zeitung "Pflegeheimbewohnerin vom Friedhof gerettet" fehlt uns gerade noch, bloß gut, dass unsere Chefin den Rückzug angetreten hat, mit so etwas versteht Kloppo keinen Spaß.

Die geballte Kraft der Feuerwehr hievt Hilda auf den XXXL-

Tragestuhl und wie die Königin von Saba auf einer Sänfte wird sie zum Großraumkrankenwagen getragen und in diesem sicher verstaut.

Unsere Diva ist die Erste und aller Wahrscheinlichkeit nach die Letzte, die mit den Füßen voran lebendig durch das Friedhofstor nach draußen getragen wird.

Neben ihr finden auch die Überreste ihres Rollstuhles Platz, es hat die längste Zeit gedauert, nun geht alles sehr schnell.

Ich werde als Transportbegleitung vom Einsatzverantwortlichen der Feuerwehr in den Bus gebeten. Der Bus bietet auch den übrigen Hildabegleitern Platz inklusive Birgits Fahrrad.

Kaum habe ich Platz genommen, setzt sich unsere Karawane in Bewegung und die Distanz zum Pflegeheim ist in wenigen Minuten zurückgelegt.

Das Empfangskomitee für Hilda am Pflegeheim ist überwältigend, jeder, der anwesend und abkömmlich ist, hat sich im Eingangsbereich eingefunden, um beim Empfang der „verlorenen Tochter" dabei zu sein.

Neben neugierigen Bewohnern, mehr oder weniger erleichterten Pflegekräften und der Chefetage steht ein aufnahmebereiter Rollstuhl im Eingangsbereich.

Ich frage mich, wo kommt der denn so plötzlich her?

Diesen Gedanken verfolge ich jedoch nicht weiter, denn der Verladevorgang Hildas beansprucht meine ganze Aufmerksamkeit.

Die ganze Aktion dauert nur wenige Minuten, eben noch im XXXL Krankenwagen, schon sitzt Hilda wieder im wie durch Zauberhand bereitgestellten Rollstuhl.

Unsere starke Bewohnerin wird von Charlotte in Empfang genommen und gemeinsam mit ihrem Rollstuhl in den großen "Bankettsaal" geschoben, wo sie sich eigentlich etwas entspannen soll.

Kaum ist Hilda eingeparkt, versammeln sich ihre drei Gammlingerkumpel um sie herum, Gerhardt, Dorothea und Helga.

Als wäre nichts geschehen, oder gerade deshalb gehen die Vier Aufrechten ohne Punkt und Komma in Klausur und hecheln den

Ausflug unserer Abenteuer-Wuchtbrumme in allen Einzelheiten durch.

Gedächtnistraining einmal anderes, ohne Therapeuten, ohne Hilfestellung, auch die größte Katastrophe hat ab und zu etwas Gutes.

Aber nicht für alle. Unsere PDL braucht einen Blitzableiter für die erlittene persönliche Schmach beim Friedhofseinsatz, den Frühdienst kann sie für den Ausflug der beiden Gammlinger nicht verantwortlich machen, ohne sich selbst anzuzeigen.

So ist nach kurzem Nachdenken die einzige Alltagsbegleiterin fällig, eine ältere Dame, welche sich neben ihrer kleinen Rente ein paar Euro stundenweise hinzuverdient.

Kloppo zitiert sie in ihr Büro, bereits auf dem Weg dort hin, beginnt sie mit Schuldzuweisungen, dies ist aber nur ein Vorgeschmack auf das, was sich hinter der kurz darauf geschlossenen Bürotür abspielen sollte.

Sie braucht ein Opfer, welches sie als Schuldigen gegenüber ihrem übergeordneten Vorgesetzten präsentieren kann.

Das geht natürlich am besten, wenn sie den Delinquenten, entsprechend vorbereitet, das heißt, er wird klein gemacht, so dass er bildlich gesprochen mit Hut unter der geschlossenen Tür durchmarschieren kann und selbst glaubt, an der Sache hauptschuldig zu sein.

Das zu bewerkstelligen ist sehr einfach, sogar für Kloppo, braucht die alte Dame doch den Zuverdienst um überleben zu können und ist auf das Wohlwollen der Pflegedienstleitung angewiesen, welche den Dienstplan erstellt.

Es ist eine riesengroße Ungerechtigkeit, eine Frau die ihr Leben lang hart gearbeitet hat, dass sie trotz Rente im Pflegeheim arbeiten muss, um finanziell über die Runden zu kommen. Aber sie muss nicht nur arbeiten, sondern auch die Launen unserer PDL ertragen.

Doch damit nicht genug, sie wird von dieser Person gedemütigt und kann sich nicht dagegen wehren, wenn sie ihren Minijob behalten will.

Also lässt sie das Gewitter über sich ergehen und schweigt. Eine gute Vorbereitung auf den Daueraufenthalt im Pflegeheim.

Nach dem Meeting hat das Opfer am Ende des Flures in einer Sitzecke, welche sie vor neugierigen Blicken verbirgt, mit Tränen in den Augen Platz genommen.

Charlotte nimmt sich ihrer an, besser gesagt, sie nimmt die alte Frau in den Arm und versucht sie zu trösten.

Unter Tränen erzählt diese Charlotte von der "Runderneuerung".

„Diese Frau ist böse, sie hat mir die Alleinschuld daran gegeben, dass die beiden Frauen abgehauen sind, wenn ich besser aufgepasst hätte, wäre das alles nicht passiert und wenn ich zu alt bin und das alles nicht gebacken kriege, solle ich zu Hause bleiben, dann will sie eben Andere holen, die noch billiger wären und besser arbeiten würden. Als ich mich verteidigen wollte, sagte sie, außerdem würden diese nicht widersprechen, dass ich den Stundenjob habe, hätte ich nur ihrer guten Laune zu verdanken, daran sollte ich immer denken. Wenn es mir nicht passt, kann ich gehen, ich müsse es nur sagen. Sie ruft dann sofort bei der ARGE an, um Ersatz zu bestellen.

Aber das war nicht das Schlimmste für mich, das Schlimmste kam fast am Schluss.

Plötzlich wurde sie ganz freundlich, sie legte mir die Hand auf die Schulter und sprach: „Ja Frau Meier, das kann ja mal passieren, Sie sind ja nicht mehr die Jüngste, ich werde mich wohlwollend bei meinem Chef für Sie verwenden, er hat ein Herz für alte Menschen und wird Ihnen schon nicht den Kopf abreißen.

Es geht ja nicht um die Schuldfrage, es geht um die Verantwortlichkeit und verantwortlich waren Sie doch, Frau Meier." Dass ich alleine war, wollte sie gar nicht wissen. „Frau Meier hören sie bloß auf, jemanden zu erzählen, dass Sie alleine die Aufsicht hatten, was sollen diejenigen, die das hören, von diesem Pflegeheim denken. Sie hatten die Verantwortung und damit Punkt."

Zum Schluss hat sie mir noch gesagt, wenn ich weiter so gut arbeite werde ich drei Stunden pro Woche mehr zum Dienst eingeteilt. Ich darf drei Stunden die Woche mehr arbeiten, wenn ich den Mund halte und alles auf meine Kappe nehme."

„Und was machen Sie nun?", fragte Charlotte

"Na was schon, Klappe halten, ich brauche den Job, ich brauche das Geld, sonst kann ich mich gleich aufhängen!"
Tief betroffen schaut Charlotte die alte Frau an.
Sich die Tränen aus den Augen wischend, erhebt sich die alte Dame und sagt: "Ich hatte eigentlich ein schönes Leben, aber kein leichtes. Jetzt ist es schwer, wenn man alt und allein ist und es ist nicht schön, wenn man nicht mehr lange zu leben hat und noch schlimmer ist es, dass man nicht weiß, wie lange es noch dauert, aber andererseits ist es auch ein Trost, wenn es nicht mehr ewig dauert.
Es ist besser, wenn man allein tot ist, als wenn man allein lebt, obwohl man sicher länger tot ist als man gelebt hat, muss man es nicht übertreiben.
Ich danke Ihnen, dass Sie sich die Zeit genommen haben, mir zu zuhören, das hat gut getan.
Aber bitte, bitte niemandem weitererzählen, ich bekomme dann nur Schwierigkeiten."
Charlotte wird von einer tiefen prägeriatrischen Traurigkeit überfallen und sitzt noch eine ganze Weile in der geschützten Zone.
Ihre Gedanken kreisen um die unwürdige und respektlose Behandlung der alten Dame.

Es kann doch wohl nicht wahr sein, dass eine Einzelne für das Totalversagen des Ganzen verantwortlich gemacht wird und aus Angst, ihren Arbeitsplatz zu verlieren, diese Verantwortung auch noch annimmt.
Oh doch. Das geht. Und wie das geht, es geht immer öfter.
Was ist das für eine Zeit? In der Rentner, obwohl sie ihr ganzes Leben gearbeitet haben, noch im Alter hinzuverdienen müssen um zu überleben. Es gibt doch auch eine Pflegedienstleitung, die alle in ihrem Umfeld arbeitenden Menschen wie Leibeigene behandelt.
Gleich einer Monsterwelle saugt Kloppo ihren Mitmenschen Energie ab, stiehlt ihren Kollegen die Kraft, versteckt sich hinter den Kollegen und schlägt im unerwarteten Augenblick ohne Gnade zu.

Loyalität ist kein Charakterzug der Monsterwelle, eine
Monsterwelle hat überhaupt keinen Charakter und nimmt auf
Nichts und Niemanden Rücksicht.

In den Gedanken noch bei Frau Meier geht Charlotte am
Dienstzimmer vorbei und wird von der PDL abgefangen.
"Schwester Charlotte, wir müssen reden!" Charlotte ist schon
alles egal, in Erwartung einer Zigarre a´ la Meier setzt sie sich
auf den nächstgelegenen Stuhl.
Ohne lange zu zögern kommt Kloppo zur Sache: "Ab sofort wird
jeder Pflegeschüler von einer Pflegefachkraft im Praxiseinsatz
begleitet, kein Schüler oder Schülerin geht alleine zum
Bewohner!"
Charlotte glaubt ihren Ohren nicht zu trauen und hinterfragt die
Anweisung. "Wie meinen Sie denn das, Sie haben im Frühdienst
mich und eine Schülerin in der Pflege eingeteilt, wie soll ich
denn meine Arbeit schaffen und zusätzlich eine Schülerin
ständig im Praxiseinsatz begleiten?"
Die Antwort kommt unerwartet klar und prompt: "Ab morgen
kommt eine Praxisbegleiterin aus einem anderen Pflegeheim,
diese übernimmt ab sofort die Schülerbetreuung, die Kollegin
kennt die Bewohner, sie hat schon mehrfach in der Pflege
ausgeholfen, Sie machen Ihre Arbeit wie bisher und stimmen
sich mit der Schwester Franzi ab. Haben Sie Fragen?"
Charlotte hat keine Fragen.
"Na dann." Die Nase gen Himmel gerichtet, nach vollendetem
Tagwerk, rumpelt die Monsterwelle in den "wohlverdienten
Feierabend".
Es ist Schicht im Schacht auch für Charlotte zumindest für
heute, es reicht. Und wie es reicht.
Völlig erledigt kommt meine Beste in unserem Zimmer an, kurz
geduscht, schnell noch einen Haribo Goldbären zerbissen, lässt
sich Charlotte ins Bett fallen.
Was für ein Tag!
Wenn man das jemandem erzählen würde, das glaubt kein
Schwein!
Stimmt, aber nicht nur die Schweine hätten damit ein Problem!

Wir tauschen uns kurz über die Abenteuer des Tages aus, kommen auf Kloppo zu sprechen und sind uns einig, dass man dieser Frau wirklich nur soweit trauen sollte, wie man einen Leopard-II-Kampfpanzer mit Besatzung werfen kann.

Keine Angst, liebe Soldaten wir werden es gar nicht erst versuchen, außerdem, wie schon eine berühmte Persönlichkeit sagte, „einen Leopard in seinem Lauf halten weder Ochs noch Esel auf", auch Otto und Charlotte kommen dafür nicht in Frage.

Kurz darauf sind wir tief und fest eingeschlafen.

Willkommen und Adieu

Noch vor unserem Wecker, zeigen uns die mit Höchstfahrt über die Flure geschobenen Menüwagen an, es ist Zeit zum Abendessen.

Wir haben als Teilzeit-Gammlinger den Vorteil, dass wir unser Abendessen auf unserem Zimmer einnehmen können, wenn das die fest einsitzenden Gammlinger tun wollen geht das auch, aber der Service kostet extra.

Aus diesem kühlen Grunde speisen die meisten alten Herrschaften im großen Bankettsaal. Der Rest liegt entweder bereits im Bett und wird dort gespeist oder man heißt Harry und darf nicht mitspeisen.

Der Grund für Harrys Bankettsaalverbot ist, dass er beim Essen völlig unmotiviert schreit, viele der Bewohner haben Angst vor ihm. Außerdem hat er die Angewohnheit, besonders Besucher mit "Heil Hitler!" zu begrüßen und wenn diese dann nicht reagieren, droht er ihnen, dass er Adolf Bescheid sagen werde, sie würden dann schon sehen, was sie davon haben.

Einige Besucher haben sich beschwert, seitdem hat Harry nur noch begrenzten Ausgang, aber ansonsten ist er harmlos.

Mit "Heil Hitler" grüßen hat einen Vorteil für Harry, er bekommt sein Essen auf sein Zimmer gebracht und braucht für diesen

Service nicht extra zu bezahlen.

Nach dem Menütransportwagen kommt die zweite Welle. Die Pflegepanzerwagen bahnen sich mit dem unverkennbaren Geräusch ihren Weg über die Flure.

Das bedeutet, die ersten Gammlinger sind laut Ablaufplan müde und müssen ins Bett. Cirka zwanzig Uhr ebben die Geräusche ab, dann wird es ruhiger.

Signal für Otto, der Nachtdienst ist nicht mehr weit. Noch eine halbe Stunde schlummern, und dann mit Schwung in die Pflegekluft gehopst.

Charlotte, geschafft vom Tag, schläft den Schlaf der Gerechten. Ich möchte sie nicht wecken und gehe schon mal eine Zigarette auf der Erdgeschoss-Terasse rauchen und treffe dort Per.

Er ist eigentlich menschenscheu, lässt sich kaum außerhalb seines Zimmers sehen, braucht kaum Hilfe.

Per ist achtzig Jahre alt, Weltkriegsteilnehmer, ehemaliger Angehöriger der Legion Brandenburg, Gespensterdivision, Einzelkämpfer, nach unversehrt überlebtem Einsatz auf sämtlichen todsicheren Kriegsschauplätzen hat er umgeschult und wurde Musiker (Gitarre und Gesang), gründete eine eigene Band und tingelte durch die ganze Welt, verdiente eine Masse Kohle und gab sie mit vollen Händen aus, seine damalige Frau hat ihm nach Kräften dabei geholfen.

Per nennt sie im Gespräch seine Geldvernichtungsmaschine. Die ganze Kohle, alles weg.

Wie gewonnen so zerronnen. Nicht nur ein Sprichwort, wie so oft blanke Realität.

Das gemeinsame Haus wurde nach der Scheidung zwangsversteigert.

Nach der Scheidung durfte er zehn Rentenpunkte im Versorgungsausgleich an seine Ex-Frau abgeben.

Um dies wieder auszugleichen hätte er vierundsechzigtausend Euro bezahlen müssen an die landeseigene Rentenanstalt, doch das Geld war schon für andere wichtige Sachen, wie er selbst sagt, verpulvert.

Seine Ex-Dame ist inzwischen verstorben, doch da seine Frau vier Jahre Rente bezogen hat unter Inanspruchnahme der

übertragenen Rentenpunkte von Per kam eine Rückübertragung an Per nicht mehr in Frage. Bei zwei Jahren und 11 Monaten wäre es gegangen, so aber waren die Rentenpunkte unwiederbringlich w wie weg und g wie ganz weg.
Jetzt ist er fast mittellos.
Er ist aber nicht unglücklich, er kann sich einigermaßen bewegen, kann selbständig essen und trinken, hat sein Zimmer nach seinen persönlichen Wünschen eingerichtet, seine Tochter unterstützt ihn finanziell mit einem kleinen Taschengeld, er ist klar in der Birne und ist sich im Klaren darüber, dass er, auch wenn er mehr Rente erhalten würde, sich auch nicht besser fühlen würde. Und er würde im Heim nicht besser behandelt werden.
Per steht auf dem Standpunkt: „Geld alleine macht nicht glücklich, es beruhigt auch nicht, wenn man etwas mehr Schotter hat.
Es plagen einen auch bloß Verlustängste, wichtig ist in jedem Fall nur, dass man es hat."
Er ist ein Wunschgammlinger für alle Pflegekräfte.
Der Mann ist nett, zufrieden, höflich, seine Angehörigen sind in Ordnung, zur PDL geht er auf Distanz, weil er auch Probleme mit dem Leopardpanzer hat, besser gesagt mehr mit der PDL als mit dem Panzer.

*Nach so einem Gespräch mit Per, geht man irgendwie motivierter zum Dienst, "es ist nicht alles ganz schlecht".
Doch die persönliche Positionsbestimmung: "Hier bist du richtig…" ist nur von kurzer Dauer, schnell wird klar, eine Schwalbe macht noch keinen Sommer.
Bedeutet im Klartext: "Es ist nicht alles ganz schlecht, aber es kann einem ganz schnell ganz schlecht werden".
Otto ist aber auch ein kleines Sensibelchen, da reicht ein kleiner Anlass und von Himmelhoch jauchzend wird zu Tode betrübt.
Doch das ist den schlechten Erfahrungen geschuldet, die man mit seiner Umwelt gemacht hat, das Vertrauen in das Gute im Menschen ist vernichtet, in jedem Fall schwer beschädigt.
Inzwischen wundert man sich über gar nichts mehr, man traut*

Allen fast alles zu.

Leider stellt man damit alle unter Generalverdacht, jedoch irrt man sich leider nur äußerst selten.

Die Tendenz, dass sich die Anzahl der Misthaken permanent vergrößert, kann man eigentlich kaum glauben.

Der Verlust uns wichtiger Werte wie Ehrlichkeit, Toleranz, Mitgefühl, Solidarität wird beklagt, der Egoismus jedoch mit wachsender Begeisterung mit der Muttermilch eingesogen.

Das Leben wird zum Kampf. Jeder gegen fast jeden, solange man topfit ist, kann man sich ja an dieser Auseinandersetzung beteiligen, falsch, man muss es sogar, gewinnen kann man dabei nicht.

Ein Erfolg, eine Problemlösung, ist der Anfang von der nächsten Schlacht, man kann sich jedoch diesem Phänomen nicht entziehen, zumindest nur schwer.

Mangelndes Vertrauen und mangelnde gegenseitige Achtung sind das Problem, wir Menschen sind das Problem.

Mit Verlaub, es ist doch völlig unerheblich, ob man in einer demokratischen Diktatur oder diktatorischen Demokratie lebt.

Was ist dem Menschen wichtig?

Dass er in Frieden lebt, dass er genug zu essen hat, dass er vor Ungerechtigkeit geschützt wird, die Lasten und Vorteile innerhalb der Gesellschaft ohne Ansehen der Person gerecht verteilt werden.

Doch davon, so glaube ich, sind wir Lichtjahre entfernt.

Selbst der so wichtige Frieden, von dem kaum noch jemand spricht, ist real, es sprechen keine Waffen, aber der friedliche Krieg der Menschen untereinander ist voll entbrannt.

Deutschland und die Welt sitzen gemeinsam auf einem Pulverfass und unsere Pharaonen rauchen gemütlich eine Zigarre.

Der Weihnachtsknall kommt sicherlich und wenn es erst zu Ostern ist.

Sie fliegen um die halbe Welt um über Treibhausgase zu diskutieren und können sich am Ende nicht einigen, haben mit ihrem Treiben mehr Schaden verursacht und verkaufen dies *auch noch als Erfolg.*

Jeder von uns weiß, dass das total verrückt ist, denkt aber, die werden schon wissen was sie tun, denen fällt schon etwas ein, denen ist doch schon immer etwas eingefallen.

Wir ignorieren dies bewusst, hinterfragen es nicht, weil wir Angst vor der Antwort haben.

Es wird schon alles gut gehen, es ist ja bisher fast immer alles gut gegangen und die da oben haben ja auch Angst.

Nun haben die ja sicher auch, vielleicht mehr als wir denken.

Wenn Religion Opium für das Volk ist, ist Hartz IV ein Psalm aus dem Buch der Bücher, ich befürchte jedoch, dass im Falle eines Falles die Rettungsboote nicht für alle reichen werden.

Wie im Großen so im Kleinen.

In der großen Politik kann ich nicht mitmischen und in meinem kleinen Dienstzimmer traue ich mich auch nichts, ich stehe vor dem Spiegel des Waschbeckens und zeige die Zähne, habe Furcht davor, Kloppo die Stirn zu bieten aus Angst, den Arbeitsplatz zu verlieren, selbst, wenn sie mich noch zu sehr demütigt, ich spreche die Missstände im Dienst nur sehr zögerlich an, aus Angst vor Nachteilen. Selbst die nicht vorhandenen deutschen Sprachkenntnisse meiner Kollegen werden von mir nicht öffentlich kritisiert aus Angst, als Rassist, schlimmer noch, als Nazi zu gelten.

Was ist das nur für ein Teufelskreis?

So eine verfluchte Scheiße.

Was soll ich nur tun?

Je mehr man sich widerspruchslos gefallen lässt, um so mehr denken die mittel- und unmittelbaren Vorgesetzten und artverwandte Kobolde, sie können sich alles erlauben.

Die Uneinigkeit des Personals ist Grundlage des Circulus vitiosus.

Einen Finger kann man brechen, aber niemals eine Faust.

Doch die Faust ist in diesem Pflegeheim ebenso illusorisch, wie im Rest unseres schönen Landes. Braucht doch jeder seinen Finger, um privat in der Nase zu bohren.

Zum Nasebohren habe ich im Nachtdienst nicht so richtig Zeit.

Die Friedhofhofsrettung Hildas ist noch in aller Munde, und ich höre von verschiedenen Gammlingern die unterschiedlichen, mehr oder minder haarsträubendsten Versionen.
So glaubhaft dargestellt und ausgeschmückt, als wäre jeder der Erzähler selbst dabei gewesen.

Bei jedem, ob dabei gewesen oder nicht, hat dieses Ereignis Spuren hinterlassen, auch unser Hausmeister, welcher auf dem Friedhof nicht gespurt hat, Widerworte gegen unsere Pflegedienstleitung gewagt hat, wird sich, wenn auch nur ungern, an diesen Tag zurückerinnern.

Frau Meier wurde höheren Ortes direkt Versagen bestätigt, dem Hausmeister wurde indirekt angezeigt: "Wer nicht für mich ist, ist gegen mich" und wer gegen Kloppo ist, muss mit ernsten Konsequenzen rechnen, hat sozusagen den Zonk.

Ein Klima der Angst und Einschüchterung beherrscht das Haus.

In einer so genannten Hausmitteilung hat sie sich zu Wort gemeldet.

Der Hausmeister wird an zwei verschieden Pflegeheimen Dienst tun, damit verringert sich die tägliche Anwesenheit auf drei Stunden, die Abstellung geringfügiger Mängel erfolgt ab sofort in Verantwortung der Pflegekräfte.

Hmm, denke ich mir. So schnell kann man vom Mittelstürmer zum Regenwurm degradiert werden. Aber um ein wenig Klarheit zu bekommen muss ich mal mit Gerhardt sprechen, der weiß ja alles, ich bin zwar nicht neugierig, aber wissen will ich auch alles.

Als ich in Gerhardts Zimmer ankomme, sitzt seine Eminenz im Schaukelstuhl und grinst, der Fernseher läuft.

Er scheint mein Kommen erwartet zu haben: "Na Otto, was gibt es Neues?" Ich antworte: "Nichts Gerhardt, was du nicht schon weißt."

Der alte Mann genießt es sichtlich, dass er nützlich ist, wenn auch nur, um mir die neusten Gerüchte zuzuflüstern.

Merkwürdigerweise beginnt sein Bericht mit dem kometenhaften Absturz des Hausmeisters.

"Das war ja vorauszusehen!"

"Wieso", frage ich ihn, „war das vorauszusehen, das verstehe ich nicht!"

"Das ist doch ganz einfach! Unser Hausmeister ist ein fleißiges Kerlchen, nicht unbedingt auf seinem Fachgebiet, aber ansonsten schon."

Mein Unverständnis muss mir im Gesicht gestanden haben, denn Gerhardt legt sofort nach.

"Für unseren Hausmeister ist das Pflegeheim das Haus der tausend Steckdosen."

Ich bin mir nicht ganz sicher, ob ich den Sinn von Gerhardts Worten richtig verstanden habe.

"Otto, stellt dich doch nicht blöder als du in Wirklichkeit bist, oder hast du wirklich keine Ahnung?"

Mein Schulterzucken, als Ahnungslosigkeitsbestätigung wird zur Kenntnis genommen.

"Na, dann muss ich dir wohl oder übel die Geschichte von Anfang an erzählen. Seit der Hausmeister vor anderthalb Jahren angefangen hat, hat er fast alle flach gelegt, die nicht bei drei auf den Bäumen waren. Und die Fluchtmöglichkeiten sind hier ziemlich begrenzt.

In letzter Zeit hatte unser tapferes Hausmeisterchen neben seiner Frau ein Vierecksverhältnis, vier Verhältnisse, sein Arbeitsverhältnis nicht hinzugerechnet."

Da kann man nur den Hut ziehen, denke ich, der Durchschnittsmitteleuropäer ist mit einer Frau schon voll und ganz ausgelastet, geschweige denn vier.

Aber Gerhardt weiß noch mehr. „Neben vielen Normalos hat unser Steckdosenspezialist auch in der Chefetage gewildert. Neben der WBL im Andachtsraum hat er auch Kloppo abgeschossen, oder besser angeschossen."

Das sind ja ganz neue Erkenntnisse. Kloppo und der Hausmeister.

Doch damit nicht genug, abschließend wird mir die aktuelle Lokalzeitung herübergereicht, neben einer Großaufnahme von

Hilda, kann man eine Stellenanzeige sehen, in der unser Pflegeheim ab sofort nach einem neuen Hausmeister fahndet. Triumphierend sieht mich Gerhardt an, als wolle er sagen: "Da staunst du, was ich alles weiß!"

Aber wieso und weshalb?

Ich komme da nicht ganz mit, wenn hier fast jeder mit dem Hausmeister und der Hausmeister sogar mit Kloppo.

Wer ist unzufrieden mit ihm?

Diejenigen, die von ihm versorgt wurden? Gab es Beschwerden, gar einen Versorgungsengpass? Ich kann es mir nicht erklären. Gerhardt kann Licht ins Dunkel bringen. Nach dem Friedhofsausflug Hildas haben sich die beiden fürchterlich gestritten.

Am Schluss soll sie zum Hausmeister wütend gesagt haben: "Das wirst du noch bereuen!"

Ob er dies tut weiß keiner.

Sicher ist jedoch, mit dem Ende der Kloppoaffäre endet auch seine Karriere als Hausmeister.

Es ist schon imponierend, was unsere Gammlinger so alles mit- oder herausbekommen.

Man muss nur den richtigen Leuten die richtigen Fragen stellen. Wie Gerhardt zu seinen Weisheiten gekommen ist will ich gar nicht erst wissen.

Ich bedanke mich für das Gespräch und gehe wieder an meine Arbeit.

Kurz vor halb sechs erhalte ich einen Anruf, Tamara, unsere Schülerin, meldet sich krank.

Jetzt noch Ersatz zu bekommen ist fast aussichtslos, denn fast alle Kollegen sind bereits verplant, ich wähle den Weg des geringsten Widerstandes und gebe Kloppo telefonisch Bescheid. Pünktlich um sechs Uhr ist die Frühdienstmannschaft, bestehend aus einhundert Prozent Frauenpower versammelt. Der komplette Frühdienst plus Pflegedienstleitung, da kann doch nichts schief gehen meint man. Oder doch?

Nachdem ich meinen Nachfolgern erzählt habe, was so alles passiert ist, ausgenommen das Gespräch mit Gerhardt, gebe ich die Krankmeldung unserer Schülerin bekannt.

Hierauf meldet sich Schwester Franzi zu Wort: "Ich frage mich ernsthaft, was ich hier soll? Wenn die Schülerin krank ist, dann bin ich doch eigentlich überflüssig!"

Worauf unsere Kloppoline mit einer Gegenfrage kontert: "Wie kommen Sie denn darauf, auch wenn die Schülerin fehlt müssen die Bewohner aus dem Bett, dann müssen Sie das eben alleine schaffen. Aber als Praxisanleiterin dürfte das für Sie doch kein Problem darstellen."

Franzi ist sprachlos.

Für Kloppo ist die Angelegenheit erledigt.

Im Vorbeigehen meint sie ohne schlechtes Gewissen, ohne ein Wort der Entschuldigung: "Auch ohne Schülerin sind Sie uns eine große Hilfe, alles andere kläre ich mit dem Geschäftsführer, Sie kennen sich ja aus, wenn Sie trotzdem Fragen haben, wenden Sie sich an Schwester Charlotte. Sie weiß Bescheid, und jetzt keine Maulaffen feilhalten, die Bewohner warten. Wegen des Dienstplanes der nächsten vier Wochen melden Sie sich nach Dienstschluss bei mir."

Und weg ist sie.

Franzi versteht die Welt nicht mehr, Charlotte versucht sie lächelnd aufzumuntern: "Willkommen im Klub".

Doch die wütende Franzi muss erst einmal Dampf ablassen.

„Wollen die mich eigentlich verarschen, das gibt's doch wohl nicht. So etwas ist mir im ganzen Leben noch nicht passiert."

Sie erzählt Charlotte, dass drei Tage vereinbart waren und nicht vier Wochen, aber das will sie im Laufe des Tages mit dem Betriebsrat klären. "So eine Sauerei, das wird Folgen haben!"

Nun, da auch das besprochen ist, verabschiede ich mich von Charlotte, wünsche den beiden einen angenehmen Dienst und mache mich vom Acker.

Ein neuer Hausmeister

Da ich noch nicht so richtig schlafen kann, entschließe ich mich, mir noch ein bisschen die Füße zu vertreten und etwas Frischluft durch die Nase zu ziehen.
Unweit des Pflegeheimes treffe ich einen auffälligen Menschen.
Über zwei Meter groß und dünn, riesengroße Schuhe (ein Ritter von trauriger Gestalt) Ich denke mir noch so, der hat es bestimmt auch nicht so einfach, als mich der Typ plötzlich anspricht: "Moin, Moin!" Dieser norddeutsche Dialekt in dieser Gegend ist genauso auffällig wie ein Morgenstern beim Zahnarzt.
Er heißt Leo Sonntag und ist auf der Suche nach unserem Pflegeheim. Ich habe Lust ein bisschen zu schnattern und gebe mich als Krankenpfleger dieser Institution zu erkennen.
Ohne dass ich die Initiative ergreifen muss erzählt mir Leo seine Lebensgeschichte.
Er ist siebenundvierzig Jahre alt, kommt ursprünglich aus Greifswald, hat dort als Servicetechniker im Atomkraftwerk gearbeitet und gutes Geld verdient. Als die Wende wie ein Hurrikan die Lebensläufe der Ostdeutschen durcheinander wirbelte, hatte es auch Leo erwischt.
Der Verlust seines Arbeitsplatzes war ein Tiefschlag, mit dem er niemals gerechnet hätte.
Es dauerte fast ein Jahr, bis es Leo klar wurde, in Greifswald gibt es für ihn keine Zukunft.
Neben den kaum vorhandenen Arbeitsplätzen machte seine Körpergröße ihm immer wieder einen Strich durch die Rechnung.
Seine Frau ist ihm davongelaufen als es schwierig wurde, sie hat alles stehen und liegen lassen, ist auf den Mercedes eines Wuppertaler Zahnarztes aufgesprungen und verschwand auf Nimmerwiedersehen.
Ihn selbst hat eine neue Liebe in den Westen gezogen, die Dame hat sich jedoch auch verpieselt.

Wenn er eine minimale Chance in der Heimat sehen würde, keine zehn Pferde würden ihn zurückhalten.

Fast zwanzig Jahre ist seit seiner freiwilligen Umsiedlung vergangen, er hat sich in diesen Jahren mit ABM (Arbeitsbeschaffungsmaßnahmen) und Gelegenheitsjobs in fast allen Handwerksrichtungen durchgeschlagen. Nach einer schweren Erkrankung erhält er nur noch Hartz IV und immer wieder die demütigende Behandlung durch die Ämter.

Trotz intensiver Bemühungen hatte arbeitstechnisch bisher keiner dauerhaft Verwendung für den Ex-Greifswalder, dabei würde er fast alles machen, um aus der Hartz IV-Liga in den bezahlten Arbeitsspielbetrieb wechseln zu dürfen, doch damit ist er nicht allein.

Auch in der Hartz IV-Liga wissen die Aufstiegswilligen die Ellenbogen zu gebrauchen.

Arbeitskräfte werden angeblich händeringend gesucht, aber bezahlen möchte man nur, wenn es gar nicht anders geht, wenn der Lohn nicht zum Leben reicht, dann kann man ja immer noch zum Amt gehen und „aufstocken", was soviel heißt wie, seinem niedrigen Lohn noch einen draufsetzen lassen, damit es zum Leben irgendwie reicht.

Leo ist verbittert, logisch, wenn er bei einer Zeitarbeitsfirma in Vollzeit arbeitet und in seiner Freizeit vor demselben Jobcentermitarbeiter sitzt, um die gleiche finanzielle Unterstützung bettelt. Nur mit dem Unterschied, dass der Zeitarbeitslohn von der bisherigen alimentären Zuwendung abgezogen wird.

Das Arbeitsamt, so Leo, bietet fast nur Arbeitsangebote über Arbeitsvermittlungsfirmen oder Zeitarbeitsfirmen an, die Möglichkeit, in direkten Kontakt zu den Arbeitgebern zu treten, welche Mitarbeiter suchen, ist Glückssache.

Neben der ohnehin bescheidenen Situation auf dem Arbeitsmarkt sind die Körpergröße und mehr und mehr auch das Alter ein Handicap.

Ein Baumarkt hatte sich vor vier Wochen bereit erklärt, Leo als Praktikanten im Rahmen einer Wiedereingliederungsmaßnahme aufzunehmen. Berechtigterweise hat sich ihm hier die Frage gestellt, wurde er irgendwann ausgegliedert und wenn ja, warum?

Das ist genau der Punkt, meint Leo, er wurde mit der Bewilligung des Hartz IV-Bescheides aus der Arbeitslosenstatistik ausgegliedert und wer in Deutschland nicht mehr so richtig dazugehört hat einen langen Weg zurück ins Leben.

Aber, so erzählt er weiter, kurz bevor es losgehen sollte, machte der Baumarkt einen Rückzieher, die Begründung, Leo sei mit seinen zwei Metern plus fünf Zentimetern zu groß, die lichte Höhe der Türen am Einsatzort sei ein Meter fünfundneunzig und mit Leo nicht zu vereinbaren.

Es würde eine Gefährdungslage eintreten, die weder dem Arbeitgeber noch dem Praktikanten zuzumuten sei.

Somit war der Ausgegliederte wieder mal raus.

Wie weit ausgliedern geht eigentlich?

Leo setzt nun alle Hoffnung auf diesen Hausmeisterjob, ich wünsche ihm, dass er den Job bekommt.

Der Hausmeister in Lauerstellung sieht auf die Uhr: "Es wird Zeit, in zehn Minuten habe ich bei der Heimleitung einen Vorstellungstermin. Vielleicht sehen wir uns noch und wenn nicht, dann alles Gute!"

Ich lasse Leo vorausgehen, es ist besser, wenn man uns nicht zusammen sieht, die oberste Heeresleitung könnte eine Verschwörung vermuten und da ist es doch besser, man vermeidet den Verdacht.

   Es ist ein sonniger Morgen, ich setze den unterbrochenen Spaziergang fort.

   Cirka zwanzig Minuten später treffe ich Leo erneut.

Er ist glücklich und macht daraus keinen Hehl.

Der neue Hausmeister heißt Leo, morgen ist sein erster Arbeitstag.

"Das ging alles so schnell, es haben sich mehr als fünfzig Leute beworben und ich bin der Beste!"

"Ach ja", quittiere ich Leos überschießende Freude.

"Ja weißt du, ich habe sofort den Vertrag bekommen, ich war so aufgeregt, ich muss ihn zu Hause erst einmal durchgelesen."

Mann, Leo, dachte ich, dich haben die doch wieder über den Leisten gezogen.

Ich wähle die goldene Variante und schweige, frage ihn lediglich:

"Aber unterschrieben hast du ihn schon?"

Blitzschnelle Antwort: "Na klar, ich werde mir doch so eine Vertrauensstellung nicht entgehen lassen, ich bin nur der Heimleitung und der Pflegedienstleitung unterstellt, dreißig Stunden pro Woche plus Bereitschaftsdienst, da bekomme ich sogar ein Handy, was ich aber nicht privat nutzen soll."

Gedankenlos stelle ich: "Na das ging aber schnell!" ins Gelände.

Leo reagiert: "Eigentlich wäre es nicht so schnell gegangen, aber bei den vielen Bewerbern musste ich einen kleinen Kompromiss machen."

Großes Fragezeichen, welchen Kompromiss?

Nicht mehr so ganz überzeugt davon, das Richtige getan zu haben, erzählt Leo weiter: "Ich hatte die Wahl, ich komme ihnen gehaltsmäßig entgegen und kann den Vertrag sofort unterschreiben oder ich lasse mich auf ein großes Auswahlverfahren ein, da habe ich entschieden, ich verzichte auf hundert Euro, besser siebenhundertfünfzig Euro Brutto als HartzIV."

Hat der Mann zu lange bei Ebay geschnüffelt und irrtümlicherweise oder sogar bewusst auf Sofortkaufen gedrückt?

Mir fehlen die Worte und das ist gut so.

Kritik an Handlungen anderer Kollegen, welche mich persönlich nicht betreffen, sollte ich peinlichst vermeiden.

Hier kommt jede Hilfe zu spät.

Zu guter Letzt kommt noch mit der Inbrunst der Überzeugung: „Ich glaube, ich habe es gut getroffen, die Pflegedienstleitung setzt ihr vollstes Vertrauen in mich, ich als Hausmeister bin die Seele des Hauses. Wenn ich irgendwelche Missstände feststelle, auch wenn sie meine Arbeit nicht betreffen, bin ich verpflichtet, ihr das sofort zu melden und wenn sie nicht im Dienst ist kann ich sie auch jederzeit anrufen, ich habe ja jetzt ein Diensthandy."

Oh Gott, ein verwirrter Siebenhundertfünfzig-Euro-Anscheißer,
wieso, lieber Gott, machst du so etwas, habe ich es nicht auch so schon schwer genug.
Sind die Planstellen für Kollegen der Verwendung 39 nicht längst besetzt bzw. überbucht?
Wenigstens hast du mich vorgewarnt und mich nicht ganz blöde sterben lassen.
Wie hast du dir denn das gedacht, glaubst du ernsthaft, ein verwirrter, selbstloser Zuträger ist besser als ein selbstbewusster, egoistischer Denunziant?
Der kriegt es doch fertig und zeigt sich schriftlich selbst an, der Kumpel ist wirklich eine Gefahr für sich und andere.
Also Sicherheitsabstand, wenn Leo so arbeitet wie er denkt, wird es gefährlich.
Ich mache mir da so meine Gedanken, Servicetechniker im Atomkraftwerk, wie oft sind wir da an einer Tschernobylkatastrophe vorbeigeschrammt, Leo, der strahlende Sieger im dritten Reaktor.
Kein Zweifel, er packt das, ob als Hausmeister, das weiß ich nicht, aber als Adjutant der PDL perfekt, niemand kann sich einen Besseren vorstellen.
Aber vielleicht sehe ich auch alles zu schwarz, vielleicht wird alles nur halb so schlimm, obwohl auch das noch mehr als ausreichend wäre.
Ein einfach strukturierter Hausmeister ist besser als keiner und auch besser, als alles selbst reparieren zu müssen.
Stolz wie Bolle tritt Leo seinen Heimweg an.

Kühlhaus mit Tücken

Im Pflegeheim zurück sehe ich, wie Charlotte im Dienstzimmer Franzi tröstet, die sitzt total verheult auf einem Stuhl. Die Beschwerde ist auf allen Ebenen ins Leere gelaufen, denn auch der Betriebsrat kann gegen einhändig unterschriebene

Arbeitsverträge nichts tun, sie ist laut Arbeitsvertrag beim Konzern angestellt und nicht in einem speziellen Pflegeheim. Somit hat der Arbeitgeber das Recht, sie willkürlich durch die Pflegeheime oder sonstige ihrer Qualifikation entsprechenden Arbeitsstätten seines Reiches zu versenden.

Es wird Zeit für mich zu röcheln und ich hoffe, die Träume sind besser.

Vorteil der Träume ist natürlich, egal wie fürchterlich sie sind, irgendwann wacht man wieder auf und kann erleichtert sagen: "Glücklicherweise nur ein Traum".

Doch häufig ertappe ich mich während meines Dienstes dabei, dass ich mich kneife und erkennen muss, du bist wach, das ist kein Traum und das ist unendlich viel schlimmer.

Also erstmal schlafen und die Zeit bis zur nächsten Happy-Horror- Schicht läuft.

Charlotte bringt eine gute Nachricht aus dem Frühdienst mit, Kloppo hat drei Tage Urlaub.

Jippi! Womit haben wir das verdient? Ist auch egal, auch wenn wir es nicht verdient haben und Kloppo vierzehn Tage Sonderurlaub erhalten würde, wäre dies in Ordnung.

Ansonsten gibt es nicht viel Neues, außer, dass Zenzi Paulokat als Dauergast eingezogen ist.

Sie ist sechsundsiebzig Jahre alt, dement mit mehr oder weniger lichten Momenten, ehemalige Sekretärin bei der NATO in Brüssel, spricht sechs Sprachen, braucht wenig Hilfe. Seit einigen Monaten spricht sie besonders in weniger lichten Momenten ausschließlich norwegisch.

Außer dezenter Demenz keine Auffälligkeiten. Und wenn sie partout norwegisch mit mir reden will, habe ich damit keine Probleme, ich war ja lange genug in Norwegen.

Irgendwie freue ich mich auf die alte Dame und ihre weniger lichten Momente, der Klang der norwegischen Sprache erinnert mich an eine unvergessliche Zeit, die ich gemeinsam mit Charlotte im Reich der Fjorde und Trolle verbracht habe.

Inzwischen habe ich mich daran gewöhnt, dass die Dienstübergabe in gebrochenem Deutsch, teils russisch, mit ungarischen Untertiteln, mit Übersetzung oder auch ohne, unter vollstem Einsatz der Körpersprache, mit Winksignalen, Zeichensprache oder mittels mit Bleistift auf Zeichenblatt gemalten Informationen gemacht wird (nur Pinsel und Ölfarbe hatten wir noch nicht).

Ich kann nichts dagegen tun, ich bin da flexibel, ich rege mich auch nicht mehr auf (schadet dem Herzen und bringt sowieso nichts).

Auch diese Übergabe ist ein Mix aus Breakdance mit eingeflochtener deutsch-russischer Moderation, aber es ist jedenfalls nicht langweilig, auch wenn nicht alles ankommt, so ist doch der Weg das Ziel.

Stimmung, Konfetti, Senf an die Decke, Spätdienst geht nach Hause.

Otto übernimmt.

Die Augen auf Rundumsicht gestellt, verschaffe ich mir im Schnelldurchgang über die Flure einen Überblick ob besonderer Auffälligkeiten beziehungsweise nutze die Gelegenheit für einen Blitzbesuch bei meinen Problemgammlingern.

Alles im grünen Bereich, jedenfalls vorläufig.

Im Fahrstuhl in Richtung Erdgeschoss treffe ich mit einer mir bis dahin unbekannten älteren Dame zusammen, sie scheint gut in Form und grüßt mich freundlich: "God dag, hva heter du". Ich finde das total Klasse, ich weiß, wer vor mir steht und wie es ihr geht, ohne die Bewohnerin zu fragen oder zu untersuchen.

Ich antworte ihr: "Jeg heter Otto og du heter Zenzi."

"Det stemmer", antwortet Zenzi zufrieden.

Sie hat Lust, sich zu unterhalten und folgt mir auf meinem Rundgang. Als ich das dritte Zimmer wieder verlasse, hat sich meine Begleitung verdoppelt.

Neben Zenzi steht Gerhardt und mit einem Abstand von drei Metern folgen mir die Beiden, wenn ich ein Bewohnerzimmer betrete, setzt sich meine Eskorte nieder und wartet, bis ich wieder auf dem Flur auftauche.

Die Beiden unterhalten sich leise, auch Olle Gerhardt spricht und versteht norwegisch, er kennt Norwegen, war einige Zeit dienstlich dort, mit der deutschen Wehrmacht.

So drehe ich gemeinsam mit den Beiden meine Runde, am Ende nehmen Beide im Dienstzimmer Platz und schauen sich und mich erwartungsvoll an: "Eine Tasse Kaffe wäre nicht schlecht."

Na prima, aber der Spätdienst hat Kaffee gekocht, den teile ich mit meiner Begleitung. Der kleine Snakk pa norsk ist für uns alle drei eine willkommene Abwechslung und danach verkrümelt sich mein müder Wachschutz.

Jeder in sein Bett.

Nachdem sich die beiden Pseudonorweger von ihren Sitzplätzen erhoben haben, habe ich auch wieder Zugriff auf die englisch eingekauften Nachtwindeln, die in der Kiste unter der Sitzgruppe im Dienstzimmer versteckt worden sind.

Ein sicherer Ort, an dem Uneingeweihte keinesfalls Windeln vermuten würden, nur sehr wenige wissen, dass die Sitzfläche überhaupt aufzuklappen geht.

Kaum einer ahnt, dass sich unter ihrem Allerwertesten ein wahrer Windelschatz verbirgt und das möge auch so bleiben.

Ohne nennenswerte Vorkommnisse geht die Nachtschicht vorüber und bis sechs Uhr trudelt der Frühdienst so nach und nach ein.

Bevor ich mit der Übergabe beginnen kann, passiert noch eine kleine Sensation.

Der neue Hausmeister kommt zum Dienst.

Mit seinen mehr als zwei Metern Körperhöhe, einem weißen Overall (auf dem Rücken die Aufschrift AKW-Atomkraftwerk Nord) bekleidet, an den Füßen riesige weiße Arbeitsstiefel, an der rechten Hüfte im Hohlster ein großer Hammer, auf dem Kopf ein roter Arbeitsschutzhelm mit dem Namenszug „Leopold", erinnert dieser Aufzug schon etwas an einen Don Quichotte der Neuzeit.

Sollte er aber wie das Original kein Problem mit dem Kampf gegen Windmühlen haben, würde ihm dies das Arbeiten in diesem Haus sehr erleichtern.

Leo nimmt den Helm ab, stellt sich vor, schüttelt allen die Hände und fragt: "Gibt es etwas für mich zu tun?"

Ohne zu zögern meldet sich die WBL zu Wort: "Ja, die

Steckdose im Andachtsraum ist kaputt, die kann ich dir gleich zeigen."

Nur mit Mühe kann sie zurückgehalten werden, damit bis nach der Übergabe zu warten.

Ich denke mir: "Mensch Mädel, nicht schon wieder, das ist dann schon der zweite Hausmeister diese Woche."

Nach der Übergabe geht die Frühdienst-Gang ohne weitere Verzögerung an ihre Arbeit.

Ohne Klopposabotage geht die Arbeit noch mal so schnell von der Hand.

Unser neuer Hausmeister lässt sich von der Steckdosen-WBL nicht verrückt machen, erstens braucht halb sieben morgens niemand die Steckdosen im Andachtsraum, zweitens, mit permanentem Anschauen stellt sich keinesfalls die Funktionstüchtigkeit wieder ein.

In der Ruhe liegt die Kraft.

Leo macht genau das Richtige, denkt kurz nach, danach kontrolliert er die Sicherungen und stellt fest, dass dort der Hund begraben liegt. Er wechselt die Sicherung und aus der Steckdose kann wieder Strom gezapft werden.

Problem Andachtssteckdose gelöst, nun steht der weiße AKW - Riese in der Landschaft und erkennt, er ist zu früh zum Dienst angetreten.

Am gestrigen Abend hat er im Pflegeheim angerufen und der Spätdienst hat auf die Frage, wann die Frühschicht beginnt, geantwortet: "Na um sechs Uhr."

Leo hat schüchtern, wie er scheinbar ist, bei dem Anruf vergessen anzugeben, dass er der neue Hausmeister ist und er somit andere Dienstzeiten als das Pflegepersonal hat, aber das lässt sich nun nicht mehr ändern.

Er nutzt die Zeit, um einen Rundgang durch seinen zukünftigen Wirkungskreis zu unternehmen.

So dreht er ein bisschen planlos seine Runden, bis ihn sein Vorgänger gegen acht Uhr unter seine Fittiche nimmt und in die Hausmeistergeheimnisse des Pflegeheims einweist.

Mit Notizbuch und Kugelschreiber bewaffnet hängt Leo am Rockzipfel seines Kollegen und saugt gierig die Informationen in sich auf, die wichtig für das Überleben als Hausmeister sind. Die Halbwertszeit eines Mitarbeiters hängt in diesen heiligen Hallen nicht zwingend von seiner fachlichen Kompetenz ab, entscheidend ist eher, wie er es versteht zu vermeiden, im täglichen Kleinkrieg der Kleinstguerilla getroffen zu werden.

Ducken, abducken, "dem Freunde" keine Angriffspunkte zu bieten, dies wird nicht nur aufgrund seiner Körpergröße ein Problem werden.
Wenn er sich das nicht schnell verinnerlicht, dann wird es schwer.
Zu erkennen, wann ist eine selbstbewusste, breite Brust gefragt und wann Demut vor der Macht, ist nicht immer einfach einzuschätzen.
Diese Kunst wenigstens ansatzweise zu beherrschen ist zwingend notwendig, wenn man nicht zwischen die Fronten geraten will.
"Ein Freund, ein guter Freund, das ist das Letzte was du brauchst auf der Welt" das klingt nicht nur furchtbar frustrierend.
Einmal verlorenes Vertrauen in seine Mitmenschen wird der Mensch kaum wieder los.
Wirkliche Freunde sind sehr selten.

Ein weiteres Problem, welches aus dieser Erkenntnis resultiert, ist das Misstrauen, was man seiner Umwelt entgegenbringt.
Gesundes Misstrauen ist angebracht, aber wie viel Misstrauen ist gesund?
Das weiß keiner.
Also muss man das Risiko eingehen und mit seiner vorhandenen Menschenkenntnis den Leuten vertrauen. Doch wer kennt schon die Menschen?
Die Sicherheitsdistanz, die man aufgrund schlechter Erfahrungen zu seinem Gegenüber eingeht, birgt aber auch die Gefahr, dass einem wirklichen Freund unrecht getan oder einem falschen Fuffziger vertraut wird.

So oder so, das Leben ist doch wirklich „Russisch Roulette", hinterher ist man fast immer schlauer.

Das wird spätestens den Gammlingern nach ihrem Eintritt in das Pflegeheim klar, es dämmert zumindest.
Sie verstehen die Welt nicht mehr so richtig oder müssen einsehen, dass sie diese eigentlich nie verstanden haben, möglicherweise aus Ignoranz, weil es ihnen scheinbar gut ging oder aus Zeitmangel. Oder aber dem Irrglauben verfallen, etwas Gutes oder ihre Pflicht tun zu müssen, von dem Nächsten Schaden abwenden zu müssen.
Jetzt haben sie Zeit, mehr Zeit, als ihnen lieb ist um nachzudenken.

Wie ist es eigentlich, wenn ein Automat über sein Leben nachdenkt, findet er es toll, was er im Leben so alles leisten musste?
Was denkt ein Maybach auf dem Schrottplatz?...Ich war doch mal ein tolles Teil...
Egal, ob Gammlinger, Edelkarosse oder Vibrator, zu Schrott erklärt, würde ja noch gehen, denn Schrott ist wichtig, denke dran.
Aber Müll ist schlimm, Sondermüll ist noch schlimmer.
Kostet doch die Aufbewahrung beziehungsweise Entsorgung Geld, dabei ist es egal, ob Kernbrennstäbe oder Gammlinger.
Das Gefühl, früher oder später wertlos, nutzlos zu sein oder zu werden, ja, vielleicht sogar eine Belastung beziehungsweise Gefahr für nachfolgende Generationen zu sein, dieses Gefühl ist belastend. Die Erkenntnis, dass meinen Enkeln die Alterspyramide auf den Kopf fällt und sie unter sich begräbt, ist reinweg niederschmetternd.

Aber was kann man als Einzelner tun?
Nicht alt werden, nicht krank werden oder aber alt werden und nicht krank werden. So gut wie es nur irgendwie geht schon in seinen Vorgammlingerzeiten vorsorgen. Die Möglichkeiten im

Kleinen sind begrenzt und die Gene lassen sich auch nur schwer austricksen. Und im Großen? Die Linken wählen, um die Rechten oder die CDU zu ärgern, seine Kohle vergraben oder in Gold umrubeln und dann vergraben? Nur, wenn man dann vergisst, wo man sie vergraben hat oder wenn der Staat in seiner grenzenlosen Kreativität pro Lebensjahr ab Renteneintritt von dem Vermögen eine Lebensabgeltungsteuer verlangt? Auch schlecht. Oder zum Taliban umschulen, dann wird man als Gammlinger wenigstens ernst, zumindest aber wahr genommen. Oder Feuer mit Feuer bekämpfen.

Wie wäre es, wenn man sich in den Knast einbunkern lässt? Man hat ja schließlich lebenslang mit seinen Steuern Polizei und Strafvollzug bezahlt. Vielleicht ist auch ein Banküberfall das Mittel der Wahl, wenn es klappt, hat man keine Geldsorgen mehr, wenn es nicht klappt, dann guckt man sich entweder die Radieschen von unten an oder hat eine gemütliche Zelle. Jeder verurteilte Gammlinger wird in seiner Doppelzelle von seinen Mitgefangenen gepflegt und versorgt.

Nun ja, alles blödes Geschwafel?

Oder doch nicht so abwegig?

Als Senioreninstitutionsknacki kommt man doch, wenn man Pech hat auch nur einmal im Monat an die frische Luft und in den Monaten Oktober bis April ist totale Ausgangssperre.

Glück haben die Insassen aber selten, wer Pech hat, an dem bleibt es kleben und wenn man alt ist auch.

Münchhausen hat es uns vorgemacht wie es gehen könnte, man muss sich selbst an seinem Zopf aus dem Sumpf ziehen. Aber das ist im Alter oft ziemlich blöd. Mal fehlt der Zopf, mal fehlt die Kraft, das nächste Mal hat man vergessen wie es geht. Der Mensch im vorgerückten Alter ist oft ein Mängelexemplar, eine Patentlösung gibt es da nicht.

Eine richtige Vorbereitung auf die Einberufung ins Pflegeheim gibt es wohl nicht, selbst die Anhäufung von Reichtümern zum Zwecke der Bezahlung der menschenwürdigen liebevollen Aufbewahrung birgt relativ wenig Sicherheit, wird der Wert

dieser Leistungen zumindest jeden Monat nach
betriebswirtschaftlicher Zumutbarkeit neu definiert.

Nichts ist mehr sicher, die Rente schon gar nicht. Mit dem
gesetzlichen Anspruch auf einen Pflegeheimplatz tun sich die
Landesfürsten auch ziemlich schwer. Aber warten wir erst mal
ab, wer weiß, ob es die Alterspyramide so überhaupt geben
wird, wenn ja, dann kann man ja immer noch eine Agenda
nachschieben, warum die Pferde vorher scheu machen.

Die Demenzrate wird steigen, so neueste Forschungen. Wie
kommt man denn darauf?
Oder ist das die politische Einstimmung darauf, dass alles noch
viel schlimmer wird?

Apropos schlimm, da war doch noch was. Ja richtig, die
Klarung, ob Frau Schlimm nun Julie oder Julia heißt, es ist
schon eine irre Geschichte. Da stirbt die arme Frau und endlich
wird klar, dass alles unklar ist, zumindest was den Vornamen
betrifft.
Es steht zweifelsfrei fest, dass Frau Schlimm tot ist, da war und
ist der Arzt auch hundertprozentig sicher, unsicher ist der Name
der Toten.
Ist die Geburtsurkunde richtig, ist der Ausweis falsch? Ist der
Ausweis richtig, passt die Geburtsurkunde nicht dazu.
Ohne Totenschein, keine Beerdigung.
Das bedeutet Aufbewahrung in der Kühlbox bis zur Klärung des
Sachverhaltes.
Tot, aber doch nicht tot.
Man sollte meinen, dass die Probleme mit dem Tod aufhören,
aber der Fall Schlimm liegt da etwas anders, ein wirklich
schlimmer Fall.
Derjenige, der in Deutschland zu Lebzeiten Zweifel an seiner
Person zulässt, der Ausweis ist wichtiger Bestandteil der
Person, der hat es auch danach nicht leicht, besser gesagt die
Zurückbleibenden.

Die Letzten beißen die Hunde, aber die Hunde können, was die Bissigkeit betrifft, von deutscher Bürokratie einiges lernen.

Einen nicht passenden Ausweis kann man nicht gegen einen passenden Totenschein als Fahrschein für die letzte Reise eintauschen.

Nein, nein, das geht nicht. Das ist genau so schlimm wie Schwarzfahren. Und wer dabei erwischt wird, der bekommt den Arm des Gesetzes zu spüren, der wird nicht befördert, auch nicht in die Urne.

Ordnung muss schließlich sein, ohne gültigen Ausweis kein Totenschein, da könnte ja jeder kommen und sich beerdigen zu lassen.

Nach seinem Tode ist der Mensch kein Mensch mehr sondern eine Sache, das schreit förmlich nach einem Sachbearbeiter.

Doch wer bearbeitet die Sache Schlimm nun.

In erster Linie sind die nächsten Angehörigen gefordert, die neben der Trauer um die Verblichene mit Ermittlungsarbeiten beginnen müssen.

Diese gestalten sich ziemlich schwierig. Standesamt, Ordnungsamt, Krankenkasse, Rentenkasse, Pflegeheim, Bestattungsunternehmen, alle haben keine Idee, wie man die Sache Schlimm abschließen kann.

Die Uhr läuft, da Frau Schlimm zwar Sache ist aber nicht abgeheftet werden kann, bedeutet das ihre Zwischenlagerung im Kühlhaus und das kostet.

Geld, das die Erben natürlich nicht bezahlen wollen. Verständlicherweise.

Wer hat die Verantwortung für das Desaster? Was kann doch ein Buchstabe für eine Riesenwirkung haben.

Alle wissen und sind sich sicher, dass es die alte Dame ist, die im Kühlhaus "frisch gehalten wird", aber abschließend entscheiden will niemand.

So werde ich schließlich von der Heimleitung zu einem Gespräch einbestellt und zur Sache eingehend befragt.

Wieso ist kann es passieren, dass der Vorname auf dem Ausweis und der auf der Geburtsurkunde nicht übereinstimmen?

Die Heimleiterin ist sichtlich angespannt, denn sie bekommt

Druck von der Geschäftsleitung und den Angehörigen, allen voran vom Sohn der Dame Schlimm. Er ist Landtagsabgeordneter und hat ihr schon Konsequenzen angekündigt, die unserem Pflegehauptmann überhaupt nicht gefallen.

Ich bin mir überhaupt keiner Schuld bewusst, die Aufnahme der alten Dame ins Pflegeheim war weit vor meiner Zeit und wer kontrolliert bei der täglichen Dienstübernahme, ob Geburtsurkunde und Personalausweis der Bewohner in Ordnung sind.
Das macht keiner und die Kontrolle derartiger Dokumente fällt nicht in mein Ressort.
Meine Antwort wird zum Anlass genommen, das Gespräch zu beenden.
Sie telefoniert.
Mittags kommt die erlösende Nachricht. Das Problem ist geklärt, der landtagsabgeordnete Sohn hat sich in die Debatte eingeschaltet und schon nach kurzer Zeit erklärte sich ein Mitarbeiter der Ausweisbehörde für schuldig (anschließend wurde seine Versetzung zur Beobachtung des ruhenden Verkehrs beschlossen), Frau Schlimm entstehen keine Parkgebühren im Kühlhaus, der Totenschein wird ausgestellt, alles ist klar für die Beerdigung.
Nur gut, wenn man einen Sohn hat, der Landtagsabgeordneter ist. Und wenn nicht?
Dann ist das ungünstig.

Gesamt betrachtet ist das auch nicht so richtig motivierend, wenn man erst zur Sache werden, sprich sterben muss, um von seinen Nachkommen wieder wahrgenommen zu werden.

Die wenigsten meiner Gammlinger haben regelmäßig Besuch.
Ist die Gefahr, vergessen zu werden, mit Eintritt ins Gammlinger- Pensionat so groß?
Klappe zu, Affe tot!
Klappe zu, Gammlinger doch nicht tot, Gammlinger nur

vergessen.

Das fragt sich der Otto und er staunt.

Woran liegt das?

Ist es das schlechte Gewissen, dass man Mutter, Vater, Ehemann oder Ehefrau abgeschoben hat und die anklagenden Blicke nicht ertragen kann, oder der geliebte Mensch mit leerem Blick auf die Anwesenheit überhaupt nicht reagiert oder noch schlimmer permanent fragt: "Wer bist du eigentlich?" und trotz intensiver Erklärung sich an nichts erinnern kann.

Tränen in den Augen der Gammlinger, Tränen in den Augen der Besucher.

Nichts ist schlimmer, wenn die Birne weich wird.

Keiner ist so hart, dass er sich darüber keine Gedanken macht, besonders wenn er tagtäglich damit befasst ist.

Jeder hofft, hoffentlich trifft es mich nicht oder ist es besser, anspruchslos, dezent dement zu sein und das Leben ohne Wenn und Aber hinzunehmen? Keiner weiß es.

Niemand, der schon einmal dement war, kann über seine Erfahrungen berichten, vielleicht ist das alles gar nicht so furchtbar für die Betroffenen, sondern nur für uns, die es sehen und nicht verstehen.

Das, was wir Menschen nicht verstehen, macht uns Angst.
Selbst das, was wir verstehen, macht uns Angst.

Es gibt aber auch Tage, an denen man ohne Probleme zu wälzen in der Freizeit die Seele baumeln lässt, doch diese Tage sind selten und in der Regel mit Kloppos Abwesenheit im Haus verbunden.

Dies ist häufig die Ruhe vor dem Sturm, Stunden der Entspannung folgen fast gesetzmäßig megastressbehaftete Tage.

Der MDK kommt

Der erste Tag des Urlaubes unserer Monsterwelle ist Erholung pur für Pflegekräfte, Bewohner und nicht zuletzt für mich, Otto. Aber man soll sich nicht zu früh freuen, erst am Ende des Tages kann man sicher sagen, ob man zuletzt lacht oder Einem das Lachen vergangen ist.

Die entspannte Ruhe wird jäh unterbrochen, von jetzt auf gleich ist eine unbeschreibliche Hektik zu verspüren.

Das kann nur eins bedeuten, Kloppo ist viel zu früh zurück.

Kurz darauf klopft es an der Tür unserer Kemenate, Leo ist der Störenfried. "Alle sofort in den Versammlungsraum, es ist wichtig, die PDL springt im Dreieck!"

Charlotte und ich sehen uns an, wir denken beide das Gleiche, wenn Kloppo im Dreieck springt, sollte man warten bis sie fertig ist oder ihr zumindest aus dem Weg gehen.

Wider besseres Wissens folgen wir der "Bitte" und schleppen uns in die Höhle des Löwen.

Es sieht nach Generalmobilmachung aus, alle dienstbaren Geister, ob Pflege, ob Küche oder die auch weniger dienstbaren aus der Verwaltung sind anwesend.

Leo meldet der Pflegedienstleitung die Vollzähligkeit, so etwas habe ich das letzte Mal beim Militär erlebt.

Kloppo verkündet, dass am morgigen Tag eine unangekündigte Kontrolle durch Heimaufsicht und MDK erfolgen wird.

Für die nächsten zwei Tage gilt ein neu erstellter Dienstplan, solange der MDK im Haus ist, wird das Personal aller Schichten verdoppelt.

Zu diesem Zweck wurde mit einer Zeitarbeitsfirma ein Vertrag abgeschlossen.

Gegen fünf Uhr morgen früh treten, so der Plan, vier Pflegefachkräfte zum Dienst an, die vom Nachtdienst eingewiesen werden.

Charlotte und Otto gehen die nächsten zwei Tage zusammen in den Nachtdienst. „Euch will ich bei der Überprüfung nicht dabei haben!"..."Es darf nichts schief gehen!"

An uns soll es nicht liegen, Charlotte und ich haben kein Problem damit, bei der Hinrichtung abwesend zu sein.
Sechs Persönlichkeiten werden benannt, um die Bewohnerakten auf Vordermann zu bringen.
Man muss auch mal Glück haben, der Kelch geht an uns vorbei.
Stattdessen bittet man uns, die Wäscheräume, die Fäkalienspüle und die Lager gemeinsam mit dem Hausmeister aufzuräumen.
Auf die Plätze fertig los! Das organisierte Chaos beginnt.
Soviel Personal auf einen Haufen hat dieses Pflegeheim das letzte Mal bei der Einweihung gesehen.
Das ist blinder Aktionismus in Perfektion.
Kloppo meint, das Zepter fest in der Hand zu haben.
Sie hat die Baustellen mehr oder weniger gerecht verteilt, sich selbst hat sie eine scheinbar sehr leicht zu lösende Aufgabe zugeteilt.
Doch nicht alles scheint so wie es ist. Auch scheinbar leichte Aufgaben können ihre Tücken haben.
Der Betäubungsmittelschrank, aus gutem Grund immer wieder ein Hauptaugenmerk bei der MDK-Kontrolle ist das Objekt Kloppos Begierde.
Zur Kontrolle der Vollzähligkeit der Drogen ist jeder Schichtscheich (Schichtleiter) verpflichtet und quittiert mit seiner Unterschrift im Nachweisbuch, dass alles, was im Nachweisbuch eingetragen ist, auch in Natura im Panzerschrank lagert.
Einmal wöchentlich kontrolliert die Pflegedienstleitung das Ganze und signiert die durchgeführte Kontrolle.
So sollte es sein.
Nicht Böses ahnend, öffnet Kloppo die Tür der Betäubungsmittelsicherheitsbox und nach wenigen Minuten ertönt ein verzweifelter Schrei.
Ein Zeichen für alle, Kloppo ist wieder mal in Not.
Das Dienstzimmer ähnelt innerhalb kürzester Zeit einem Straßenbahnwaggon im Berufsverkehr, noch nie waren so viele Menschen auf einmal in diesem Raum.

Jedenfalls kann ich mich nicht daran erinnern.

Dicht gedrängt, gierig zu erfahren, was Kloppo dazu veranlasst hat, so laut Laut zugeben, stehen die Pflegekameraden im Raum.

Nur unsere Chefine sitzt mit versteinerten Gesicht auf einem Bürostuhl, den Kopf ratlos in die Hand gestützt, eine leere Morphinpackung in der Hand haltend, die laut Nachweisbuch eigentlich voll sein sollte.

"Alle, die hier nichts zu suchen haben, sofort raus!" So lautet der augenblickliche Befehl.

Charlotte und ich sind ja eigentlich einer anderen Verwendung zugeteilt. Aber wir erkennen, die Zeit der Witze ist vorbei.

Fünf spurlos verschwundene Morphinampullen sind kein Pappenstiel, da hört der Spaß selbst bei unserer Kloppo-PDL auf.

Nur der Hausmeister und das Pflegefachpersonal dürfen bleiben, der Rest hat kein Problem damit, gehen zu müssen.

"Charlotte, Sie haben doch zuletzt die Betäubungsmittel kontrolliert!" Als Charlotte diese Anklage vernimmt, schläft auch ihr das Gesicht ein.

Schuldig am Verschwinden von nachweispflichtigen Betäubungsmitteln zu sein, ist für in der Pflege Beschäftigte der größte anzunehmende Unfall.

Charlotte ist gefordert und geht sofort zur Selbstverteidigung über.

"Ja, ich habe kontrolliert und zu diesem Zeitpunkt war alles vollzählig.

So wie es aussieht, war ich aber nicht als Letzte am Betäubungsmittelschrank. Moment mal." Charlotte beginnt sich zu erinnern. "Du hast dir doch den Schlüssel von mir geholt." Mit diesen Worten spricht sie direkt die WBL an.

Wie auf Kommando richten sich alle Augenpaare auf die WBL, diese antwortet sichtlich nervös: "Ja, natürlich, aber ich habe doch nur den Medizinschrank aufgeräumt und die leeren Packungen weggeschmissen, das macht ja sonst keiner, ich verstehe das ganze Theater nicht.

Seit wann liegt da überhaupt Morphin rum? Das ist ja das Allerneueste was ich da höre, das hatten wir doch schon Jahre nicht mehr?“

Beleidigt fügt sie hinzu: "Da macht und tut man und ist am Ende auch noch die Blöde, am besten man macht gar nichts, da kann man auch nichts falsch machen!"

Wütend will sie den Raum verlassen, aber Kloppo hält sie zurück. "Nun komm erst einmal wieder runter, wenn du die leeren Packungen alle weggeschmissen hast, dann stellt sich mir die Frage, wieso liegt da noch eine im Schrank?"

Soviel detektivisches Gespür hätte ich ihr gar nicht zugetraut. Der mutmaßliche Morphinvernichter entgegnet: "Ich habe nur leere Pappschachteln weg gehauen und damit Punkt."

Nun mischt sich Kloppo wieder in das Gespräch ein: "Und wo sind die leeren Packungen?"

“Na wo schon, im Müllsack! Meint ihr denn, ich nehme den Scheiß mit nach Hause?!" Bereits eine Zigarette aufgeregt aus ihrer Handtasche gepiepelt befindet sie sich nach dieser patzigen Antwort ein zweites Mal so gut wie auf der Flucht nach draußen.

“Und wo ist der Müllsack?" Ich hoffe inständig, dass sie sich daran erinnern kann.

Sie kann antworten: "Den habe ich natürlich in die Müllpresse geworfen."

   Na super, das kann die stärkste Ampulle nicht überlebt haben.

Unmittelbar hinter dem Haus steht die Müllpresse, wieso ein Pflegeheim mit siebenundvierzig Bewohnern ein solches Mörderteil braucht ist zwar unklar, aber sei es drum.

Es ist nun mal da und presst die hinein geschleuderten Müllsäcke um siebzig Prozent ihres ursprünglichen Volumens zusammen.

   Wenn sich das Volumen der Schwierigkeiten, mit dem das Pflegeheim zu kämpfen hat, auf diese Art reduzieren lassen würde, dann müsste Kloppo ganz schön Angst haben.

Bei cirka ein Meter siebzig Ausgangsgröße, wäre sie mit zurückbleibenden cirka einundfünfzig Zentimetern einer der

größten Gartenzwerge Deutschlands.
Doch das ist kein Moment für Scherze, wobei, wenn man mehrmals....

Ich bin mir jedoch absolut sicher, eine Kloppoverkleinerung bringt uns dem Morphin keinen Schritt näher.
Im Fall der Morphinampullen hat die Müllpresse die Größe der Probleme nicht verkleinert, sondern größenmäßig auf ein neues Niveau gehoben.
Wenn das ruchbar wird, sind alle vorangegangenen Ausrutscher Kloppos Kasperletheater, dann ist sie auch dran, da muss man kein Hellseher sein.
Die Betonung liegt in dem Wort auch und es ist den Meisten von uns, nein, eigentlich allen bewusst, der übergroße Anteil des zu erwartenden Ungemachs, wird uns, den "üblichen Verdächtigen", in die Arbeitsschuhe geschoben.
Auch Charlotte ist noch nicht raus aus der Nummer, erst wenn sich der Verdacht bestätigt und die Ampullen oder zumindest Reste von ihnen im Müll gefunden werden, kann sie aufatmen.
Leo, der Hausmeister, "Seele des Hauses", was bedeutet "Mädchen bzw. Junge für alles", wird mit der Suche der Ampullen in der Müllpresse beauftragt.
So schnell wird man vom Hausmeister zum Drogenfahnder.
Sein Gesichtsausdruck verrät wenig Begeisterung über die unerhoffte Beförderung, hat er doch nur eine ungefähre Vorstellung von dem, was ihm da bevorsteht.
Zumindest was den rein arbeitstechnischen Aufwand betrifft, das ist nicht in zwei Minuten erledigt.
Der Rest des Kollegiums beneidet Leopold nicht um seinen Job, keiner will in diesem Moment mit dem Hausmeister tauschen, wissen sie doch um den Inhalt der diversen blauen Folienteile, sind wir alle doch mehr oder weniger mit der Füllung selbiger beschäftigt.
Charlotte und ich melden uns freiwillig, um Leo zu helfen, denn die Wäsche und Fäkalienboxen können warten, wenn wir nicht beweisen können, wo das Morphin ist, haben wir alle,

insbesondere Charlotte, ein Problem. Finden wir es, können wir nebenbei die WBL ein bisschen von ihrem hohen Ross herunterholen oder wenigstens ein bisschen bremsen.

Unsere freiwillige Meldung erfährt stillschweigend Zustimmung, keiner versucht, uns zurückzuhalten.

In Leos Hausmeisterbunker werden Charlotte und ich für den Spezialeinsatz ausgerüstet, erwarten wir doch ein noch nie da gewesenes Erlebnis, noch keiner vor uns wurde der von ihm vor zehn Tagen selbst in den Müllsack geworfenen, gut gebrauchten Windeln wieder ansichtig, keiner von uns beiden oder doch Dreien (Leo sicherlich auch nicht) kann sich so richtig vorstellen, was eine Müllpresse mit dem Pflegemüll so anrichtet.

Besonders interessant ist es besonders für mich mit meiner blumenreichen Phantasie, bei einer Saftpresse ist es mir ja klar, aber was passiert hier mit dem Rest, aus welchen Grund auch immer fällt mir der cremige Stuhlgang wieder ein.

Nach kurzer Zeit verlassen drei Gestalten in weißen Einwegoveralls, Gummistiefeln, Schutzhandschuhen und Mundschutz das Pflegeheim.

Leo, Charlotte und ich, äußerlich einem Team der Spurensicherung zum Verwechseln ähnlich, gehen zielstrebig zum Müllplatz.

Wir hoffen alle drei inständig, dass der gesuchte Müllsack der oberste sein möge und sich unser Auftrag sehr rasch erledigt hat.

Drei Weiße stehen vor dem Müllmonster, Leo springt wie ein Rumpelstilzchen vom Schaltkasten zur Sicherungsbox und zurück, um die "Büchse der Pandora" zu öffnen.

Nach unzähligen von uns nicht vollziehbaren Handgriffen ist Leo bereit für die Öffnung des Containers.

Charlotte und ich treten respektvoll zurück.

Am Schaltschrank stehend links neben dem Container drückt er auf zwei Knöpfe. "Jetzt geht's los!" Mit einem Ruck fährt die Stahlluke nach oben, eine plötzliche Windböe, treibt Leo die entweichenden Müllausdünstungen ins Gesicht, eine sofortige Gesichtsgrünfärbung ist die Folge.

Grün bedeutet im Ampeltechnisch freie Fahrt, das Gesichtsgrün

Leos zeigt die Bereitschaft seines Magens an, das Mittagessen mit Höchstfahrt wegwerfen zu wollen.
Die Duftwolke zwingt unseren Hausmeisterhünen auf die Knie und er brüllt seinen Mageninhalt auf die Wiese.
Ein Kunstwerk, welches in Form und Farbe an eine Familientiefkühlpizza erinnert, ist geboren.
Mit blutunterlaufenen Augen und inzwischen von grün auf weiß geschalteter Gesichtsampel steht er wieder auf, neben seinem Mittagessen hat er auch kurzzeitig seine Sprache verloren.
Mit solch einer Wirkung des Mülls hatten wir alle drei nicht gerechnet, aber dass der von uns allen erzeugte Müll Konsequenzen auf das eigene Wohlbefinden hat oder noch haben wird, liegt klar auf der Hand oder wie in Leos Fall auf der Wiese.

Der Müll von heute ist das Problem von morgen.
"Unser ungewollt entsorgtes Morphin" ist doch kein Einzelfall, werden doch täglich in unserer Bunten Republik nicht mehr benötigte Arzneimittel ganz legal im Hausmüll entsorgt.
Eine sich über Jahre bewährte Rücknahme durch die Apotheken wie bis vor kurzem noch möglich, wurde aus Kostengründen gestoppt.

Denken wir Menschen denn wirklich nur von der Tapete bis zur Wand, geht es nur noch um billig herstellen, teuer und viel verkaufen, Geld einstreichen und alles wieder von vorn?
Wir alle weben am Leichentuch unserer Welt und denken dabei, wenn wir nichts machen, tun es andere, und wir könnten eh nichts dagegen tun, so ist nun mal das Leben.

Der Pesthauch aus der Müllpresse hat sich etwas verzogen, vorsichtig, den Wind im Rücken, nähere ich mich gemeinsam mit Charlotte der geöffneten Luke.
Ein kurzer Blick ins Innere dieses Monsters verrät uns, alles was hier hineinfällt oder hineingefallen wird ist danach nicht mehr wie es einmal wahr.

Unsere Sondierungsperiode ist aufgrund limitierter Atemluft begrenzt, aus Leos Missgeschick haben wir gelernt und die Luft angehalten, an der Oberfläche des Pressgutes können wir einen mittelgroßen weißen Müllsack lokalisieren.

Gemeinsam treten wir für einen Moment den Rückzug an, in sicherer Entfernung berate ich mich mit Charlotte und wir entscheiden, dass wir im Wechsel am Müll tätig werden.

Ich, Otto, darf als Erster.

Mit dem ersten Griff in den Müll gelingt es mir, den auffälligen weißen Müllsack zu fassen, dieser ist aber nur deshalb so auffällig inmitten der blauen Foliensäcke, weil er weiß ist, besser ausgedrückt, er war es mal.

Falls dies der gesuchte Müllsack ist, dann hat die "Pappschachtel von WBL" mit der Wahl des Müllbeutels, zumindest was die Farbe betrifft, die Suche etwas erleichtert.

Der von mir geborgene weiße Foliengenosse hat den auf ihn ausgeübten Druck fast unbeschädigt überstanden.

Da er unverschlossen in den Schacht gerutscht ist und mit der Öffnung nach oben zusammengepresst wurde, konnte die Luft entweichen, und der Inhalt ist noch relativ "unverletzt" vorhanden.

Voller Spannung öffnen wir den nun braun gesprenkelten und der Form einer Schallplattenhülle ähnelnden Müllbeutel.

Ja und juchhu, er ist es! Den wollten wir haben! Den haben wir gesucht.

Im Inneren sehen wir neben völlig aus der Form gebrachten, feuchten, leeren Tablettenverpackungen, die von uns gesuchte.

Vorsichtig zieht Charlotte eine total flach gedrückte Pappkameradin aus der Tüte, welche mit Morphin beschriftet ist und deren Inhalt in besseren Zeiten einmal für die subkutane und intravenöse Injektion vorgesehen war.

Das hat sich jedoch erledigt, die fünf kleinen Ampullen haben dem Druck des Müllpressenstempels nicht widerstanden.

Platt wie es nur eine gepresste Glasampulle sein kann, liegen die Fünf einträchtig in der Plastikeinlage nebeneinander, der Inhalt der Ampullen hat sich unwiederbringlich mit der Pappschachtel verbunden.

178

Damit ist unsere Such-Expedition beendet, der Beweis ist erbracht
Charlotte ist entlastet, doch auch für die Wegwerf- WBL wird dies keine wirklichen Konsequenzen nach sich ziehen, ist sie doch die Busenfreundin der PDL.
In einer sauberen Folientüte verpackt übergeben wir zwei (Leo muss sich etwas erholen) das Corpus delicti an Kloppo.
Diese sitzt in gemütlicher Runde, man mag es nicht glauben, umgeben von ihrem Hofstaat im Pausenraum und lacht und raucht und raucht.

Wer gehofft hatte, ein paar lobende Worte sind nach diesem "Scheißjob" aus Kloppos Mund zu hören, der fühlt sich getäuscht, im Gegenteil. "Das wird ja Zeit, schließlich ist noch mehr zu tun", ist die Quittung für unseren freiwilligen Einsatz. Unser "Geschenk" wird von ihr mit den Worten "darum kümmere ich mich später" achtlos beiseite gelegt.

So ein arrogantes Rattengewitter, die müsste wirklich der Blitz beim Scheißen treffen, ein nicht so ganz frommer Wunsch.

Wir sind ja auch selbst schuld, wie sagte doch schon mein Opa: "Wer sich freiwillig meldet, dem ist langweilig, der will etwas außer der Reihe erleben und kann dafür nicht auch noch Dank erwarten..."

Unsere Angsthasenmentalität erhöht den Druck auf uns selbst, wir werten damit den uns verformenden Hammer auf.
Die Hoffnung, dass, wer alles ohne Widerstand über sich ergehen lässt, zumindest in Ruhe gelassen wird, ist trügerisch und schlichtweg falsch.

Zwei, drei Lungentorpedos später ist Kloppo wieder präsent. Wenn zwei das Gleiche tun, ist das noch lange nicht dasselbe. Die WBL ist schon wieder obenauf, als wäre nichts gewesen kommandiert sie in alter Manier.
"Nun müssen wir aber mal ein bisschen durchziehen, haben genug Zeit vertrödelt, der MDK will was sehen."

Fragt sich doch der Otto gemeinsam mit Charlotte: "Was will der MDK sehen? Will denn der MDK überhaupt etwas sehen?"

Ein blinder, gehörloser, im besten Fall bewusstloser Kontrolleur, welcher zur Begutachtung durch die Einrichtung getragen würde, wäre im Falle unseres Pflegeheims die Lösung aller Probleme.

Doch damit ist nicht zu rechnen.
Die plötzliche Unbeschwertheit der Kloppobande macht mich jedoch nachdenklich, der Verdacht, dass die fröhliche Stimmung der Obrigkeit mit einer gewaltigen Sauerei in Zusammenhang steht, sollte sich bald bestätigen.
"Entwarnung" höre ich, "die MDK-Kontrolle ist um vier Wochen verschoben!"
Wie geht denn so etwas?
Gerüchte machen die Runde, der Geschäftsführer hätte einen Spezi an der richtigen Stelle.
Also wird die Generalmobilmachung des Pflegeheims aufgehoben, der Feierabend eingeläutet, der Nachtdienst bleibt wie bisher eine Solonummer, Charlotte geht wie gehabt in den Frühdienst.
Kloppo zieht sich noch schnell eine entspannende Nikotintüte gemeinsam mit ihren engsten Vertrauten durch die Lunge und ist kurz darauf verschwunden.
Rauchen und verschwinden kann sie gut, wenn sie nur nicht immer wieder auftauchen würde.
Wie ein Putzlappen behandelt zu werden, ist vermutlich unser Los in der Pflege.
Benutzen, angeekelt anschauen und wegwerfen.
Man hat ja noch genug davon auf Lager und wenn es doch nicht mehr reicht kann man ja immer noch in Ungarn oder Rumänien einkaufen.

Die Verschwörung

Das vorübergehend geschäftige Treiben in und um das gepflegte Haus ist auch den" Einheimischen" nicht entgangen.
Wie bei einem drohenden Tsunami hat sich die Warnung vor einer bevorstehenden MDK-Kontrolle bei den Gammlingern und den Angestellten verbreitet.
  Auch Kloppos Entwarnung trägt zu keiner wirklichen Entspannung der latenten Bedrohung bei.
Nicht bei den Gammlingern und auch nicht bei den "Freunden der heiteren Pflege".
Die Unruhe bleibt, auch die Verschiebung des von fast allen nicht unbegründet gefürchteten Ereignisses hat sich in den Köpfen festgefressen.
Obwohl unzufrieden mit der Gegenwart, ist eine dezente Panik vor der ungewissen Zeit danach deutlich spürbar.
Wisper, wisper, flüster, tuschel..., allerorten, jeder, ob Gammlinger oder "Urinkellner", alle machen sich so ihre Gedanken.
Dass, was wir haben, kennen wir, dass, was kommt, wird sicherlich auch nicht besser.

  Auch die Zeit bis zum meinen Nachtdienstbeginn ist ein "Teufel-an-die-Wand-Malwettbewerb" zwischen Charlotte und mir.
Eine MDK-Kontrolle hätte bildlich gesprochen die gleichen Folgen für dieses Pflegeheim wie ein Tsunami, am Ende würde es das Heim als solches aller Wahrscheinlichkeit nach nicht mehr geben.
Über Eines bin ich mir vollkommen im Klaren, wenn kein Wunder geschieht, gehen hier in vier Wochen die Lichter aus.
  Mit diesen tristen Gedanken schlendere ich ins Dienstzimmer, auch dort sind die Spätdienstler mit der Aufarbeitung der vergangenen Stunden und der nahenden Kontrollkatastrophe beschäftigt.
Die Angst, die nackte Existenzangst ist zu spüren.

Auf dem Tisch des Dienstzimmers liegt ausgebreitet die Lokalzeitung, der mit Stellenangeboten bedruckte Teil wurde scheinbar als Letztes gelesen.

Dort sucht ein Pflegeheim, welches in nächster Zeit eröffnet wird, Pflegekräfte. Pflegehilfskräfte, Hausmeister, Köche…kurzum, Personal aller Art.

Nomen est omen.

Die Kapitulation ist scheinbar schon erfolgt.

Um mich herum deuten die umherliegenden Akten und Formulare vom geschäftigen Treiben des MDK-Kontrollvorbereitungsteams.

Verschiedene Papier- /Aktenhäufchen deuten auf die Arbeitsplätze von fleißigen Pflegebienen hin, welche versuchen zu retten, was zu retten ist.

Dienstzimmer oder Altpapiersortieranlage.

"Alles so liegenlassen, nichts durcheinander bringen, wir machen morgen früh weiter!"

Ich frage mich, wie soll ich hier arbeiten, die ehemals in Heftern konzentrierten Blätter liegen nach einem mir nicht nachvollziehbaren System lose, aber glücklicherweise nach Namen geordnet dezentral in persönlicher Bezugspflegeobhut.

Kloppo hat in den letzten fünf Stunden festgelegt, welcher Mitarbeiter für welchen Gammlinger verantwortlich ist, die Akten wurden übergeben und es wurde verfügt, drei Tage hat jeder Zeit, danach ist Vollzug zu melden.

Die Ordnung der Akten ist ehrenamtlich sprich Freizeitvergnügen, was einen kolossalen Motivationsschub bei der ohnehin schlechten Stimmung bedeutet.

"Es ist ansonsten alles in Ordnung" so der Grundtenor, meiner Vorgänger.

Das hätten sie sich eigentlich sparen können.

Ansonsten alles in Ordnung bedeutet, eben "ansonsten".

Und "ansonsten" bedeutet, es ist eigentlich gar nichts in Ordnung.

Apropos Ordnung. Die Spätschicht-Kumpels können mir auch nicht genau sagen, wo in etwa sich welche Bewohnerakten in

Bearbeitung befinden.
Der bestimmte Hinweis für mich: "Kloppo hat gesagt, die Berichtigung der Akten hat absoluten Vorgang, egal wie…und wenn ihr sie mit nach Hause nehmt", ist für mich bindend.
Wenn Kloppo das gesagt hat, hat es keinen Sinn, sich dagegen aufzulehnen.
Ich habe keine Lust nach etwas zu suchen, was vermutlich ohnehin nicht zu finden ist, die Aktion Müllpresse hat mir gereicht.
Einziger Lichtblick…die Kopien der aktuellen Medikamentenpläne aller Bewohner liegen zur persönlichen Erbauung in einem separaten Hefter bereit.
Es ist doch nicht alles schlecht, damit komme ich über die Nacht, man muss auch mal mit wenig zufrieden sein.
Wenn ich aber ohne Bewohnerakte, nach Übergabe vom Spätdienst, nur mit aktuellem Medikamentenplan den Nachtdienst bestreiten kann, baut sich in mir unweigerlich die Frage auf: "Wofür sind die Aktenplautzer eigentlich nütze?"
Befreit von dem Würgering der Bürokratie, zumindest für diese Nacht, greife ich mir zwei leere DIN A4-Blätter aus dem Kopierer.
Zwei weiße DIN A4-Blätter sind bürokratischer Ballast genug.
Entschleunigt starte ich zur allabendlichen Gammlingervollzähligkeitsüberprüfung.
Was soll mir jetzt noch passieren?

Diese Fragestellung sollte man, egal wie tief man in der Scheiße gesteckt hat, sich selbst und anderen gegenüber niemals stellen, denn, so glaube ich, ist das wie eine Bitte um Nachschlag.

.

Schon nach dem Betreten des ersten Zimmers zeigt mir der liebe Gott mit seinen erhobenen Piepelfinger: "Otto, du kleiner Nachtfalter, dir soll es nicht zu gut gehen…"
Keiner zu Hause, das Zimmer ist leer, Helga ist weg.
Das Herz schlägt mir bis zum Hals.

Was ist denn jetzt schon wieder los?

Was mache ich jetzt?

Warten, bis sie von selbst wieder auftaucht?

Nein, häufig ist Suchen die beste Methode zum Finden verlorener oder vermisster Gegenstände, soll auch bei lebendigen Gammlingern funktionieren.

Ein Blick in den "Bankettsaal" Fehlanzeige, spätestens das unbewohnte Gerhardtzimmer ist für mich ein wichtiger Fingerzeig.

Ich vermute sofort eine Versammlung der "glorreichen Fünf".

Wieso Fünf?

Ja, aus dem allwissenden Quartett ist nach dem Einzug von Zenzi ein fünfeckiges Komitee geworden.

Zwei der Fünf sind auf Tour, fragt sich bloß, wohin.

Gerhardt und Helga, bleiben nur noch Dorothea, Zenzi und Hilda.

Auch Zenzis und Dorotheas Appartements sind verwaist, da bleibt nur noch Hilda.

Gerade auf dem Weg zu meiner schwergewichtigen Wirtin klingelt die Rufanlage, ein kurzer Blick auf mein Mobildiensttelefon sagt mir wenigstens, Hilda ist noch da.

Vier verschwundene Gammlinger auf einen Schlag hatte ich noch nie und allein die Erinnerung an Hildas Friedhofsbesuch ist für mich mehr als furchtbar genug.

Meine ganze Hoffnung richtet sich darauf, dass Hilda weiß, wo sich der Rest ihres elitären Klubs aufhält.

Vor Hilda Kemenate halte ich kurz inne, hinter der Tür ist deutliches Gemurmel zu hören.

Ich klopfe und ohne ein "Herein" abzuwarten, öffne ich die Tür, die Frage an Hilda, wo sich ihre Kumpels befinden, hat sich erübrigt.

Da sind die vier Verlorengeglaubten, Gerhardt sitzt auf Hildas Sessel, Helga auf ihrem Rollator, Doro und Zenzi haben sich auf dem Sofa platziert. Hilda thront in ihrem Bett.

Alle im Schlafanzug plus Bademantel.

Ich bin froh, dass ich die Nestflüchtigen gefunden habe und frage die Herrschaften: "Könnt ihr nicht schlafen oder warum feiert ihr eine Pyjamaparty?"

"Wir feiern nicht, wir machen uns Sorgen."

"Wieso macht ihr euch Sorgen", frage ich die Versammlung, "es gibt doch keinen Grund."

" Oh doch", wirft Gerhardt ein, "das Heim soll geschlossen werden."

"Gerhardt, wie kommst du denn auf das schmale Brett?"

"Ich habe ganz genau gehört, wie Kloppo gesagt hat, wenn kein Wunder geschieht sperrt uns der MDK die Bude zu", entgegnet Gerhardt.

"Wann und wo hast du das gehört, Gerhardt, das interessiert mich nämlich auch", frage ich wiederum den aufgeregten Pyjamahelden.

"Was ich gehört habe, habe ich gehört."

Gerhardt mauert, dass er seine Quelle preisgibt, war nicht wirklich zu erwarten.

"Wollt ihr fünf hier die ganze Nacht verbringen? Ist das nicht ein wenig ungemütlich? Aber Ihr müsst wissen was ihr tut schließlich ihr ja alt genug. Glaubt ihr denn wirklich, dass ihr euch aufgrund von Gerüchten die ganze Nacht um die Ohren schlagen solltet?"

Wie im Chor entgegnen mir alle Fünf: "Das sind keine Gerüchte!"

"Bleibt mal auf dem Teppich", versuche ich die Gammlinger zu beruhigen, eine MDK-Kontrolle bedeutet noch keine Schließung des Pflegeheims.

"Otto", kontert Gerhardt, "die letzte Kontrolle, da war es schon nahe dran, aber seitdem hat sich nichts verbessert hier, im Gegenteil!"

Dorothea mischt sich traurig ein. "Wenn das Heim geschlossen wird, werden wir alle auf verschiedene Heime verteilt, wir wollen aber nicht getrennt werden, es muss doch hier eine Lösung geben und wenn nicht, dann ziehen wir nur gemeinsam um."

"Das verstehe ich ja alles, ich begreife bloß nicht, was ihr in der Nacht veranstalten wollt, um euer Problem zu lösen."

Ich merke ganz deutlich, meine Gammlinger sind auf dem

Kriegspfad, sind bereit alles zu wagen.

Gerhardt und Zenzi sind der Kopf der Revolte.

"Ich habe die Bildzeitung und das Frühstücksfernsehen angerufen, die schicken morgen früh ein Reporterteam", so Gerhardt. Und Zenzi gibt an, ihren ehemaligen Chef in Brüssel bei der NATO und einem guten Freund beim Osloer Dagblatt (einem norwegischen Boulevardblatt) angerufen zu haben, beide so sagt sie, haben ihre Hilfe zugesagt.

Auch alle anderen haben Verwandte und Bekannte in Nah und Fern angerufen und von ihren Ängsten berichtet.

Oh, oh denke ich mir, die MDK-Prüfung ist um vier Wochen verschoben, die Katastrophe wurde von den fünfen um vier Wochen vorverlegt.

Der Käse ist gegessen, hier kann ich nichts mehr tun.

Doch so einfach übersehen kann ich die ganze Angelegenheit doch nicht, die Lawine, die die Spezialisten im Begriff sind loszutreten, verlangt im Interesse aller eine gewisse Vorbereitungszeit.

Ich muss, ob es mir gefällt oder nicht, Kloppo zumindest versuchen, Bescheid zu geben.

Das sage ich der Fünferbande auch.

Begeistert sind die Revolutionäre nicht.

Gerhardt knurrt mich an: "Otto, das hätte ich nicht von dir gedacht, wenn du die alte Schnepfe anrufst dann war alles umsonst, die stecken uns alle in die Klapper und alles geht so weiter wie bisher."

Auch der Rest der Brigade stimmt Gerhardt beifällig zu.

"Gerhardt, ich bin der Letzte, der eure Angst nicht teilt, der auch daran interessiert ist, dass sich hier sehr viel verändern muss, aber noch ist Kloppo verantwortlich und bevor ihr mit der ganzen Welt sprecht, müsst ihr mit ihr reden, um ihr zumindest eine geordnete Übergabe bzw. Verantwortungsübernahme zu ermöglichen.

Falls man euch wirklich versucht mundtot zu machen, dann verspreche ich euch, bin ich in eurem Bund der Sechste."

Gerhardt ist etwas besänftigt, bestimmt aber im nächsten Atemzug: "Die Nacht bleiben wir alle gemeinsam hier."

Dagegen ist vom Prinzip her nichts einzuwenden, denn Hilda hat ein großes Zimmer, welches ursprünglich für zwei Gammlinger ausgelegt ist.

Drei Sessel, ein Pflegebett und ein großes Sofa bieten den fünf Verschworenen zumindest übergangsweise Platz.

Ich lasse die fünf Verschworenen allein im Zimmer.

Kloppo sollte fairerweise wissen, obwohl Fairness für sie ein Fremdwort zu sein scheint, dass ihr der Laden möglicherweise doch vorzeitig um die Ohren fliegt.

Ich wähle die Nummer unserer PDL und kündige ihr den Besuch von Fernsehen und Zeitung an, sie scheint erst nicht zu verstehen, begreift danach jedoch umso schneller.

"Was haben die gemacht, die sind doch wohl völlig irre. Das gibt es doch gar nicht, ich bin sofort im Heim!"

Kaum begonnen ist das Telefonat schon beendet, und wenig später klingelt es bereits an der Eingangstür.

Kloppo noch nicht vollständig wach, mit offenem Mantel und unvollständig gestylter Frisur (so stelle ich mir den fliegenden Holländer vor) begehrt sie um Einlass.

Noch im Eingangsbereich stellt sie die Frage der Fragen: "Sind denn hier alle verrückt geworden? Wo finde ich die Banausen?"

Ich versuche ihr klar zu machen, dass sie vermutlich mit der großen PDL-Keule nichts erreichen wird.

Meine Bedenken werden jedoch ignoriert.

Der Aufstand

Wie immer, weiß sie alles besser, sie stürmt wie ein Stier in Hildas Zimmer, bereit, jeden auf die Hörner zu nehmen, der sich ihr in den Weg stellt.

Der Versuch, die Fünf zu trennen, scheitert an der Sturheit

187

und Furchtlosigkeit der Gammlinger, mutig treten sie Kloppo entgegen mit einer Geschlossenheit, von der sich die Belegschaft eine Scheibe oder besser mindestens zwei abschneiden könnte.

Kloppo gewohnt, dass alle vor ihr kuschen, fordert die Verschwörer selbstbewusst auf: "Jeder marschiert sofort auf sein Zimmer, aber ein bisschen zackig!" Die Alten lassen sich jedoch nicht aus der Ruhe bringen, je ruhiger die Gammlinger bleiben, umso mehr regt sich Kloppo auf.

Sie machen ihr ohne Umschweife klar, dass sie vorläufig das Zimmer auf keinen Fall verlassen werden, zudem fordern sie eine sofortige außerplanmäßige Mahlzeit. Der Hit ist, sie erteilen ihr ein sofortiges Besuchsverbot, mit mir, Otto, wollen sie jedoch weiter reden.

Das ist Novum in der Geschichte des Pflegeheims, ein Aufstand.

Kloppo hat sich völlig verrechnet, ist wie ein Schwein gegen die Steckdose gerannt, statt den Schweinekumpel geküsst, hat sie voll die Wand getroffen und sich so richtig den Rüssel verbogen.

"Das gibt's doch gar nicht" sind ihre ersten Worte, "die sind doch völlig durchgeknallt."

"Otto, Sie holen jetzt den Bereitschaftsarzt!"

Ermutigt durch das Beispiel der Alten frage ich die Wütende: "Was soll ich dem denn erzählen?

Dass die Alten Angst haben, dass das Pflegeheim geschlossen wird. Dass sie die NATO in Brüssel, das Tageblatt von Oslo, die Bildzeitung und das RTL-Frühstücksfernsehen angerufen haben und wer weiß, wen noch alles?

Dass sie zu fünft in einem Zimmer sitzen? Dass sie es ablehnen, mit der PDL weiter zu sprechen und ihr ab sofort Besuchsverbot erteilt haben, dass sie mitten in der Nacht etwas zu essen fordern?

Der Arzt lacht sich doch kaputt. Die haben doch bisher nichts getan, was sie nicht dürfen und genau genommen haben sie nicht einmal gegen die Heimordnung verstoßen.

Das ist kein Grund einen Arzt zu rufen, nein das mache ich nicht. Wenn Sie denken, dass hier ein Arzt nötig ist, dann steht es Ihnen als Pflegedienstleitung frei zu, selbigen zu rufen."
Als Nachsatz in Gedanken füge ich hinzu: "Auch grober Unfug ist strafbar."
Als Alternative könnte sie ja die Polizei bestellen, Gott bewahre uns alle davor, dass sie es tut.
Kloppo ist still und das ist gut so.
In die Stille hinein frage ich: " Mal etwas anderes, was soll eigentlich das Chaos mit den Bewohnerakten bedeuten?"
Sie sieht mich fragend an, hat sie meine Frage nicht verstanden, oder ist sie schon wieder, wenn auch diesmal nur gedanklich, verschwunden?
Ich wiederhole meine Anfrage.
"Wieso, was ist denn mit den Akten?"
Wortlos weise ich auf die Aktenlage im Dienstzimmer. Und füge hinzu: "Und wo der Rest der Akten ist, entzieht sich meiner Kenntnis."
Wie erwartet hat Kloppo überhaupt nichts verstanden.
Sie schnarcht mich erst einmal an: "Klappt denn hier überhaupt nichts mehr? Wie sieht es hier überhaupt aus? Das ist doch ein Saustall!"
Höflich wie ich nun einmal bin, warte ich, bis sie fertig mit ihren Schimpftiraden ist und erkläre ihr noch einmal von vorn, wo eigentlich das Problem liegt.
"Nein, das habe ich so nicht gesagt, das ist wieder einmal ein Missverständnis!" Nach dieser polternden Antwort eine lange halbe Minute eisiges Schweigen im Dienstzimmer.
"Ob Missverständnis oder nicht, in Erwartung des baldigen von unseren Fünf organisierten Rummels sollten wir wenigstens die Bewohnerakten in Ordnung bringen", ist zumindest meine Meinung.
Das leuchtet selbst der Besuchsverbotsbetroffenen ein. Ich selbst habe eigentlich und nicht nur eigentlich überhaupt keine Zeit dazu.
Dazu muss sie sich schon jemanden anderes suchen oder es einfach mal selbst machen.

Ich kümmere mich erst einmal um die geforderte Spät- oder besser gesagt Zwischenmahlzeit der vier Zimmerbesetzer, nein, es sind ja fünf, Hilda ist ja im Zimmer ordentlich gemeldet, aber essen will sie und wenn sich mitten in der Nacht die Gelegenheit ergibt, trotzdem.

Kaum an sie gedacht, klingelt es aus der Massenunterkunft, die Frage lautet: "Wie lange dauert das mit dem Essen noch?" Außer fester Nahrung werden zwei Flaschen Weißbier und drei Flaschen Radler gewünscht.

Ich begebe mich in die Katakomben des Pflegeheimes, in denen sich neben der Küche auch die Vorratslager befinden und stelle nach den Wünschen der fünf Aktivisten ein Nachtmahl zusammen.

Mit einem Plattenwagen wird der Lebensmitteltransport zu Hildas Zimmer geschoben und Zimmerserviceverantwortlicher Otto serviert, die Gammlinger sind begeistert, daran könnten sie sich gewöhnen (so die einstimmige Meinung).

Inzwischen ist es vier Uhr.

Kloppo hat Charlotte aus dem Bett und den Rufbereitschaftsdienst zum Dienst zitiert, auch Leo, welcher blöderweise über sein Diensthandy erreichbar war, erhält die Order, sofort seinen "Kadaver" ins Pflegeheim zu schleppen. Charlotte ist die Ruhe selbst, jedoch, bevor sie zum Tagesgeschäft übergeht, legt sie Kloppo unsere Stundenzettel vor.

"Was soll denn das, das unterschreibe ich nicht."

Wie bitte? Glaubt die nette Kloppodame, sie kann uns jederzeit zum Dienst überreden, aber alles ist ehrenamtlich, sie hat ja wohl eine mittelschwere Fehlfunktion unter ihrer Schädeldecke.

Ruhig aber bestimmt erklärt Charlotte den Stundenzettel und ganz nebenbei die Konsequenzen, die sich aus einer Unterschriftsverweigerung ergeben würden.

Mit denen kann Kloppo, wie es scheint, momentan nicht so richtig leben, schließlich unterschreibt sie zähneknirschend.

Charlotte hat zusammen mit Hausmeister Leo ein Bewohneraktenreparaturteam gebildet.
Sie sortiert die losen Blätter nach Bewohnernamen und Leo verbringt die Blätter in die dafür vorgesehenen Ordner.
Bei der ganzen Sortiererei ist auffällig, dass irgendein Superheld bei der von Kloppo angestrebten Berichtigung gar großzügig trotz Verbot laut Gesetz mit Tipp-Ex gearbeitet hat und somit die ganze Arbeit für die Katz ist.
Es sind jedoch "nur" zehn Bewohnerakten betroffen, "nur", das ist immerhin fast ein Viertel. Auch der Übeltäter ist schnell gefunden, das erste Lehrjahr ist schuld.
Tamara hat, wie man so schön sagt, das, was sie mit den Händen aufgebaut hat, mit dem Hintern wieder eingerissen.
Kloppo ist wieder einmal außer sich und verspricht: "Die kann sich frisch machen!"
Also einmal neu, weil es so schön war.
Doch das hat noch etwas Zeit.

Die Zeit vergeht wie im Fluge und schon steht der verwunderte Frühdienst auf der Matte. Dieser kann gar nicht glauben, zu welchen Leistungen unsere Gammlinger noch fähig sind.
Während des routinemäßigen Wachablösungsrituals sitzt Kloppo wie eine kleine verträumte Bombe wort- und sichtlich ratlos, auf dem Stuhl.
Keiner von uns möchte in diesem Moment mit ihr tauschen.
"Weder gegen Geld noch gute Worte", doch keines von beidem steht jetzt zur Debatte.
Eine völlig verfahrene Kiste, beschreibt die Situation am treffendsten.

Die Ungewissheit, was in den nächsten Stunden über das Haus hineinbricht und über alle, die sich unter seinem Dach befinden, macht uns schon etwas unsicher.
Eine Pleite bei der MDK-Kontrolle, wäre in jedem Fall dem vorzuziehen, was sich hier zusammenbraut.
Oder auch vielleicht doch nicht?
Ich habe keine Ahnung und damit bin ich nicht der Einzige.
"Helm ab zum Gebet:

Lieber Herr Jesus sei unser Gast und schütze uns vor dem, was Kloppo uns bescheret hat, Amen."

Aber apathisch herumsitzen und wie das Huhn auf das Hackebeilchen warten ist auf jeden Fall keine Lösung.

Charlotte ergreift die Initiative: "Von nichts wird nichts, vom Rumsitzen und Trübsal blasen kommen die Bewohner auch nicht aus dem Betten.

Was passiert ist, ist nun mal passiert, das können wir jetzt auch nicht mehr ändern, jeder macht jetzt das, wofür er bezahlt wird, aufhängen können wir uns danach immer noch."

So liebe ich meine Frau, sie lässt sich durch nichts unterkriegen.

Nur das mit dem Aufhängen das müssen wir noch mal besprechen.

Wie hatte Charlotte so schön gesagt: "Jeder macht das, wofür er bezahlt wird."

Absolut perfekt, wir bringen den Pflegezug in Gang und passen auf, dass sich die PDL nicht davor oder dahinter wirft, denn Kloppo ist für den Rest verantwortlich.

Gerechte Arbeitsteilung. Ja, genau so machen wir das!

Das Signal zur hygienisch notwendigen Gammlingerganzkörperoptimierung ist gegeben und alle haben verstanden.

Fast alle, nur Kloppo hängt wieder einmal ein bisschen hinterher.

In unserer "Losbude" können wir uns keine Nieten leisten und selbst planloseste Kloppos müssen beschäftigt werden.

Das kommt zwar einer vorübergehenden Entmachtung gleich, aber wir haben keine Wahl.

Inspiriert oder aufgeschreckt durch die Eigeninitiative "der kleinen Leute" wird auch Kloppo wieder wach.

Sie tritt die Flucht nach vorn und legt fest, dass sie sämtliche eingehende Telefonanrufe übernimmt und sich mit der Geschäftsleitung bespricht.

"Das ist doch mal ein Wort", eine weise Entscheidung, welche in unser aller Augen richtig und durchaus hilfreich ist.

Eine sofortige Anrufumleitung, macht "Nägel mit Köpfen" und

Kloppo wieder zum "nützlichen Teil" unserer Pflegegesellschaft.

Der vorläufigen Unterstützung und den damit verbundenen Ottoüberstunden stimmt sie dankbar zu.

Wirklich dankbar?

Ist auch egal, ich mache das ja nicht für sie.

Zu allererst nehmen wir uns zweckmäßigerweise die Aufständischen vor, diese haben bei näherer Betrachtung ihr "Hauptquartier" strategisch günstig auch im Sinne der pflegerischen Versorgung ausgewählt.

Unmittelbar neben Hildas Domizil, welches vorübergehend durch die Gammlingerguerilla besetzt ist, befindet sich das Gemeinschaftsbad.

Die Ausstattung mit zwei separaten ebenerdigen Duschkabinen, einer Badewanne und Toilette lässt durchaus die gleichzeitige Versorgung von zwei Gammlingerkollegen zu.

Wie geschaffen für einen Massenanfall von notwendiger Morgenroutine von fünf sich im selbst gewählten Exil befindlichen Gammlingern.

So die theoretische Lösung, welche aber ihre Praxistauglichkeit noch beweisen müsste.

Wie und wohin Charlotte und ich die Kuh vom Eis, beziehungsweise die Gammlinger unter die Dusche führen wollen war entschieden, nun müssen wir es nur noch den in Hildas Zimmer Untergeschlüpften verkaufen.

Die Zeit drängt, da wir nicht wissen, wann und ob wir überhaupt mit Unterstützern von Gerhardt und seinen Getreuen rechnen dürfen oder besser gesagt rechnen müssen.

Aber auch ohne die unerwartet aufgetretenen zusätzlichen Herausforderungen besteht die Möglichkeit, dass der Sohn Hildas seinen allmorgendlichen Besuch vorverlegt und dann wäre nicht nur sprichwörtlich " Holland in Not".

Wer sich seinen Problemen nicht stellt, ist schon mal als zweiter Sieger vorgemerkt.

Es wird eng werden und das im doppelten Sinne des Wortes zum Ersten betreffs der Zeit und zum zweiten betreffs des vorhandenen Platzes.

Schließlich hatte sich in Hildas Butze, wenn auch ursprünglich ein Doppelzimmer, fast ein Achtel der Station versammelt, das bedeutet eine einhundertfünfundzwanzigprozentige Überbelegung.

Mit einem freundlichen "Guten Morgen" betreten wir die Gammlinger-Festung, auch die Fünf sind guter Stimmung.

"Hallo Otto, hallo Charlotte!"

Mit der Anwesenheit von uns beiden ist die Bemannung auf das siebenfache der heimüblichen Belegung angestiegen.

Wer an Platzangst leidet darf hier nicht mitmachen, man könnte es auch als unfreiwilliges Gruppenkuscheln einstufen. Doch mit Kuschelkurs kommen wir hier nicht weiter.

"Vor dem Frühstück wird gewaschen und anziehen wollt ihr euch doch auch noch, oder wollt ihr den ganzen Tag im Nachthemd rumhopsen?" Nach dieser Ansage meinerseits, meldete sich Gerhardt trotzig zu Wort.

" Wir bleiben alle hier!"

"Gerhardt, ich habe kein Problem damit, dass ihr alle hier bleiben wollt, aber du siehst ja selbst, ihr könnt hier zur Not gemeinsam sitzen, aber Anziehen und Waschen ist unmöglich und rasieren solltest du dich auch, bevor ihr euch der Öffentlichkeit präsentiert."

Das von Charlotte und mir erdachte Prozedere zur Körperpflege findet Eingang in das Gespräch und wird lebhaft diskutiert.

Ich hätte es im Leben nicht für möglich gehalten, dass Hildas Stuhlgang für mich und Charlotte einmal hilfreiche Bedeutung erlangen sollte.

Die Uneinigkeit über Für und Wider, entscheidet Nörgel-Nörgel-Hilda mit einem Schlag. "Tut mir leid, aber ich muss mal."

"Was musst du?"

„Na blöde Frage, scheißen natürlich, aber schnell."

Jetzt kommt Leben in die Hütte.

Dorothea und Helga erklären sich zum gemeinschaftlichen Duschen nebenan bereit.

Charlotte bugsiert Hilda auf den Donnerbalken, Gerhardt
mutiert zum Türsteher, besser Stuhlsitzer vor Hildas Domizil
und Zenzi bleibt, wo sie ist, sie bleibt einfach dort sitzen. "Mir
macht das nichts aus", meint sie.
Als das nun endlich alles geklärt ist, tobe ich durch die Zimmer
von Hildas Besuchern und sammle dort Zivilkleidung und
Waschutensilien ein.
Im Gemeinschaftsbad wird für jeden der Vier ein Päckchen mit
Sachen, und eines mit Toilettenartikeln plus Handtüchern auf
der großzügig angelegten Ablagefläche errichtet.
Wer diese Ablagefläche hat errichten lassen, der hat wirklich
mitgedacht!
Oder eben auch nicht.
Wer braucht schon im Normalfall eine Ablagefläche von sechs
Metern Länge und einer Tiefe von einem Meter, ergometrisch
in Arbeitshöhe die Platte und drei Spiegel, welche sowohl im
Stehen als auch aus sitzender Position verstellbar sind.
Das ist kein Zufall, die zwei in die Arbeitsplatte eingebauten
Waschbecken erzeugen in meinem Otto-Hirn einen Aha-
Effekt.
Das ist nicht nur ein Gemeinschaftsbad, hier hat auch der
Hausfriseur sein Versteck.
Schnell noch alle Häufchen mit Namen versehen und alles ist
fertig für das Quartett.
Dorothea und Helga lassen sich so ausgiebig das Wasser auf
ihre Häupter regnen, dass ich sie daran erinnern muss, dass
sich Gerhardt und Zenzi auch noch in der Warteschlange
befinden.
Innerhalb von zweieinhalb Stunden sind die Gammlinger
gereinigt und gelüftet, alle Fünf klar zum Frühstück an Hildas
Tisch.
Alle sind zufrieden.
Gerhardt rasiert, Helga neu bebeutelt, Zenzi und Doro
strahlen, als stünde das Christkind vor der Tür, ja selbst Hilda
grinst wie ein Honigkuchenpferd.
"Das war prima, das müsste jeden Tag so sein!" So die
einhellige Meinung des Quintetts.

Dem können wir nur beipflichten, aber nicht nur Hildas Zimmer ist massiv überbelegt, auch der Personalschlüssel hat sich infolge der Aktivierung der Rufbereitschaft durch Kloppo und der freiwilligen Nachtschichtverlängerung Ottos auf satte zweihundert Prozent der ortsüblichen Personalsollstärke erhöht.

Jetzt ist es Zeit für mich, an der Matratze zu horchen, den Rest schaffen Charlotte und Kollegen allein, da bin ich mir sicher.

Das dynamische Quintett frühstückt ausgiebig und verfolgt die Nachrichten im Fernsehen, aber ihr Anruf beim Fernsehsender hat es nach Lage der Dinge nicht unter die für die Berichterstatter wichtigen Nachrichten geschafft.
Eine große Enttäuschung macht sich in der Runde breit, da hatten sie mehr erwartet.
Sie hatten soviel gewagt. Und nun?
Keine Reaktion.
Nichts.
Weniger als nichts! Gar nichts!
Gerhardt und Zenzi sehen sich an, sie hatten mit allem Möglichen gerechnet, damit nicht.
Ihre anfängliche Euphorie ist einer Katerstimmung gewichen.
"Noch ist nicht aller Tage Abend", versucht Gerhardt seine Komplizen aufzumuntern.
Die Stimmung der Aufständischen ist auf den Nullpunkt gesunken.

Ich bin so fertig, wie nur ein Otto nach solch einer Nachtschicht sein kann.
Es gibt doch fast nichts Schöneres, als die müden Glieder und natürlich auch den Rest in die Schnarchkiste zu packen, so ein Bett ist doch eine tolle Erfindung.
Als Einschlafhilfe noch schnell den Fernsehapparat eingeschaltet und ….
Nichts fördert im Normalfall die Schlafbereitschaft meines Körpers mehr als eine halbstündliche Portion Volksverdummung aus der Flimmerkiste.
Aber, auch Flimmerkisten können zum Otto-Wecker mutieren.

Kurz bevor sich mein Bewusstsein ausklinkt, irgendwo
zwischen nicht ganz anwesend und halb wach, katapultiert
mich der Schlafsandwerfer aus der Nachrichtenredaktion
ruckartig in den Modus "Schlafen ist jetzt nicht".
"Nun ein Beitrag über eine nicht alltägliche Protestaktion.
Fünf Bewohner eines Pflegeheims im Süden Deutschlands
haben sich aus Angst vor der Schließung ihres Altenheims seit
gestern Abend in einem Raum des Hauses ... verschanzt.
Unter den Aktivisten befinden sich Zenzi K., ehemalige
Mitarbeiterin im NATO-Hauptquartier in Brüssel sowie
Gerhardt O.
Zu einer Stellungnahme war die Einrichtungsleitung bisher
nicht zu erreichen, wir halten Sie, verehrte Zuschauer, über
die weitere Entwicklung auf dem Laufenden."
   Nicht nur in meinen Gehörgang ist die Fernsehkurznachricht
vom Aufstand unserer fünf Senioren gedrungen.
Kaum ist der Nachrichtenblock vorüber, da kommt Leben in
die Bude, besser ins Altenheim.
Wie ein Lauffeuer verbreitet sich, dass es die fünf Alten in die
Fernsehnachrichten geschafft haben.
   Kaum sind die Fernsehnachrichten verhallt, klingelt das
Telefon im Büro der Heimleitung, der Geschäftsführer des
Pflegeverbandes, zu welchem auch unser Altenheim gehört,
ist am Rohr.
Ohne die sonst üblichen Schmalzlockusfloskeln kommt er zur
Sache und er faucht die Heimleiterin an: " Sagen Sie mal, ich
habe das Gefühl nach allem, was ich heute früh hören musste,
dass Sie Ihren Laden absolut nicht im Griff haben!"
Mal abgesehen davon, dass sich die Brauchbarkeit der
Heimleiterin im Vergleich zum Tag ihrer Berufung nicht
verändert hat, ist der Einschätzung des Geschäftsführers
eigentlich nichts hinzuzufügen.
   Der Obermotz ist stinksauer, denn er muss nicht nur die
Negativwerbung im Fernsehen ertragen, sein Telefon steht an
diesem Morgen kaum einen Augenblick still, neben
telefonischen Auskunftsersuchen aus Brüssel und Oslo, dem
Landrat sowie diversen Angehörigen der Bewohner unseres

Pflegeheims will nun auch noch die Heimaufsicht einen Lagebericht.

Kein guter Tag im Leben eines Menschen, der von sich bisher behaupten konnte, alles und jeden im Griff zu haben, aber wie heißt es doch so schön, „es irrt der Mensch solang er lebt".

Und das, was der gute Mann an diesem Tag im Verlaufe der diversen Telefonate erleben besser gesagt sich anhören musste, hat ihm gar nicht gefallen.

"Ich bin in zehn Minuten bei Ihnen und erwarte einen lückenlosen Bericht mit einem effizienten Lösungsvorschlag, ich hoffe, Sie haben mich verstanden!"

Bumms und aufgelegt.

In Erwartung des großen Chefs wird Madame Petrowa ganz langsam klar, jetzt muss sie Nägel mit Köpfen machen, wenn sie selbst nicht geköpft werden wollte.

Das Mindeste ist, einen Schuldigen zu präsentieren.

Wie war das noch mal, wenn ich nicht mehr weiter weiß, dann hole ich jemanden in mein Büro damit ich nicht so alleine bin...

Gesagt, getan, innerhalb kürzester Zeit ist Kloppo in ihrem Büro und sieht sie erwartungsvoll an.

Eine Doppelnull an der Eingangstür des stillen Örtchens kennzeichnet diesen Ort als Möglichkeit zur Problemlösung.

Eine Doppelnull auf den Bürostühlen im Zimmer der Heimleitung eines Altenpflegeheimes, dies geht zu neunundneunzig Prozent in die Hose.

Heimleitung zu Kloppo: "Du, der Geschäftsführer ist im Anmarsch, ich weiß doch nichts, was soll ich ihm erzählen?"

Kloppo zu Heimleitung: " Das weiß ich doch auch nicht, am besten Du erzählst ihm, dass wir uns das überhaupt nicht erklären können, dass bis gestern Nachmittag alles in Ordnung war und die Alten urplötzlich ausgeflippt sind."

Diese Version halten die beiden für eine gute Idee, kaum haben sie sich positioniert, da öffnet sich mit einem Ruck die Tür und ein Nadelstreifenanzug kommt hereingefegt.

Beim Anblick des nadelgestreiften Schlipsträgers scheint den beiden Superhelden, um genau zu sein Superheldinnen, das Herz in die Hose zu rutschen, denn dieser Typ kann, wenn er will, ihnen so richtig weh tun.

Und der Herr Geschäftsführer sieht nicht so aus, als würde er eine Dankesrede für bisher geleistete Arbeit halten wollen, eher im Gegenteil.

"Können Sie mir sagen, was eigentlich hier los ist?!"

Daraufhin wird die verabredete Stellungnahme präsentiert.

Ein zufriedener Geschäftsführer sieht anders aus, aber der Herr scheint einzusehen, wer billige Stellvertreter hat, muss dies im Ernstfall teuer bezahlen.

Nichtswissen macht nichts, in diesem Fall ist das doch nicht ganz so hilfreich.

Der Geschäftsführer heißt Fuchs, aber so richtig schlau wird er aus dem "lückenlosen Bericht" der beiden Damen nicht.

In seiner Not startet er einen letzten Versuch.

"Meine Damen, ich wollte wissen, was hier Ursache dieses Chaos ist und nicht was Sie nicht wissen und was Sie nicht erklären können!

Sie sind die Leitung des Hauses, Sie müssen wissen, was in Ihrem Verantwortungsbereich passiert.

Wenn Sie mir hier erzählen, dass Sie nichts wissen und sich nichts erklären können, dann sind Sie, wie es scheint, nicht auf der Höhe Ihrer Aufgaben!"

Heimleitung und PDL versuchen mit zu vernachlässigendem Erfolg, sich zu verteidigen. "Wir sind unschuldig, solange wir im Dienst waren, war alles in Ordnung, bis mich der Nachtdienstpfleger Otto angerufen hat.

Zu diesem Zeitpunkt habe ich zum ersten Mal Kenntnis davon erhalten, dass etwas nicht in Ordnung ist.

Ich bin sofort ins Heim geeilt und hab versucht, das Problem zu lösen", meint Kloppo.

"Scheint Ihnen aber nicht so richtig gelungen zu sein, sozusagen ein Misserfolg auf der ganzen Linie, herzlichen Glückwunsch, wenn Sie schon nichts wissen, können Sie mir wenigstens sagen, wo der Pfleger Otto zu erreichen ist!"

Herr Fuchs ist bedient, aber nicht zufrieden.

Die beiden Pflegetanten sehen eine effiziente Möglichkeit, ein Bauernopfer zu präsentieren.

Das Bauernopfer ist Otto und in einer Geschwindigkeit, die niemand den Pflegeschachspielern zugetraut hätte, ist die private Handynummer Ottos gefunden und Herrn Fuchs überreicht.

Nach dem Motto: "Tue uns nichts, nimm Otto."

Über die plötzliche Effizienz seiner Gesprächspartner ist selbst Meister Fuchs überrascht.

Die Telefonnummer ist rasch gewählt und Otto wird in seinem Schlaf gestört.

Es dauert eine ganze Weile bis ich mein auf und nieder hopsendes Handy so richtig wahrnehme und einen weiteren Moment, bis ich Herrn Fuchs gedanklich einordnen kann.

Ohne große Umwege werde ich gefragt, wie lange ich benötige, um mit ihm ein Vieraugengespräch zu führen.

Eine Ablehnung scheint er gar nicht in Betracht zu ziehen.

Ich bitte mir zehn Minuten Vorbereitungszeit aus, welche mir großzügig gewährt wird.

Jederzeit bereit für mehr oder weniger gute Taten, einmal nach rechts gerollt, ins Bad gehechtet, den Wasserstrahl der Dusche passiert mit der Zahnbürste durch den Mund gewirbelt, das Handtuch zum Zwecke der Trocknung geschwenkt, in die Sachen gesprungen und zu guter Letzt noch einen Blick in den Spiegel riskiert.

Aber was ich da sehe gefällt mir gar nicht, bei einer Schönheitskonkurrenz der kaukasischen Überhundertjährigen würde ich ohne Probleme den ersten Platz belegen.

Aber es kommt in diesem Falle nicht auf die Schönheit an, Herr Fuchs will mich ja nicht heiraten, so hoffe ich wenigstens.

Kurz darauf stehe ich dem Oberboss gegenüber, ein Nadelstreifenanzug mit schwarzen Lackschuhen und nicht zu vergessen, "ein Traum von lila Krawatte".

Nach kurzer Begrüßung mit Handschlag, die erste Frage: "Sie, Pfleger Otto, hatten also in der vergangenen Nacht Nachtdienst. Wie kann es sein, dass aus dem Nichts heraus eine so unglaubliche Situation entsteht, können Sie mir dies erklären? Bis zum Beginn des Nachtdienstes war doch alles in Ordnung."

Mein erster persönlicher Eindruck von Herrn Fuchs, der Herr ist eine reizende Persönlichkeit, besser gesagt, eine gereizte Persönlichkeit.

Zuviel Vertrauen in den Herrn Fuchs zu setzen, das wurde mir sofort klar, ist ein Fehler.

Die Hoffung auf eine faire Behandlung eine Illusion.

In diesem Gespräch sollte ein Schuldiger aufgebaut werden, dem man das Desaster anhängen konnte.

Dazu war ich mitnichten bereit, es konnte doch nicht sein, dass Kloppo und Konsorten den Wagen mit Karacho an die Wand gefahren haben und sich danach an nichts erinnern können oder wollen und Otto, der zuerst an der Unfallstelle auftaucht und erste Hilfe leistet, zum Verursacher auserkoren wird.

Nach dem Motto: „Haltet den Dieb, er hat mein Messer im Rücken."

Nicht mit mir Herr Fuchs, Otto ist vielleicht ein vorsichtiger Angsthase, aber ganz blöde ist er auch nicht und wenn schon Ursachenforschung, dann muss schon den wirklich Verantwortlichen ans Bein gepinkelt werden.

"Wer sagt Ihnen eigentlich, dass bis zu dem Zeitpunkt, als ich den Nachtdienst übernommen habe, alles in Ordnung war, in Ordnung, was soll das eigentlich bedeuten?

Seitdem ich in diesem Heim Dienst tue, kann ich nach Lage der Dinge mit jeder Einschätzung leben, aber alles in Ordnung, das war es hier noch nie."

Ich muss aufpassen, dass ich nicht die Fassung verliere und aus Sicht meines Gegenübers in Richtung Unhöflichkeit abdrifte. Inzwischen ist mir gelinde gesagt so ziemlich alles egal, wenn ich als Buhmann aus dieser Angelegenheit herausgehe, habe ich auf der ganzen Linie verloren, obwohl ich meine Arbeit nach bestem Wissen und Gewissen erledigt habe.

Nein, das Ende der Fahnenstange ist erreicht, Otto hat sich entschlossen auszupacken und tut dies auch.

Egal ob Aldityte, die Aktion mit Frau Schlimm, die fehlenden Handschuhe, die Sprachdefizite meiner Kollegen, die Hilda-

Friedhofsaktion, die MDK-Vorbereitung, die Morphinfahndung, der permanente Macht- und Mobbingkampf der Vorgesetzen, ich lasse fast nichts aus, außer der Andachtsraumnummer unserer WBL.

Nach Beendigung meines Rapports hat Meister Fuchs keine Fragen mehr.

Außer einer kleinen. "Otto, was denken Sie, warum haben sich die Alten in ihrem Zimmer verschanzt?"

Mir wird augenblicklich klar, er hat nichts begriffen, er ist kein Fuchs, er heißt nur so.

Im Übrigen, Fuchs zu sein erfordert mehr als nur einen roten Schwanz zu haben.

Aber welche Eigenschaften zu seiner Namensgebung geführt haben, entzieht sich meiner Kenntnis.

Um nicht unhöflich zu erscheinen, versuche ich seine Frage möglichst diplomatisch zu beantworten.

"Das müssen Sie sie schon selbst fragen, ich vermute, dass sie Angst haben, dass das Heim geschlossen wird und falls sich der MDK so richtig tiefgründig mit den Ängsten der Bewohner beschäftigt, dann, mit Verlaub, ist die Angst nicht so ganz unberechtigt, aber Sie sind der Chef und ich bin überzeugt, dass Sie das oder besser gesagt die Probleme lösen werden."

Damit war das Gespräch beendet und obwohl ich damit niemandem so richtig einen Gefallen getan habe, war ich zum ersten Mal, seitdem ich dieses Haus betreten hatte, richtig zufrieden.

"Der Krug geht solange zum Brunnen, bis er bricht", heißt es in einem alten Sprichwort. Auch ich, Otto Angstkaninchen, habe nur eine begrenzte Halbwertzeit und sich mal so richtig auszukotzen, das tut wahrhaftig gut.

"Aber, aber, lieber Otto, so können Sie das aber nicht sehen, es wird nicht alles so heiß gegessen, wie es gekocht wird", so der Fuchs, welcher mich noch nicht so richtig vom Haken lassen will.

Dieser Satz beinhaltet mehrere diskussionswürdige Annahmen, als Erstes bedeutet lieber Otto blöder Otto, zweitens, was kann bzw. darf ich sehen oder nicht und drittens war ich übergekocht, da spielt die Temperatur beim Essen auch nicht mehr so die Rolle.

FF oder Fürst Fuchs, wie er bei Abwesenheit und hinter vorgehaltener Hand vom Fußvolk genannt wird, reicht mir die Hand und bedankt sich für das informative Gespräch.

"Ich hätte mich gern ausführlicher mit Ihnen unterhalten, aber das können wir gern bei passender Gelegenheit nachholen, Sie sehen, die Pflicht ruft."

Das heißt für mich, er hat gehört, was er hören wollte oder auch nicht.

Otto hat seine Schuldigkeit getan oder kam im Moment nicht als Schuldiger in Frage, Otto darf wieder schlafen gehen.

Das ist mir recht und der Rotpelz folgt dem Ruf der Pflicht und dieser erschallt aus Hildas immer noch leicht überbelegtem Zimmer.

Zielgerichtet steuert er das Hilda-Domizil an und beginnt eine längere Unterredung mit den fünf Abtrünnigen.

Nach cirka einer halben Stunde verlässt das Quartett Hildas Reich entsprechend ihrer körperlichen Möglichkeiten, nur Hilda kann aus diesen Gründen nicht so richtig folgen, sie bleibt allein zurück und klingelt, wie nicht anders zu erwarten, um zu den anderen gelangen zu können.

Der Mann hat innerhalb von dreißig Minuten geschafft, woran sich der Rest des Personals vergeblich die Zähne ausgebissen hat.

Gerhardt und Komplizen suchen ihre Zimmer auf, mit Gesicht auf Halbmast, aber sichtlich entschlossen.

Wozu auch immer ?

Nach seiner erfolgreich angebahnten Räumung, besser gesagt dem Rückzug der Gammlinger, nimmt sich der Fuchs noch einmal die beiden Doppelnullen zur Brust.

Kloppo und Genossin bekommen die gelbe Karte gezeigt und bei Wiederholung die Zusage, aus ihrem Paradies ausgewiesen zu werden, außerdem werden die beiden beauftragt, ihren Laden auf Vordermann zu bringen und die Auflagen sind gar zahlreich.

Die beiden Herrschaften sind erleichtert, noch einmal mit einem blauen Auge davongekommen zu sein.

Nun, so sind sie sich einig, werden sie die Ärmel hochkrempeln und denjenigen, die ihrer Ansicht nach Schuld an der Misere sind, mal so richtig Licht ans Fahrrad machen. In völliger Fehleinschätzung der Lage und im Glauben, dass der Kelch positiverweise noch einmal an ihnen vorübergegangen ist, beginnen sie damit, was sie am Allerbesten können, sie genehmigen sich erst einmal eine Auszeit im Raucherzimmer.

Carpe diem, nutze den Tag oder was du heute kannst besorgen, das verschiebe ruhig auf morgen, der Chef hat es gerichtet, was will man mehr.
Sorglos ist immerhin besser als arbeitslos.

Doch wie hat es der Fuchs geschafft, die Fünf zur scheinbar bedingungslosen Kapitulation zu bewegen?
Er hat nach kurzer Anhörung der Alten die Muskeln spielen lassen und das lief wie folgt ab.
Freundlich lächelnd betrat er das Zimmer und fragte die alten Herrschaften, wie es ihnen geht und warum sie tun, was sie gerade tun.
Dass die Angst vor Schließung des Heimes Ursache für ihre Aufmüpfigkeit sein soll kann er sich nicht so recht vorstellen und sagt dies auch.
"Niemand will das Heim schließen und ich muss das als Chef schließlich wissen, solange ich hier Chef bin wird das Heim nicht geschlossen, da können Sie ganz beruhigt sein".
Gerhardt widerspricht: "Wir sind doch ganz ruhig, aber das, was Sie uns da erzählen, beruhigt uns ganz und gar nicht, niemand ist ewig Chef.
Man ist manchmal schneller weg vom Fenster als man sich vorstellen kann, auch Honecker hat vollmundig Versprechungen gemacht und war ganz schnell erst in Moabit und dann in Chile."

Widerspruch kann FF schon gar nicht haben und am allerwenigsten von aus seiner Sicht nicht Widerspruchsberechtigten, außerdem ist die Voraussage Gerhardts über ein abruptes mögliches Ende seiner so erfolgreichen Karriere und sich anschließendem Aufenthalt in Moabit und anschließend in Südamerika, ein Affront.

Auf einen groben Klotz wie Gerhardt gehört ein grober Keil, das lernt man auf Seminaren für glückliche Geschäftsführer.

Und der Fuchs wäre nicht Fuchs, wenn er nicht "angemessen" auf die Meinungsäußerung Gerhardts reagieren würde.

"Ich bin zu Ihnen gekommen um mit Ihnen gemeinsam eine Lösung zu finden, Ihnen die Hand zu reichen, ich vermisse jedoch eine Bereitschaft Ihrerseits dazu.

Es mag sein, dass in letzter Zeit hier im Hause nicht alles optimal gelaufen ist, aber die Probleme sind erkannt und werden gelöst.

Ihre unverhältnismäßige Protestaktion ist dabei wenig hilfreich und schadet mehr, als dass sie nützt.

Das, was Sie tun, ist hochgradig illegal und verstößt gegen das Heimgesetz, welches für jeden Bewohner eine bestimmte Quadratmeterzahl Wohnraum vorschreibt und wer vorsätzlich gegen das Heimgesetz verstößt, dem kann fristlos der Pflegeheimplatz gekündigt werden und dazu wäre ich, so leid es mir tut, gezwungen.

Sie haben die Wahl, glauben Sie mir oder glauben Sie mir nicht."

Fünf offene Münder sind die unmittelbare Folge.

Zenzi fängt sich als Erste. " Das können Sie doch unmöglich ernst meinen, Sie wollen uns doch nicht wirklich fristlos kündigen?"

FF hat gewonnen, fühlt sich als „Gewinner".

„Das will ich nicht, aber wenn Sie mir keine andere Wahl lassen…, gehen Sie auf Ihre Zimmer und verhalten sich ruhig, dann ist alles gut, tun Sie das nicht, dann müssen Sie mit den Konsequenzen leben."

Die Gammlingervereinigung weiß, wann es Zeit ist, zu Plan B überzugehen, denn wie sagt eine alte Soldatenweisheit:

„Rechtzeitiger Rückzug sichert beste Plätze in der Entscheidungsschlacht."

Gerhardt richtet noch ein kurzes Schlusswort an den Führer des Altenheimgeschäfts: "Sie sollten sich schämen, aber ich bin mir sicher, wenn Sie unser Alter erreichen sollten, was wir Ihnen alle sehr wünschen und in einem solchen Altenheim landen sollten, dann bekommen Sie, was Sie verdienen und das doppelt und dreifach."

Danach verlassen vier der fünf Aufrechten grußlos die Versammlung.

Hilda und Meister Fuchs bleiben zurück.

Sie liegt im Bett und lächelt ihn an, er lächelt aus Freude über den eben errungenen Sieg zurück, aber nur kurz, denn was ihm Hilda im Bett liegend mitleidig mitteilt, lässt ihm das Lächeln im Gesicht einfrieren.

Sie meint: "Ich glaube, wenn ich das alles meinen Sohn erzähle, der haut Dir bestimmt ein paar aufs Maul."

Hilda war die ganze Zeit still und nun das, sie ist also auch unzufrieden mit dem Ausgang der Unterredung.

Irritiert verlässt der scheinbare Sieger die Arena und kurz darauf das Pflegeheim, er will höchstwahrscheinlich nicht die Ankunft des Hildasohnes abwarten und vermeiden zu erfahren, ob Hilda recht mit ihrer Annahme hat.

Ist eigentlich schade, aber "Hau den Lukas", besser "Triff den Fuchs", das hatten sie hier noch nicht, das Schauspiel entgeht jedoch den Gammlingern.

Kurz nachdem der Chef das Haus verlassen hat, hangeln sich in seinem Kielwasser Heimleitung und PDL nach Hause.

Ein ereignisreicher Tag geht vorüber, das Abendessen, an welchem sich auch die sich selbst vorübergehend beurlaubten Freunde beteiligen, wird ein „Willkommens-Sit-in" für die zurückgekehrten, verloren geglaubten Brüder und Schwestern.

Alle sind begierig zu erfahren, wie es so war zu fünft des Nachts in einem Zimmer und wie es so war mit dem Oberboss.

Im Verlauf der Berichterstattung wird der Gesprächskreis

immer größer, als ich zur Dienstübergabe auftauche, diskutieren noch ungefähr fünfzehn Damen und Herren, ganz leise.
Der sonst permanent laufende Fernsehapparat ist aus.
Als ich die doch recht zahlreichen Gammlinger im Bankettsaal sehe wird mir schon ganz mulmig, ich vermute schon einen erweiterten Aufstand.
Zu meiner Erleichterung löst sich die Ansammlung kurz danach auf und die Damen und Herren gehen alle auf ihre Zimmer.

Ein neuer Anfang

Ein in dieser Zusammensetzung noch nie da gewesenes Spätdienstduo sitzt übergabebereit im Dienstzimmer.
Brigitte und Maria.
Brigitte erzählt mir vom Einsatz des Fuchses.
"Es gibt sonst nichts Neues, jedenfalls nichts, was du nicht schon weißt. Außer vielleicht, dass ich gekündigt habe, in vierzehn Tagen bin ich weg."
Die Ankündigung Brigittes nehme ich mit Bedauern zur Kenntnis.
"Mein Kündigungsschreiben", meint sie, „habe ich Kloppo auf den Schreibtisch gelegt, jetzt kann sie ja endlich meine Nachfolgerin in Bukarest oder Warschau ordern, ist mir auch scheißegal, von mir aus kann sie auch ein Streifenhörnchen einstellen oder sich selbst mal auf Station versuchen.
Als Kündigungsgrund habe ich fehlendes Vertrauen in Heim und Pflegedienstleitung angegeben."
Wie meinte doch Kloppo so schön: "Wir sind auf einem guten Weg"... in jedem Fall mittelfristig ohne Brigitte, das Urgestein zieht die Reißleine.
Brigitte wird uns fehlen, aber vielleicht ist das alles bald gar nicht mehr so wichtig und sie hat möglicherweise noch rechtzeitig den Absprung gewagt.

Noch unter dem Eindruck der Ereignisse der letzten Stunden beginne ich meine Nachtdienstverrichtung. Auch der beginnende Besuchsbedarf nach Otto, welchen meine Gammlinger mit Klingelputzen ausdrücken, bringt mich nicht mehr aus der Ruhe.

Ich bin die Ruhe selbst, der Käse ist gegessen, nur keine Panik auf der Titanic, ich habe alles im Griff auf dem sinkenden Schiff.

Egal was ich tue, der Untergang ist rein gefühlsmäßig nicht mehr zu verhindern.

Mein Ziel ist es, ehrenvoll gedient zu haben bis zum letzten Tag im Interesse meiner Gammlinger, wenn es weiter so geht, kann es nicht mehr lange dauern.

Nachdem ich kontrolliert habe, dass alle in ihren Betten liegen, sind auch die Klingler und Klinglerinnen vorerst zufrieden gestellt.

Nach dem, was mir Brigitte erzählt hat, fühle ich mich animiert, mit Gerhardt einige Worte zu wechseln.

Monsignore liegt im Bett, neben sich auf seinem Nachttisch ein Pralinenkasten und die Flimmerkiste läuft, wie es sich gehört läuft gerade "Rommel der Wüstenfuchs".

"Du Otto, ich glaube, hier gehen wirklich bald die Lichter aus, Brigitte haut auch bald ab.

Wie lange bleiben du und deine Frau eigentlich noch?"

Es kommt mir so vor, als würden wir uns schon ewig kennen, unsere Grundstimmung scheint in diesem Augenblick seelenverwandt.

Was sollte ich Gerhardt auf seine Frage antworten, genau genommen hatte ich mir bei all der Aufregung darüber überhaupt noch keine Gedanken gemacht.

"Du, Gerhardt, ich denke, ich mache hier, wenn es notwendig ist, gemeinsam mit Charlotte das Licht aus."

Gerhardt grinst mich an und meint: "Na da müsst ihr bald anfangen euch aufzuschreiben, wo die Lichtschalter sind, damit ihr keinen vergesst, Otto es ist schade, aber nicht mehr lange und dann ist es Zeit Abschied zu nehmen, nach dem heutigen Tag bleibt mir und den Anderen nichts mehr anderes

übrig als in ein neues Heim umzuziehen.
Aber Du musst mir versprechen, petze das nicht wieder
Kloppo, es ändert sowieso nichts mehr.
Nur soviel. Ich bin in jedem Fall nicht der Einzige, es sind noch
einige Formalitäten abzuklären und dann ist aus die Maus."
Dann lässt er doch noch die Katze ein Stück aus dem Sack.
Brigitte ist das Zugpferd, in deren Windschatten unzufriedene
Gammlinger das Weite suchen.
Brigitte wird Wohnbereichsleitung in dem Pflegeheim, das in
fünf Kilometern Luftlinie in vierzehn Tagen eröffnet und nimmt
die Gammlinger ihres Wohnbereiches vollständig mit.
Es gilt als abgemacht, dass die Umsiedler in Brigittes neuem
Verantwortungsbereich sesshaft werden sollen, zwanzig Leute
haben sich schon entschieden.
Bei fünf weiteren müssen die Angehörigen noch grünes Licht
geben, aber soviel ist sicher, sie wollen es tun.
Was die Gammlinger innerhalb von so kurzer Zeit noch klar
machen, das überrascht mich schon etwas.
Gerhardt nimmt mir das Versprechen ab, nichts zu verraten
und ich verspreche.
Was und vor allem wem würde es nützen, wenn ich vom Otto
zum Judas mutiere.
Niemandem, ein Mann muss tun, was er tun muss oder eben
auch nicht.
Weniger ist manchmal mehr.
Der letzte Gefallen, den ich meinen Gammlingern tun kann.
Nachdenklich, aber hundertprozentig sicher, das Richtige zu
tun, verabschiede ich mich von Gerhardt.
　　Draußen auf dem Flur, muss ich erst mal tief durchatmen.
Mann Otto, denke ich mir, erst ein Fünfgammlingeraufstand
und im Anschluss daran macht Brigitte den Fisch und lässt
einfach mal so nebenbei zwanzig Gammlinger mitgehen.
Das ist schon eine reife Leistung, zwanzig Bewohner Verlust,
das bedeutet fast fünfzig Prozent Leerstand im Heim auf einen
Schlag, dann wird es richtig einsam und ein empfindlicher
Schlag nicht nur für das Ego von Mister Fox.
Diese Reaktionen erwartet er in seinen kühnsten Träumen

nicht, kann er gar nicht erwarten, aber er ist ja selbst schuld, wenn er den Fünfen mit Kündigung droht, dann muss er sich nicht wundern, wenn zwanzig die Leine ziehen.

Apropos Traum. Was hatte Gerhardt dem Geschäftsführer abschließend mit auf dem Weg gegeben, dass er das Doppelte und Dreifache im Alter als Pflegeheiminsasse zurückbekommt?

Meine gut entwickelte Phantasie lässt gelegentliche Tagträume auch im Nachtdienst zu, was könnte so einem Geschäftsführer wie dem unserem als Pflegeheiminsassen widerfahren unter Berücksichtigung der Kompensation des Fachkräftemangels in der Zukunft?

Vor meinem geistigen Auge sehe ich einen alten grauhaarigen, abgeklapperten Mann im Pflegebett, nach Luft schnappend liegen, an seiner Seite ein muskulöser Mongole (welcher sich ohne Mühe Herrn Fuchs plus Pflegebett unter den Arm klemmen könnte). Kraft hat der Pfleger ohne Zweifel, er spürt, dass es seinem Patienten schlecht geht, der Nomadensohn öffnet das Fenster, aber die gut gemeinte Maßnahme zeigt keine Wirkung.

Er entscheidet sich Hilfe zu holen und verlässt kurz den Raum. Mit ihm im Dienst als Fachkraft ist Hasimoto universal, ein japanischer Pflegecomputer, auch ein unschlagbares Kraftpaket.

Gemeinsam bilden die beiden ein Bündnis zwischen geistiger und körperlicher Höchstleistung, eine Pflegeeffizienz, die trotz alledem für die Alten nicht unbedingt traumhaft ist.

Dieses mongolisch/japanische Duett erscheint zur Visite. Hasimoto ist der Verantwortliche, bei Problemen oder Notfällen ermöglichen ihm die notwendigen Sensoren die Prüfung aller wesentlichen und wichtigen Vitalfunktionen, mit anschließender ziemlich sicherer Prognoseerstellung.

Der Pflegeroboter untersucht den Vater oder besser einen der Wegbereiter dieser Effizienzexplosion.

Der verzweifelte fragende Blick wird postum mit japanischer Höflichkeit beantwortet: „Herr Fuchs, Ihr Blutdruck ist nicht mehr messbar, Puls ist mehr als schwach, Sauerstoffsättigung liegt bei fünfundsechzig Prozent, der Zustand, in dem Sie sich befinden, wird in der Fachsprache mit Agonie bezeichnet. Sie haben noch zwei Minuten plus zehn Sekunden bis zum Exitus, Sie haben alle verordneten Medikamente erhalten, Ihre Prognose ist infaust, ein Einsatz von Notarzt und Rettungsdienst ist aufgrund Ihrer Prognose nicht zu verantworten, atmen Sie tief durch, Sie haben es fast geschafft."

So könnte es sein, ob dies als doppelte bzw. dreifache Vergeltung seiner umfangreichen Gemeinheiten ausreicht, wer soll das beurteilen.

    Elsa klingelt notfallmäßig und da ich auf Hasimoto noch nicht zurückgreifen kann, muss es der Otto richten.

Die Dame meint, nicht schlafen zu können, und bestellt ein Glas Orangensaft, das hilft immer. Wenn sie meint, dass Orangensaft beim Einschlafen hilft, bitte, an mir soll es nicht liegen.

Wer heilt hat Recht und wenn ich Elsa mit einem Glas Orangensaft einschläfern kann, umso besser.

Das Glas Orangensaft wird prompt von mir geliefert, Elsa setzt das Glas an und trinkt es bis zur Hälfte aus.

"Nein, das ist es nicht, das schmeckt anders als sonst", meint sie.

"Elsa, das ist Orangensaft, nicht mehr und nicht weniger."

"Wenn die kleine Dicke Nachtschicht hat, dann schmeckt der Orangensaft besser."

"Elsa, egal ob der Nachtdienst dick oder dünn ist, der Orangensaft ist der gleiche."

"Otto, ich muss das doch besser wissen, hast du den Saft getrunken oder ich und außerdem konnte ich danach schlafen wie ein Bär."

Ich kann mir beim besten Willen nicht erklären, dass ein Orangensaft Bärenschlafwirkung verursacht, jedenfalls nicht der Orangensaft, der im Handel frei verkäuflich ist.

Doch Elsa ist stur, klingelt und nörgelt und klingelt und nörgelt und klingelt.

Die Dame kann wirklich Völkerstämme beschäftigen.

Orangensaft, Orangensaft, irgendwann fällt mir nichts mehr ein.

Mein Vorschlag, ob wir es einfach mal mit Milch und Honig versuchen wollen, wird abgebügelt.

"Milch! Willst du mich vergiften, Milch habe ich mein ganzes Leben noch nicht getrunken davon kriegt man doch Rinderwahnsinn."

Was soll man dazu sagen?

Wenn man von Milch mit Honig Rinderwahnsinn bekommt, frage ich mich, was Elsa ohne mein Wissen eingenommen hat.

In jedem Fall muss ich mir die Frage stellen, welche Nebenwirkung kann Orangensaft haben, vielleicht kann mich die kleine Dicke erleuchten, die kommt zum Frühdienst.

Nach einer ausgedehnten Klingelpartie verbunden mit Südfruchtpalaver verfällt die Nörgelelsaorange endlich in den gewünschten Bärenschlaf.

Die kleine Dicke ist übrigens unsere WBL, ich bin gespannt, wieso sich in ihrem Nachtdienst der Orangensaft in Schlafsaft verwandelt.

Man kann alt werden wie eine Kuh und lernt immer noch dazu.

Der „Leck-mich-am-Arsch-Effekt" hat mich voll erfasst, dieser Effekt hat viele Väter und ist nur schwer zu beschreiben.

Ich vermute, der Sahneklecks, der Tropfen, der das Fass zum Überlaufen brachte, war sicherlich Gerhardts Offenbarung des bevorstehenden Massenumzuges der Gammlinger.

Ein Torwart, welcher in der ersten Halbzeit fünfzehn Mal hinter sich greifen musste, glaubt auch nicht mehr an den Sieg, aber er steht auch in der zweiten Halbzeit in seinem Kasten, weil der Fußballtorwart nun mal in sein Tor gehört und wenn er in Runde zwei nur zehn Tore eingeschänkt bekommt, dann hat er Schlimmeres verhindert.

Genau so geht es mir, ich habe nichts mehr zu verlieren, denn ich habe bereits verloren, es geht nur noch darum, das

Pflegetrauerspiel über die Zeit zu retten.

In den vergangenen Tagen und Wochen habe ich alles gegeben, genau wie Charlotte, aber es hat nicht gereicht.

Hier sind alle Messen gelesen, unsere Arbeit war vergebene Liebesmüh, wenn auch nicht ganz umsonst.

Noch maximal vierzehn Tage, dann ist hier Daddeldu, gut zu wissen oder auch nicht.

In jedem Fall bin ich mir sicher, das Ende unseres Einsatzes ist absehbar.

Wir haben zwar noch keine Erfahrung bei der Abwicklung eines Pflegeheimes, aber auch für den Rest des Personals ist dies eine Premiere.

Soweit so gut.

Charlotte ist die erste Frühdienstbeginnerin und das ist gut so, obwohl ich Gerhardt versprochen habe den Mund zu halten, denke ich, Charlotte muss es wissen.

Sie reißt die Augen auf und ist kurzzeitig sprachlos, meine Frau ist kein Freund von Kraftausdrücken doch hier macht sie eine Ausnahme. "So eine Scheiße, du weißt, was das für uns heißt."

"Ja", antworte ich Charlotte, „aber lass uns nach der Schicht reden und denke daran, zu niemandem ein Wort, du, ich, wir beide wissen von nichts."

Charlotte hat sich wieder einigermaßen im Griff und das keinen Augenblick zu früh, denn die kleine Dicke schiebt sich durch die Tür.

"Guten Morgen, na, alles klar?"

Da kann ich ja gleich mein Orangensaftproblem klären, als ich ihr die Frage stelle, welchen besonderen Orangensaft sie im Nachtdienst verabreicht, fängt sie schallend an zu lachen.

„Mensch Otto, das ist natürlich eine Spezialmischung", sie öffnet den Kühlschrank und hält eine Flasche Wodka hoch, "zwei Daumen breit hiervon plus Orangensaft, Wodka ist nicht nur gut für Trallala sondern wirkt auch bärenstark bei Schlaflosigkeit."

Nach der Enthüllung unserer Kollegin, warum der Orangensaft einschläfernde Wirkung haben kann, versandet die Konversation.

Charlotte, ich, Otto, und die WBL sitzen schweigend am Tisch, jeder hängt seinen eigenen Gedanken nach.

Ganz nebenbei betrachte ich die Hände unserer kleinen Dicken, ganz normal anatomisch geformt, nur ihre Daumen sind extrem breit.

Eines steht fest, aufgrund dieser außergewöhnlichen Anomalie würde ich, selbst wenn ich versuchen würde, die Orangensaftschlafmixtur anzurichten, die Wirksamkeit verfehlen.

Mir fehlen schlichtweg die dazu notwendigen Daumen, um die "therapeutisch notwendige Menge" Wodka abzumessen.

Also werde ich die russische Schlafanbahnung auch in Zukunft unterlassen.

Trotzdem toll, gut zu wissen.

Aber wer, so frage ich mich, bezahlt denn den Sprit. "Kein Problem, das bezahlen wir aus der Portokasse", ich frage nicht weiter, ich will gar nicht wissen, aus welchem Budget die Briefmarken kommen.

Die Krisenspezialkräfte des Frühdienstes sind inzwischen vollzählig und klar zum Einsatz.

Kloppo ist auch im Haus, hat sich aber, seitdem sie ihr Büro nach Ankunft aufgesucht hat, noch nicht wieder blicken lassen.

Sie wird zwar von den anwesenden Frühdienstlern vermisst, jedoch hält sich die Traurigkeit in Grenzen.

Vermutlich hat sie die Kündigung von Brigitte gefunden und ist dabei, den morgendlichen Willkommensgruß zu verarbeiten.

Oder, was auch noch möglich ist, sie überlegt ganz entspannt, wie sie das Altenheim auf Vordermann bringen kann, wenn das so ist, dann kann es länger dauern.

Erst zur Frühstückszeit lässt sich Kloppo wieder blicken und das ist kein Augenblick zu früh, denn die Schwester von Heil-Hitler-Harry besucht ihren Bruder ungewohnterweise zu so früher Stunde.

Sie will überhaupt nicht akzeptieren, dass ihr Bruder allein auf seinem Zimmer frühstücken soll und macht ihrem Unmut

214

lautstark Luft. "Mein Bruder bezahlt dafür, dass er in diesem Pflegeheim versorgt und nicht entsorgt wird, es kann doch nicht sein, dass er auf sein Zimmer abgeschoben wird und sich keiner um ihn kümmert. Ich will sofort die Chefin sprechen."

Kaum ausgesprochen, wird sie auch schon von Kloppo umschleimt, sie lässt sich jedoch nicht so einfach beruhigen.

"Jedes Mal, wenn ich meinen Bruder besuche, ist er alleine auf seinem Zimmer, er ist doch hier im Pflegeheim und nicht im Knast, das kann doch alles nicht wahr sein."

Harry ist die letzten Tage in sich gekehrt, der Hausarzt hat ihn untersucht, hat aber keinen Anhaltspunkt für eine Erkrankung gefunden und das hat auch die Schwester erfahren, sie ist stinksauer.

Die PDL muss eine Entscheidung treffen und ringt sich dazu durch, dass Harry ab sofort wieder im großen Bankettsaal essen darf (wenn seine Angehörigen dabei sind).

Kurz darauf sitzen beide einträchtig beim Frühstück.

Kaum hat Charlotte die Dienstzimmertür geöffnet, um mit dem Morgenmedizintablett die Medikamente der Bewohner zu verteilen, steht Harrys Schwester neben ihr auf dem Flur und will die Morgentabletten haben, um sie ihrem Bruder zu verabreichen.

Charlotte zögert und teilt der Dame mit, dass sie die Medizin persönlich verabreicht und sie sich bitte einen Moment gedulden soll, und wie aus dem Nichts heraus hat sich auch Kloppo dazugesellt.

Die Harryschwester ist an diesem Tage vermutlich auf Krawall gebürstet, sie schnarcht Charlotte an: "Ewig und drei Tage komme ich hierher und gebe meinen Bruder seine Medizin, machen Sie jetzt kein Theater und rücken Sie die Tabletten raus!"

Kloppo nickt beifällig und grinst.

Jetzt beginnt Charlotte langsam sauer zu werden, ihr Blutdruck steigt, der Puls rast, die Zornesröte steigt ihr ins Gesicht.

Sie macht keine Anstalten, die Tabletten herauszurücken. Als

Kloppo merkt, dass Charlotte nicht so will wie es die Harryschwester gern möchte, nimmt sie selbst Harrys Tablettenbecher vom Tablett und übergibt sie.

Charlotte zugewandt zischt sie: " Ich übernehme dafür die Verantwortung!" Charlotte zischt zurück: "Das ist aber auch das Mindeste."

Wenn Blicke töten könnten, dann wäre Kloppo eine Leiche.

Ohne weitere Reaktion sucht sie das Büro ihrem PDL-Schutzraum auf.

Charlotte muss weiter, sie kann sich nicht aufwendig ärgern, muss sie doch die restlichen Medikamente unter die Gammlinger bringen.

Außerdem bringt es wirklich nichts, sich über Kloppo zu ärgern, da könnte man auch dem Harzer Käse verbieten, zu stinken, das hätte wohl den gleichen Effekt.

Noch vierzehn Tage, aber das weiß Kloppo noch nicht.

Trotz dieser Kenntnis fegt Charlotte wie ein geölter Blitz über den Betriebsgang, sie kann eben nicht anders.

Auf dem Rückweg sieht sie schon von weitem, dass sie schon sehnsüchtig erwartet wird, die aufgeregte Person erweist sich bei näherer Betrachtung als Harrys Besuchsschwester.

Völlig aufgelöst, jedoch froh, Charlotte zu sehen. "Schwester, Schwester es ist furchtbar, gut, dass Sie kommen, Clara hat Harrys Tabletten genommen, ich habe nur einen Augenblick nicht aufgepasst, da ist es schon passiert!"

"Toll", das ist das Einzige, was Charlotte dazu sagt, was soll sie auch dazu weiter sagen.

Sie eilt zum Ort des Geschehens, Clara sitzt auf ihrem Stuhl völlig entspannt und selig, wenn sie nicht links und rechts ihre Ohren als natürliche Begrenzung hätte, würde sie im Vollkreis grinsen. Rein äußerlich betrachtet scheint sie keine Tabletten genommen zu haben, welche ihr schaden, nach Einsichtnahme von Harrys Medikamentenplan stellt sich heraus, dass sich Clara einen Stimmungsaufheller und eine Wassertablette eingepfiffen hat, also nicht ganz so tragisch. Aber normalerweise kommt Clara ohne Tabletten aus.

Auch die Kontrolle von Claras Vitalzeichen ergibt: "Alles im grünen Bereich."

Charlotte informiert den Hausarzt und stellt eine unterbeschäftigte Pflegeschülerin als Clara-Überwachungs-Person ab, greift sich die Bewohnerakte von Clara, notiert den Vorfall und trägt Akte und Verantwortung in Kloppos Büro, welche sich trotz freundlichen Gesichtsausdrucks Charlottes nicht einmal bedankt.

Es ist nun einmal so wie es ist, wer die Verantwortung übernimmt kann nicht so einfach, wenn es gerade mal nicht so passt, einen Rückzieher machen.

Sie kann sich drehen und wenden wie sie will, sie hat die "Tabletten herausgerückt".

Nach kurzem Nachdenken entschließt sie sich doch, ihre Sicherheitszone zu verlassen und sich, „verantwortungsbewusst", wie sie nun mal ist, die Folgen der fehlgeleiteten Tablettengabe anzusehen.

In der Bewohnermensa angekommen, sitzt Clara immer noch freudestrahlend auf ihrem Stuhl, doch auch die zweite Tablette zeigt schon Wirkung, die Nieren arbeiten gut, rund um das Sitzmöbel hat sich ein See gebildet.

Die für die Bewachung eingeteilte Pflegeschülerin hat sich auf einen Stuhl nebenan platziert und die Leckage überhaupt nicht bemerkt.

Die Gelegenheit ist so günstig, dass es frevelhaft wäre, wenn sie Kloppo nicht nützen würde.

"Sagen Sie mal, Sie Schlafmütze, was machen Sie hier eigentlich? Wenn ich mich recht erinnere, dann sollen Sie auf die Bewohnerin aufpassen und nicht zugucken, wie sie auf den Fußboden pieselt, es ist doch nicht zuviel verlangt, ihr beim Toilettengang zu helfen!"

Erinnerung und Verantwortungsbewusstsein a´ la Kloppo.

Die Schlafmütze verzieht sich mit ihrer angefeuchteten Schutzbefohlenen aus dem Dunstkreis der PDL zur Generalüberholung.

Zufrieden lässt die Verantwortungsbewusste den Blick über die anwesenden Gammlinger schweifen.

Die lautstarke Ansage im Kasernenhofton an die verträumte Schülerin schien Harry aus seiner trüben Stimmung erweckt zu haben.

Er meldet sich laustark, sehr zur Überraschung seiner Schwester zu Wort.

Harry beginnt zu singen: "Wir werden weiter marschieren, auch wenn alles in Scherben geht!" und hebt die rechte Hand.

Der zufriedene Rundumblick Kloppos weicht einem verzweifelten.

Harrys Schwester fällt ihrem Bruder in den Arm, ihr ist der Auftritt sichtlich peinlich. Sie flüstert ihm scharf ins Ohr: "Jetzt wird nicht weiter marschiert, jetzt geht es auf dein Zimmer, du blamierst mich ja bis auf die Knochen!"

Die Schwester ist bedient, Einsicht ist der erste Weg zum besseren Verständnis, sie befördert Harry in sein Zimmer und liest ihm dort die Leviten, geigt ihm die Meinung, lässt Dampf ab.

Noch bevor Kloppo ihre Fassung wieder gefunden hat wird ihr das Telefon gereicht, Olivia und Maria melden sich krank.

Spätestens hier gilt sich die Frage zu stellen, wie viele Niederschläge verträgt der gesunde Kloppo.

Langsam wird es eng nicht nur in Bezug auf das, was Kloppo aushält, sondern auch die Personaldecke.

Die Krankmeldungen der beiden sind ein Volltreffer, ein Kracher ins Kontor. Nach Beendigung des Telefonats muss sich Kloppo erst einmal setzen.

Charlotte registriert den Hinsetzer und schwankt zwischen aktiver Anteilnahme und neutraler passiver Empathie.

Zwei Seelen kämpfen in ihrer Brust, doch was soll sie tun.

Im normalen Dienstbetrieb benimmt sich Kloppo gegenüber ihren Unterstellten wie eine Wildsau.

Eine angeschossene Wildsau ist saugefährlich und geht unter Umständen auf jeden los, der sich ihr nähert.

Charlotte wäre schön verrückt, wenn sie, um Gutes zu tun, sich selbst in Gefahr bringen würde.

Schließlich geht Eigenschutz vor Schutz der Kollegen.

Sie entschließt sich, sich vorerst nicht selbst zu gefährden.

Das Leben kann schon richtig grausam sein, aber warum sollte es bei Kloppo eine Ausnahme machen.

Der Dienstplan für die kommenden Tage ist ohnehin mit der heißen Nadel gestrickt, kann man im Grunde als geplatzt betrachten.

Nichts geht mehr, es ist niemand verfügbar, welcher die Dienste übernehmen kann.

Die einzige Möglichkeit, die noch bleibt, Kloppo krempelt selbst die Ärmel hoch und versucht sich mit "niederen Arbeiten".

Bereits im Spätdienst hat sie dazu Gelegenheit, ob sie will oder nicht, sie muss einfach.

Ein Tag, der in die Geschichte des Pflegeheimes eingehen wird, bevor das Pflegeheim Geschichte ist.

Noch bevor der Spätdienst beginnt, erhält Kloppo weitere personelle Abschiedsgrüße.

Post von Leo, der gerade erst seine hausmeisterliche Laufbahn begonnen hat, wie auch Briefe von Maria und Olivia erreichen die PDL-Adresse.

Die Drei kündigen darin ihre Arbeitsverträge mit einer Frist von vierzehn Tagen.

Nicht nur die Arbeitsverträge der drei sind damit in Auflösung begriffen, nichts ist, wie es vorher war.

Kloppo beginnt sich zu fragen, was in diesem Haus eigentlich los ist und wie es dazu kommen konnte, dass binnen weniger Tage ihr Paradies wie die Mauern von Jericho einstürzt bzw. einzustürzen droht.

Sie hat doch nichts gemacht, denkt sie sich.

Ihr Glücksschwein hat sich erhängt, zumindest hatte ihr der liebe Gott seine schützende Hand entzogen oder hat es doch ganz andere Ursachen?

Eine der näher liegenden Auslöser von Kloppos Schwierigkeiten ist mit Sicherheit das neu erbaute Pflegeheim, welches bisher mit arroganter Überheblichkeit ignoriert wurde.

Diese Überheblichkeit und Ignoranz fallen ihr jetzt mit Macht auf die Füße beziehungsweise begraben sie vollständig.

Der bisherige Standpunkt Kloppos: „Mir kann keiner was!",

beginnt sich in: „Du kannst uns alle mal!" umzukehren.

Die Krankmeldung von Olivia und Maria fügt es, dass Brigitte und Kloppo sich die Pflegearbeit auf einer Etage teilen müssen.

Eine personell mehr als waghalsige Besetzung des Spätdienstes, denn Brigitte ist von der Inkompetenz Kloppos absolut überzeugt und Kloppo versucht in der ihr eigenen Art, Brigitte bei jeder sich bietenden Gelegenheit an Bein zu pinkeln.

Es ist eine Freundschaft wie zwischen Zündholz und Reibefläche, wenn man zusammenkommt, brennt es lichterloh.

Doch wie meinte schon eine andere Frau, es gibt Entscheidungen, die sind alternativlos.

Schon zu Beginn des gemeinsamen Dienstes beginnt die alternativlose Allianz zu bröseln. Brigitte laut Dienstplan als Schichtverantwortliche eingeteilt stellt klar: „Wenn du im Dienst bist, dann bist du als PDL Schichtleitung, ich mache die Hälfte der Stationspflege, der Rest ist dein Bier.

Ich möchte auf meine letzten Tage keinen Stress mehr."

Brigitte macht auf dem Absatz kehrt und beginnt mit der Versorgung ihrer Gammlinger.

Kloppo bleibt sprachlos auf dem Bürostuhl sitzend im Dienstzimmer zurück.

Die klare und unmissverständliche Ansage Brigittes verpufft wirkungslos.

Während Brigitte unentwegt im gestreckten Galopp durch die Zimmer fegt und die Gammlinger aus den Betten holt und für den Nachmittagskaffee in den Bankettsaal überführt, sitzt Kloppo teilnahms- und regungslos auf ihrem Platz und rührt sich nicht.

Nach dem dritten beendeten Gammlingertransfer wird es Brigitte zu bunt, denn Kloppo hat sich noch immer keinen Zentimeter bewegt, währenddessen die alten Herrschaften ihrer Seite die Klingeln drücken, da sie nach vollendetem Mittagschlaf nun endlich raus wollen und viele endlich mal noch dringend auf die Toilette müssen.

Brigitte stellt Kloppo zur Rede: "Hallo, jemand zu Hause???"
Brigitte ist saurer als eine Zitrone: "Falls es dir entgangen sein
sollte, du hast Spätdienst und die Arbeit macht sich nicht von
alleine. Ich sehe nicht ein, dass du hier den lieben Gott einen
guten Mann sein lässt und ich mir währenddessen das Futter
aus der Jacke renne.
In einer dreiviertel Stunde ist Kaffeezeit, wenn du nicht ganz
schnell anfängst deinen Hintern zu erheben, dann ist Essig mit
Kaffee, das schaffe ich alleine nicht.
Und wenn wir das nicht schaffen, dann ist uns der ultimative
Einlauf durch die Angehörigen gewiss.
Ich habe dir gesagt, ich will keinen Stress, das bedeutet, jeder
von uns macht seine Arbeit.
Wenn Du als PDL im Stationsdienst arbeitest, dann arbeite.
Ob du es glaubst oder nicht, die Arbeit macht sich nicht von
alleine!"
Nach dieser scharfen Ansprache kommt wieder Leben in
Kloppos Körper. "Sag mal, wie redest du denn mit mir?"
Brigitte lässt sich davon nicht beeindrucken. "Soll ich denn auf
die Knie fallen, mich im Staube wälzen und dich anflehen
deinen Job zu machen, du bist hier als Altenpflegerin im
Spätdienst und das bedeutet arbeiten.
Ich verdiene doch nicht gleich mal so nebenbei deine Kohle
mit, wenn du nicht kannst oder willst, dann rufe jemanden, der
mit mir im Spätdienst schafft.
Mir fällt die Arbeit auch nicht immer leicht, mir tut der Rücken
schon einige Tage weh.
Wir spielen hier doch nicht Kommunismus, einer arbeitet und
einer guckt zu.
Ich kann auch ohne Probleme zum Arzt gehen, mein Rücken
rechtfertigt in jedem Fall eine sofortige Krankschreibung!"
Damit sind die Fronten geklärt und wenn Kloppo ihren
Passivstatus nicht schnellstens aufgibt, dann, ja dann…
Die Entschlossenheit Brigittes beeindruckt Kloppo.
Sie steht wortlos auf, was soll sie auch anderes machen.
Brigitte hat bereits gekündigt und ihr zu drohen wäre in der
gegenwärtigen Situation mehr als kontraproduktiv.

So beginnt Kloppo doch lieber zähneknirschend auf der ihr zugedachten Stationshälfte mit der Pflege der Gammlinger. Bis zum Abendessen versuchen es die beiden mit friedlicher Koexistenz, das heißt, sie gehen einander aus dem Weg.

Nichts Menschliches ist mir fremd, auch ein energisches mit Fäusten an meine Kammertür Gehämmer in meiner mentalen Nachtschichtvorbereitungsphase kann mich mehr schocken. Es ist kein Erschrecken, vielmehr sehen Charlotte und ich uns verwundert an. "Was ist denn nun schon wieder los?" Ich öffne die Tür. Völlig außer Atem steht Brigitte im Türrahmen gelehnt und fleht uns an: "Ihr müsst mir helfen, Kloppo dreht total am Sender!" Ein Blickkontakt mit Charlotte genügt, es ist ja nichts Außergewöhnliches, dass sich Kloppo so benimmt, es ist doch eigentlich ihr Normalzustand, aber Brigitte scheint wirklich Hilfe zu brauchen. Wir folgen ihr sofort und finden Kloppo im Dienstzimmer. Sie steht vor dem geöffneten Aktenschrank und reißt wahllos Blätter aus den Aktenordnern wirft diese auf den Fußboden. „Brauch ich nicht mehr, brauch ich alles nicht mehr, ist doch sowieso alles sinnlos…", lacht und weint abwechselnd, sie reagiert auf keine Ansprache, sie lässt sich nicht beruhigen. Es sieht im Dienstzimmer aus wie nach dem Besuch eines Sondereinsatzkommandos. Brigitte, Charlotte und ich sehen uns an. Wir sind uns wortlos einig, Kloppo ist völlig durchgeballert. Ich sage zu Brigitte: „Also wir können dir ja auf Station helfen, aber das hier ist ein Fall für die 112." Der herbeigerufene Notarzt gibt Kloppo eine Beruhigungsspritze und entscheidet sich für eine sofortige Einweisung in die nahe gelegene Psychiatrie. Unsere PDL liegt auf der Trage des Rettungsdienstes und scheint sich etwas beruhigt zu haben, aber nur etwas. Der Notarzt fragt nach Name, Geburtsdatum und uns allen wird bewusst, wir kennen sie nur unter Kloppo, wir wissen eigentlich nichts.

Es ist schon merkwürdig, wie wenig man über die Kollegen weiß.

Ein Blick auf den in der Handtasche befindlichen Personalausweis sagt uns, dass sie Elvira Kloppova heißt, fünfzig Jahre alt ist und in Bukarest geboren wurde.

Die Gammlinger, welche sich zum Abendessen im Bankettsaal versammelt haben oder wurden, verfolgen neugierig das Geschehen.

Charlotte übernimmt gemeinsam mit Luisa, einer Küchenhilfe, die Abendspeisung der Gammlinger.

Kloppo ist immer noch die Unruhe selbst und der Notarzt entschließt sich zum Nachladen des Beruhigungsmittels.

Sie beginnt wieder richtig zu toben: "Die wollen mich vergiften und dann im Wald vergraben!" Urplötzlich wechselt sie das Thema: "Wie alt bin ich eigentlich, ich habe vergessen wie alt ich bin?" Und nach kurzer Pause: "Ich muss anrufen, ich muss wissen, ob es Willi gut geht!" Der Notarzt fragt: "Wer ist denn Willi?"

Kloppo antwortet: "Na mein Hamster, der braucht jeden Abend sein Spiegelei mit Bratkartoffeln und seine warme Apfelschorle!"

Der Notarzt hat genug gehört, Kloppo bekommt eine Extra-Portion Beruhigungsmittel und kurz darauf ist Schlafenszeit.

"Auf Ihre Pflegedienstleitung werden Sie wohl eine Weile verzichten müssen, bitte verständigen Sie ihre Angehörigen, sie wird in die Akutpsychiatrie Haus Sonnenschein gebracht."

Mit Tatütata verschwindet der Rettungswagen mit Kloppo in der Abenddämmerung, Kurs Haus Sonnenschein.

Nun steht die Frage im Raum, wer ruft bei Kloppos an?

Brigitte will nicht, auch Charlotte schüttelt den Kopf.

Nun, wenn zwei nicht wollen, muss der Dritte anrufen.

Auf der internen Telefonliste finde ich die private Telefonnummer Kloppos, nun noch die Nummer gewählt, hoffentlich geht nicht Willi ans Telefon und reklamiert seine Bratkartoffeln, bei meinem Glück ist alles möglich.

Nein, nach fünfmaligem Rufton meldet sich eine männliche Stimme, es ist nicht Willi, sondern Kloppos Ehemann.

Ich informiere ihn kurz über die Krankenhauseinweisung seiner Frau und lege dann auf.

Hand in Hand arbeiten Charlotte, Brigitte und ich zusammen, versorgen die Bewohner, räumen das Dienstzimmer auf und vor meinem eigentlichen Nachtdienst bleibt noch etwas Zeit über den Abgang Kloppos zu sprechen. Auf meine Frage, was denn eigentlich los gewesen sei, antwortet Brigitte: "Na ein bisschen komisch war sie ja immer, aber heute war sie schon von Anfang an nicht so richtig bei der Sache und als sie vom Fuchs dann noch einen Anruf erhalten hat und der ihr erzählte, dass fünfunddreißig Gammlinger ihren Heimplatz gekündigt haben, da ist sie kurz danach total ausgeflippt und dann habe ich euch geholt und den Rest wisst ihr ja."

Hier ist der Wurm drin und nicht nur einer, doch was kann oder soll man dagegen tun.
Wäre die Erfolgchance bei der Bekämpfung eines Brandes ähnlich wie die Erfolgsaussichten dieses Pflegeheims, würde der verantwortliche Einsatzleiter der Feuerwehr vermutlich entscheiden: „Kontrolliert abbrennen lassen".

Es ist abzuwarten, was der Herr Fuchs und seine Vorstandskobolde entscheiden, der morgige Tag wird Klarheit bringen oder auch nicht.
Gegen den beginnenden oder besser sich in voller Fahrt befindlichen Ausverkauf von Personal und Bewohnern kann niemand etwas tun, es ist nicht mehr zu stoppen.
So wie es aussieht, ist es nicht mehr die Frage dass, sondern lediglich wann die Lichter im Haus ausgehen.
Auch Charlotte und ich fühlen, selbst ohne darüber zu reden, dass wir ebenso in naher Zukunft unsere Zelte abbrechen müssen.
Es ist so sicher wie das Amen in der Kirche, zwölf übrig gebliebene Gammlinger sind ein ziemlich verlorener Resthaufen und vielleicht schrumpft auch der noch, eine Auflösung auf Raten
Brigitte macht sich auf dem Heimweg.
Charlotte und ich sitzen uns danach noch einen Augenblick,

unfähig, einen klaren Gedanken zu fassen, gegenüber.
Sprachlos.
Meine Charlotte ist die Erste, die sich im Hier und Jetzt zurück
meldet.
"Du Otto, wir können es drehen und wenden wie wir wollen,
wir müssen der Realität ins Auge sehen, auch wenn wir uns
das Ganze noch so schön reden, wir können versuchen uns
zu verbiegen, aber wir werden hier mit Sicherheit nicht
glücklich werden, eher im Gegenteil.
Ich glaube es wird Zeit, dass wir diesen Einsatz anständig
beenden, solange das noch möglich ist, aber in jedem Fall so
schnell wie möglich. Wir gehen hier kaputt."
Charlotte sprach meine geheimsten Gedanken aus, ich bin
erleichtert.
Wir sind uns wieder einmal grundsätzlich einig, die
Einzelheiten werden wir nach Charlottes Frühdienst am darauf
folgenden Tag besprechen.
Die Müdigkeit ist Charlotte ins Gesicht geschrieben.
   Plötzlich, es geschehen noch Zeichen und Wunder, klingelt
das Telefon, instinktiv nimmt Charlotte den Hörer ab.
Die Müdigkeit scheint von ihr abzufallen und sie beginnt zu
lächeln.
"Hallo Rudi!" (Rudi ist ihr Bruder und lebt mit seiner Familie in
Nordnorwegen und meldet sich leider nur sporadisch.)
Ich überlasse Charlotte das Dienstzimmer, damit sie in Ruhe
telefonieren kann, die Momente mit ihrem Bruder und sei es
auch nur am Telefon sind Goldstaub.
   Noch ganz in Gedanken ziehe ich meine Bahnen durch
mein inzwischen irgendwie vertraut gewordenes
Haifischbecken, wenn man sich bewusst für eine Beendigung
eines Arbeitsverhältnisses entscheidet, obwohl man dies bei
moderatem Entgegenkommen des Arbeitgebers nicht beendet
hätte, dann genießt man die letzten schon zu Routine
gewordenen Handgriffe und es beschleicht einen ein Gefühl
von Wehmut. Vielleicht auch, weil man noch nicht so genau
weiß, was auf einen zukommt.
"Aber wenn du denkst es geht nicht mehr kommt irgendwo ein

Anruf her."
Ich höre, wie sich der Fahrstuhl in Bewegung setzt, die Fahrstuhltür öffnet sich und Charlotte tritt heraus.
Charlotte sieht mich mit Verschwörermiene an: "Otto, ich habe dich schon überall gesucht, Rudi hat mich gefragt, ob wir uns vorstellen können, in drei Monaten wieder in Norwegen zu arbeiten. Ein Pflegeheim sucht für zwei Jahre zwei Vollzeitkräfte, zwei Monate arbeiten und vier Wochen frei, wir haben Zeit, es uns bis übermorgen zu überlegen.
Was meinst du dazu?"
"Charlotte, das ist ein verlockendes Angebot, aber wir sollten nichts überstürzen."
Sie nickt. "Ja, da hast du recht", umarmt mich, gibt mir einen Kuss. "Ich geh jetzt schlafen, war doch alles ein bisschen viel heute."

Es ist schon verrückt, in jedem ordentlichen Eishockeyspiel würde der Trainer eine Auszeit nehmen und seiner Mannschaft ein paar nützliche Hinweise geben und damit wenigstens den Versuch starten, die Reihen zu ordnen.
Doch in unserem Fall hat sich die Trainerin eine Auszeit verordnet oder sie wurde ihr verordnet.
Nun steht der klägliche Rest auf dem Eis, hat selbst die Nase voll von der Rutschpartie, spielt sich den Puck gegenseitig zu und wartet auf den Schlusspfiff.
Doch wie lange das Hin- und Hergeschiebe noch dauert steht in den Sternen.
Es ist alles ein wenig aus den Fugen geraten, die Hoffnung stirbt ja bekanntlich zuletzt, aber wir reden schon über einen „Todkranken".

Das Pflegeheim, alle Gammlinger und auch ich, Otto, scheinen zu spüren, dass es unausweichlich dem Ende zugeht.
Kloppos Zusammenbruch war der Tropfen, der das Fass zum Überlaufen brachte und in der Erkenntnis uferte: "Rette sich wer kann."
In besseren Tagen klingelte die Gammlinger-Gemeinschaft, was die Drähte hergaben, jetzt ist Totenstille.

Kein Ton, nicht einmal ein Tönchen ist zu hören, Grabesstille.
Eine ungewohnte Erfahrung für mich als Nachtdienst-Otto,
wenn man weiß, dass siebenundvierzig Gammlinger im Haus
sind und sich absolut still verhalten, dann kann das nur
bedeuten wie bei kleinen Kindern, entweder sie schlafen oder
sie machen Dinge, die sie lieber nicht tun sollten.
Ich tendiere zu Letzterem und ziehe öfter als normalerweise
üblich meine Kontrollkreise.
Aber nichts, einfach gar nichts ist auffällig.
Sogar meine absolut tiefschwarzen Schafe sind friedlich und
das ist doch mehr als ungewöhnlich.
Haben denn hier alle, angefangen von der PDL über das
Personal bis hin zu den Gammlingern ihr Pulver verschossen?
Es sieht so aus. Das Ende ist nah und nicht nur das meiner
Nachtschicht.
Der Morgen graut und nicht nur der Morgen.

Am Tag Eins nach Kloppos Abgang versammelt sich der
Frühdienst.
Das letzte Aufgebot, der Pflegerestvolkssturm sitzt auf seinen
Stühlen und hat keinen Plan, wie mit der schwierigen Situation
umzugehen ist.
Wer hat nun eigentlich den Hut auf, wer ist verantwortlich, wie
geht es weiter?
Bei Unklarheiten ist normalerweise die PDL anzurufen, doch
das fällt ja aus wegen geistiger Entkopplung Kloppos und der
daraus resultierenden Krankenhausverwahrung.
Die Heimleitung befindet sich wie passend im Jahresurlaub,
ihre Vertretung ist laut Organigramm Kloppo.
Eine Steigerung der ersten allgemeinen Verunsicherung
unserer Pflegeheimrumpfbesatzung kann es nicht geben,
Heimleitung im Urlaub, Kloppo in der Klapse, fünfunddreißig
Bewohner haben den Pflegeplatz gekündigt, das
Pflegepersonal hat bereits gekündigt oder denkt darüber nach.
Charlotte beendet das Sinnieren über das Chaos, welches
auch keine Lösung in Aussicht stellt.
"Die einzige Möglichkeit zur Klärung ist Herr Fuchs, der

Geschäftsführer, der muss ran".

Unsere kleine Dicke hat sich bisher zurückgehalten, sie wird von Charlotte direkt angesprochen. Und du bist doch WBL, also nach der Heimleitung und PDL die nächste Vorgesetzte, das bedeutet, du rufst den Herrn Fuchs an."

Das ist der Dicken nun aber gar nicht so recht, sie druckst herum: "Charlotte kannst du das nicht machen, der reißt mir doch den Kopf ab."

"Kommt gar nicht in Frage, jeder macht seinen Job und du bist nun mal WBL und wenn er dir den Kopf abreißt, dann ist das eben Schicksal und eine der Nebenwirkungen des WBL-Amtes."

Charlotte ist richtig in Rage geraten.

Der Rest der Anwesenden gibt ihr Recht und spricht der Pflegekleinkönigin bei Fehlen anderer Bewerber das Vertrauen aus.

Obwohl ansonsten von Karrieregeilheit getrieben, wird sie ziemlich einsilbig, denn hier ist nicht mit Beförderung oder Belobigung zu rechnen.

Ein Griff ins Klo macht selten froh, wenn auch unsere kleine Dicke sonst kein Problem damit hat, egal welchem Vorgesetzten, in den Hintern zu kriechen.

Sie stellt die Frage in den Raum: "Na was soll ich denn nun dem Chef erzählen?"

Ich entgegne ihr: Das ist doch kein Problem, du sagst ihm einfach, was hier los ist, es ist doch wohl genug passiert und wenn du dich am Telefon nicht traust dann schreibst du alles auf und schickst es ihm per Fax."

Ich bin mir sicher, damit habe ich keine neue Freundin gewonnen, aber das war auch nicht mein Plan

Meinen Vorschlag finden alle toll, die Übergabe ist damit beendet und eine einzelne WBL bleibt allein im Dienstzimmer zurück, es bleibt zu hoffen, dass sie nicht auch beginnt, mit Aktenordnern herumzuwerfen und wenn doch, dann müssen wir eben noch mal den Notarzt rufen.

Aber die Möglichkeit, dass man schlechte Nachrichten per Fax übermitteln kann, findet die "Chefin im Amt" plötzlich doch nicht so unübel. Zumindest für die Phase der Gesprächsanbahnung mit dem Chef, über die Periode danach macht sie sich keine Gedanken, die hat erfahrungsgemäß sowieso nur noch mit demutsvollem Zuhören zu tun. Schnell ist alles aufgeschrieben, dann nur noch die Faxnummer gewählt und ein letzter Knopfdruck und Herr Fuchs muss nur noch lesen.

Charlotte und ich hatten zwar vereinbart, dass wir für uns nach dem Frühdienst eine Entscheidung treffen wollten, aber ein kurzer Blick auf dem Flur sagt uns beiden, es ist entschieden.

Erstmals seit langem schlafe ich ohne Anlaufschwierigkeiten durch, ich hüte ohne einen einzigen Toilettenbesuch und andere sonst notwendig werdende Schlafunterbrechungen das Bett.

So etwas geht also doch noch.

Der Frühdienst, so weiß Charlotte zu berichten, ist ohne Besonderheiten über die Bühne gegangen.

Während der Übergabe vom Früh- zum Spätdienst ist der Fuchs mit großem Gefolge aufgetaucht, hat die Übergabe unterbrochen und die Verfasserin des Offenbarungsfaxes zur hochnotpeinlichen Befragung in den Konferenzraum (auch so etwas Nobles gibt es hier) entführt.

Seitdem ist sie nicht mehr gesehen worden.

Für sechzehn Uhr wurde eine "aktuelle Stunde", eine völlig neuartige Wortschöpfung, von der Obrigkeit anberaumt.

So wie es scheint, haben die uns Vorgesetzten einen Plan B. Oder wollen sie nur die nächst höhere Alarmstufe, nach schon gefühltem Katastrophenalarm auslösen?

Wir beide, sowohl Charlotte als auch ich, haben keine Ahnung, was eine aktuelle Stunde bedeuten soll, vermuten jedoch, dass dies mehr eine Seifenblasenveranstaltung, andererseits aber keine grundlegende Wende darstellt.

Unser beider Hoffung ist gestorben, eine Ödnis, die toter als tot ist, das Ruder noch erfolgreich herumreißen zu wollen ist wohl mit der Reanimation einer ägyptischen Mumie zu vergleichen.

Der Mensch ist von Natur aus bequem und neugierig, Charlotte und ich machen da keine Ausnahme.

Besser gesagt wir sind eigentlich nicht neugierig, aber wissen wollen wir schon alles, zumindest wie es weiter gehen soll oder auch nicht.

Und wenn es definitiv hier für uns nicht weiter geht, dann sind wir flexibel.

Man muss das Leben eben nehmen, wie das Leben halt so ist. Aber wenn man mit gewissen Entgleisungen des Schicksals nicht leben kann oder leben will, dann muss man eine Entscheidung treffen.

Eine Viertelstunde vor der Zeit ist des Soldaten Pünktlichkeit, und so sind Soldat Otto und Soldatin Charlotte zur Lagebesprechung eingerückt und haben sich platziert.

Wir sind die Ersten und die Auswahlmöglichkeit des Sitzplatzes ist gar riesig. Zehn Stuhlreihen mit je zehn Sitzplätzen, zehnmal zehn, das macht hundert Möglichkeiten, ein Raum wie geschaffen für das ganz große Kino.

Um nichts zu verpassen, pflanzen wir uns in die Rasierloge, die erste Reihe wie bei ARD und ZDF.

Der Rest des Publikums trudelt völlig unsoldatisch nach und nach ein, außer uns beiden haben noch acht Mitmenschen den Weg zur aktuellen Offenbarung gesucht und gefunden.

Selbst wenn sich alle anstatt zu sitzen auf die Stühle legen würden, wären mindestens noch zwei Drittel der Sitzgelegenheiten vakant.

Und diejenigen, die mit ihren mehr oder weniger dicken Hintern die Stühle belegen, sind still.

In sich gekehrt scheinen sich alle zu fragen, warum habe ich mich eigentlich hierher geschleppt, was erwarte ich von dieser Veranstaltung.

Ich meine und damit bin ich mir ziemlich sicher, alle erwarten nichts, zumindest nichts Positives. Womit der sinnreiche Spruch: „Wenn du nichts erwartest kannst du trotzdem enttäuscht werden" wieder einmal seine Richtigkeit bewiesen hätte.

Die Plätze mit Blickrichtung auf das Publikum für die

"wirklich wichtigen Persönlichkeiten" sind auf zehn begrenzt. Wer wichtig im Saal ist, dessen Stuhl steht hinter einem Tisch mit Namenschild und Mineralwasserflasche mit Trinkgefäß

Glockenschlag sechzehn Uhr beginnt der Einmarsch der Mächtigen. Allen voran der Fuchs, gefolgt von neun uns völlig unbekannten Menschen.

Schwarz und weiß dominiert das äußere Erscheinungsbild der Neuankömmlinge.

Nein, es sind keine Pinguine oder Oberkellner.

Fünf von dem Gefolge des Fuchses sind schon rein optisch anhand der Kleidung eindeutig der Kirche zuzuordnen.

Ich habe in diesem Haus noch nie eine Nonne gesehen und jetzt gleich fünf.

Wo kommen denn die bloß her?

Keine Ahnung. Arbeitsamt?

Aber ich wundere mich über nichts mehr, in der momentanen ziemlich unübersichtlichen Lage klammert man sich wohl an jeden Strohhalm und wenn die Nonnen mit ihrem guten Draht zum Oberhirten eine Wende einleiten können, dann soll es mir recht sein.

Die Zehn scheinen sich gut zu verstehen, lächeln und tauschen untereinander Nettigkeiten aus.

An Stelle der Verantwortlichen wäre mir das Lachen lange vergangen oder bin ich bloß auf der falschen Veranstaltung.

Der von uns allen geliebte Geschäftsführer schaut sich suchend um.

Hatte er mehr Zuhörer erwartet?

Doch wo sollten die herkommen?

Er entscheidet sich nach kurzem Blickkontakt mit dem neben ihm in gerader Linie sitzenden Bundesgenossen zu beginnen. Mit einem auf Endlos gestellten Blick, bei dem jeder der vor ihm Sitzenden das Gefühl hat, persönlich angesprochen zu werden.

"Ich begrüße alle Anwesenden und komme gleich zum Wesentlichen.

Die Ereignisse der letzten Tage und Wochen haben zu einer Situation geführt, die einer sofortigen Lösung bedarf.

231

Ich will nicht um den heißen Brei herum reden, nach intensiven Gesprächen stelle ich fest, so wie bisher geht es nicht weiter.

Eine Schuldzuweisung auf Einzelne wäre wenig hilfreich, wir müssen uns alle selbst an die Nase fassen, denn jeder weiß, was er getan hat und was er besser hätte tun sollen oder es hätte sein lassen.

Unbestritten ist jedoch, dass die Geschäftsleitung keine Schuld trifft."

Jetzt erfüllt ein Rumoren den Saal.

Da schwillt jedem, auch wenn er kein Hahn ist, der Kamm, der Typ will uns wahrhaftig eine nicht unerhebliche Mitschuld an der ganzen Sch... geben, wir sind also selbst schuld an unserem Elend.

Hildas Sohn hätte das mit der Fuchs´schen Nase übernehmen sollen, bekanntlich erhöhen leichte Schläge auf die Nase das Denkvermögen.

Und sollte das Denkvermögen dadurch nicht positiv beeinflusst werden, so ist doch zu erwarten, dass er in Respekt auf Wiederholung der Übung solche Sätze in Zukunft weglässt.

Hildas Sohn kann nicht helfen, auch nicht mit einem Nasenkontakt.

Meister Reineke lässt sich von der Unruhe nicht beeinflussen, er setzt unbeeindruckt seine Rede fort.

"Jede auch noch so große Katastrophe hat, auch wenn man es erst nicht wahrhaben will, positives Entwicklungspotential. Auch in unserem Fall ist der Wille zum Durchstarten und die Öffnung für neue Ideen die Lösung."

Man kann es drehen und wenden wie man will, ich bin Otto, egal, ob man meinen Namen von vorn oder von hinten liest, es bleibt bei Otto.

Aber was der Herr mir da erzählen will verstehe ich nicht, nicht einmal ansatzweise.

Fragezeichen, Fragezeichen, Fragezeichen.

Aber das Symbol des Nichtverstehens leuchtet nicht nur bei Otto auf, auch die Mehrzahl der Neugierigen kommt da scheinbar nicht so richtig mit.

Bisher war ich immer der Annahme, dass man zum Durchstarten wenigstens noch in der Luft sein müsste aber bei Herrn Fuchs ist das anders, das scheint die Öffnung für neue Ideen zu sein.

Bisher war der "Durchstarter" für die scheibchenweise Salamitaktik, diesmal schien er sich dafür entschieden zu haben, mit der ganzen Wurst auf den Tisch zu klopfen.

"Von vierzig Heimbewohnern liegt mir aktuell die Kündigung des Vertrages vor, mit den Kündigungen eines Großteils des Personals muss ich feststellen, dass das Pflegeheim in vierzehn Tagen nur noch bedingt arbeitsfähig ist. Das bedeutet, dass wir in naher Zukunft kleinere Brötchen backen werden.

Wir haben uns entschlossen, aus unseren Fehlern zu lernen und daraus das Beste zu machen."

Das war ja wirklich starker Tobak, wenn vierzig Helmbewohner die Flucht ergreifen, dann blieben ja nur sieben übrig. Und was bedeutet, kleinere Brötchen backen und die Aussage, aus gelernten Fehlern das Beste machen, wie hat er denn das wieder gemeint?

Als wenn er mein Unverständnis erhört hätte, legt der große Meister nach.

"Dieses Pflegeheim ist nicht allein und im Verbund der zum Unternehmen gehörigen Pflegeeinrichtungen ist ein Geben und Nehmen Verpflichtung.

So wird dieses Haus innerhalb kürzester Zeit Modell für zukunftweisende Entwicklung in der Pflege in unserem Unternehmen, nein ganz Deutschlands sein."

Ich glaubte mich verhört zu haben, unser Chaosklub ein zukunftsweisendes Modell?

Was hatten sich denn die Herrschaften während ihrer Beratung eingeworfen?

"Ich sehe viele ungläubige Gesichter, aber die Lösung liegt doch quasi auf der Hand und diese ist visionär.

Demographischer Wandel und Pflegenotstand müssen über den Tellerrand hinaus gelöst werden.

Unsere kleineren Brötchen von denen ich sprach, werden in diesem Zusammenhang richtig große Brote werden, denn eine multikulturelle Pflegepersonalbesetzung ist unumgänglich.

Die Deutschen sind, bevor sie ins Pflegeheim einziehen, weit gereist und buntes Pflegepersonal ist in diesem Sinne für Altenheimbewohner also auch kein Problem, im Gegenteil.

Das Entscheidende ist bei diesem Projekt Kosteneffizienz, Sprache und Qualifikation. Wenn es in Deutschland nicht zu haben ist, dann müssen wir es importieren.

Dieses Haus erhält den Status eines Altenpflegelabors, das bedeutet, zehn Heimplätze bleiben erhalten, der Rest, also vierzig Zimmer werden zu Zweimannunterkunftsräumen umgestaltet.

Wenn das erste Jahr erfolgreich verläuft wird angebaut.

In vier Wochen startet das Projekt, gefördert von der Agentur für Arbeit und unserer hoch verehrten Landesregierung.

Das bedeutet, achtzig chinesische Pflegefachkräfte beginnen einen zweimonatigen Sprachkurs. Neben der sprachlichen Ausbildung werden sie auf der Pflegestation mit ihren künftigen Aufgaben vertraut gemacht. Deutsche Fachkräfte übernehmen für das Erste Patenfunktion, sind sozusagen die Reiseleiter für Bewohner und ausländische Kollegen.

Knapp fünfhundert Altenpflegekräfte, die wir und unser Land so dringend brauchen, werden uns nach einem Jahr zur Verfügung stehen."

Mein, Ottos Herz, schlägt bis zum Hals, ich habe gerade einen geistigen Vollplatten, wie war das noch mal… wer nichts erwartet kann trotzdem enttäuscht werden…

Das, was ich jetzt fühle, ist mehr als Enttäuschung.

Sitzende Position hat einen Vorteil, man fällt nicht um, wenn einem der Boden unter den Füßen weggezogen wird.

Ich dachte, die Zeiten wären vorbei, wo der Nächste vor der Tür wartet und nach deinem Arbeitsplatz lechzt, völlig falsch gedacht da warten Zehntausende.

Wenn das Schule macht, sind deutsche Krankenpfleger nur noch Ranger, wenn überhaupt, im Pflegenationalpark Deutschland.

Manchmal hat man die Entscheidung zwischen Erhängen und Erschiessen, beides zusammen geht nicht und es ist, egal wie man sich entscheidet, nicht unbedingt zu erwarten, dass man auch nur ansatzweise die richtige Entscheidung trifft.

Das Bauchgefühl - ein Silberstreif am Horizont - ist oft recht hilfreich. Das Angebot aus Norwegen zeigt uns beiden, das dieses Pflegeheim nicht die letzte Station für uns beide bedeutet.

Heldigvis! (=norwegisch und zu Deutsch:Glücklicherweise!)

Die momentane Heimleitung und Pflegedienstleitung werden ersetzt durch Dekan Schwester Lukretia und Oberin Bernharda.

Herr Fuchs hat binnen kürzester Zeit eine Allianz mit dem Orden der heiligen Schwestern geschmiedet und das Ruder herumgerissen. Neuer Kurs: Veredelung von Pflegechinesen.

Laut Schwester Lukretia, die nun das Wort übernommen hat, haben sich auf den ersten Internetauftritt für die ersten achtzig Ausbildungsplätze, die mit einer dreijährigen Arbeitsverpflichtung verbunden sind, fünfzehntausend Interessenten gemeldet.

Ich lasse meinen Blick schweifen. Alle auf den "billigen Plätzen" sind fassungslos, egal wie pessimistisch ein jeder für sich selbst vor dieser Zusammenkunft in die Zukunft geblickt hatte, die größten Schwarzmaler wurden eines Schlechteren belehrt.

Aber damit hat und konnte niemand rechnen.

"Denk ich an Deutschland in der Nacht, dann bin ich um den Schlaf gebracht. Ich kann nicht mehr die Augen schließen und hör den Brahmaputra fließen." So würde möglicherweise das Statement von Heinrich Heine ausfallen, wenn er sich im Publikum befunden hätte.

Für mich und Charlotte ist der vom Fuchs ausgeheckte Plan ernüchternd. Und das, obwohl wir beide vorher nicht zu tief ins Glas geschaut hatten.

Selbst wenn wir es getan hätten, es hätte uns nicht geholfen, soviel saufen kann gar keiner.

Gedanklich lasse ich das eben Erfahrene noch einmal Revue

passieren. Aus dem Pflegeheim wird ein Pflegelabor mit angeschlossener Sprachakademie, nach Abschluss erhalten "die Studenten" eine Gleichwertigkeitsbescheinigung, welches die Anerkennung des Pflegeexamens ihres Heimatlandes in Deutschland bedeutet.

Ohne miteinander zu sprechen sind wir uns einig, dort, wohin die Reise auf diesem Dampfer gehen soll, sind wir nicht dabei. Obwohl, betreffen wird es uns schon früher oder später, wenn die Rechnung von Fuchs und Konsorten aufgeht, dann sind nämlich auf längere Sicht deutsche Pflegekräfte ökonomisch überflüssig.

Wir jedenfalls haben Angst vor der Zukunft und das ist durch diese aktuelle Stunde nicht besser geworden, im Gegenteil.

Nach dem offiziellen Teil ist Gruppenkuscheln angesagt, die "wichtigen Leute" mischen sich unters Volk.

Im Nebenraum ist ein Bankett aufgebaut worden, man hat dabei weder Mühe noch Geld gescheut. *Mit Speck fängt man ja bekanntlich Mäuse, außerdem kann man die Stimmungslage des Publikums ergründen.*

Charlotte sieht die Sache sportlich. "Vergiftet wird es schon nicht sein wenn wir es nicht essen, essen es andere und satt ist besser als hungrig."

Nun da hat meine Frau schon Recht, wenn für uns aus dieser visionären Öffnung auch nichts herausgekommen ist, dann sollten wir die Gunst der Stunde nutzen, um unserem Magen etwas Gutes zu tun.

Kaum ist das Buffet eröffnet, klingelt Charlottes Handy. Charlotte schaut erst mich an und dann fragend auf das Display des Mobiltelefons, schlägt sich dann mit der flachen Hand gegen die Stirn und meint: "Hab ich doch glatt vergessen, die Norweger."

Sie verlässt den Raum und gibt mir Zeichen, ihr zu folgen, auf der Terrasse sind wir ungestört.

Die norwegische Pflegedienstleitung wünscht ein Telefoninterview, um unsere Sprachkenntnisse zu testen.

Charlotte zehn Minuten, dann Otto zehn Minuten, dann ist die Sache im Kasten.

Es wird vereinbart, eine Anstellungszusage per Internet-Fax zu schicken und per Post die Arbeitsverträge zuzusenden.
So schnell geht das, eben noch in der Fastchinesenqualifizierung mit Altenheimanbindung, schon ist man in Nordnorwegen im Altenheim angestellt.
Ein Lichtblick nach dieser Krötenschluckveranstaltung. Mit einem gottgefälligen zufriedenen Grinsen betreten wir beide wieder die Aftershowparty.

Nach kurzer Inspektion der angerichteten Köstlichkeiten, beladen wir unsere Teller, noch bevor wir unsere Zähne in die Nahrungsmittel graben können, segelt uns der Organisator mit der neuen Herrscherin vor den Bug.
"Und, wie finden Sie das Projekt", werden wir gefragt. Ich werde zuerst angesehen, Charlotte, schlau wie sie ist, nutzt ihre Chance und beißt in ein gegrilltes Hühnerbein und zeigt damit, ich will jetzt essen und nicht reden und mit euch beiden schon gar nicht.
Nun werde ich von vier Augen erwartungsvoll förmlich zu einer Antwort genötigt, ich muss mich artikulieren, ob ich will oder nicht und für einen beherzten, rettenden Biss in ein bereitliegendes Hühnerbein ist es zu spät. Das Projekt, ja was soll ich auf diese Frage antworten, soll ich nun ehrlich oder höflich sein.
Mein Innerstes ist in Aufruhr.
Der sympathische höfliche Teil Ottos kämpft mit dem parasympathischen Robusten.
Während der höfliche Otto eine ausweichende neutrale Antwort favorisiert, ist die robuste Seite für Klartext, so glasklar, dass es selbst der Blödeste versteht.
So schwankt der Kampf zwischen „Tritt ihm vor den Sack, dass ihm die Eier wie Leuchtkugeln aus dem Kragen pfeifen!" und „Ignoriere den Flachmatikus!"
Doch keine der beiden Teile konnte einen vollständigen Sieg verbuchen, was bedeutet, keine Leuchtkugeln aber auch keine Ignoranz.
Zur Sicherheit frage ich noch einmal nach: "Wollen Sie wirklich meine Meinung dazu wissen?"

"Selbstverständlich, Pfleger Otto."
Mein robustes kleines Teufelchen meldet sich, schreit mich an:
„Jetzt oder nie, er will es doch selber!"
Also gut.

"Herr Fuchs, ich finde Ihr Projekt unglaublich, was würden Sie zu Bestrebungen sagen, dass chinesische Geschäftsführer-Aspiranten für den deutschen Markt fit gemacht werden sollen und somit eine nicht unerhebliche Konkurrenz auch für Ihren Job entsteht?"

"Otto, jetzt vergleichen Sie aber Äpfel mit Birnen."
Der Fuchs bereut, so fühle ich, mich überhaupt angesprochen zu haben. Es ist ihm unangenehm, sein Ziel war es, positive Resonanz zu tanken, Widerspruch war nicht der Plan.
Doch ich bin nicht für die gute Stimmung zuständig, soll er sich doch ruhig richtig ärgern, er hat angefangen, er wollte meine Meinung und die kriegt er.

"Wer von uns beiden die Birne ist, erschließt sich mir nicht so richtig, aber das spielt auch, so glaube ich, nicht die Rolle bei der Bewertung Ihres Projekts.
Würden in Deutschland Pflegekräfte vernünftig behandelt und bezahlt, dann würde es keinen Pflegenotstand geben, ich habe das Gefühl, Sie wollen doch kein Problem lösen. Sie wollen doch nur Kohle verdienen und das auf eine Art und Weise, von der niemand etwas hat, weder die Bewohner, noch die Chinesen.
Herrn Goethes Zauberlehrling warnte gar eindringlich vor solchen Versuchen, bei denen sehr häufig am Schluss oder auch mittendrin der Aufschrei folgt: "Die Geister die ich rief, werde ich nun nicht wieder los!"
Was uns beide Geister betrifft, da müssen Sie sich keine Sorgen machen, unser Vertrag endet in fünf Tagen und unser Chinesisch ist so schlecht, dass eine Verlängerung leider vollkommen ausgeschlossen ist."

Der beschlipste Nadelstreifenträger wird hochrot im Gesicht, seine Halsvenen sind gestaut, er ist so richtig im Brass. Er ärgert sich so richtig ordentlich, es gibt doch auch richtig tolle Moment im Leben eines Geschäftführers, dass ich ihm dazu verhelfen durfte, freut mich schon sehr.
"Was bilden Sie sich eigentlich ein?", faucht er mich an
Jetzt will ich aber auch endlich mal was essen und entschließe mich, dieses Gespräch zu beenden.
"Mit Verlaub, Herr Fuchs, Sie haben mich nach meiner Meinung gefragt, wenn Sie damit nicht zufrieden sind tut es mir leid, aber nicht weh, vielleicht fragen Sie jemand anders."
   Die dafür in Frage kommenden Kandidaten stehen schmunzelnd in unmittelbarer Nähe und fanden, dass Otto-gegen-Fuchs-Gespräch scheinbar wesentlich lustiger als das Hauptprogramm.
Ihm ist die weitere Meinungsforschung vergangen und er verlässt mit Begleitung die Örtlichkeit.
   Nun wissen wir Bescheid.
Gemeinsam mit den Hauptdarstellern haben auch die "restlichen Schauspieler" die Veranstaltung verlassen.
So ist „das Publikum" unter sich und ziemlich gesprächbereit.
Würde der Meister hören, was seine Untertanen über seine Pläne denken, ihm würden die Ohren klingeln.
Die einhellige Meinung aller Anwesenden zur Sache ist zusammenfassend gelinde gesagt, dass hier eine riesengroße Sauerei geplant ist.
   Aber was habt ihr denn erwartet?
Da muss ich gestehen, alles, aber das nicht, Charlotte auch nicht.
Wenn man den Meinungsäußerungen der Nochkollegen glauben kann, dann kann der Chef bei seiner geplanten Unternehmung nicht mit der Hilfe der Stammbesatzung rechnen.
Bleiben auch nur noch Kapitän Fuchs und seine Nonnen plus, nicht zu vergessen, seine Chinesen.
Mit Kloppo und der Heimleitung war es schon eine verrückte

Kiste, doch ohne die beiden werden die letzten Tage sicherlich mehr als nur eine Mutprobe.

Mit den neu eingekauften Nonnen in der Chefetage, den Bewohnern auf gepackten Koffern, bereit zum Auszug, und die Kollegen aus Peking schon fast vor der Tür, nicht zu glauben aber trotzdem wahr.

Ein Szenario, wo selbst der Erfinder des Wahnsinns zähneknirschend zugeben müsste, dass er so etwas nicht für möglich halten würde.

Trotzdem es ist doch "ein dicker Hund", da zaubern die Typen so ein Kaninchen aus dem Zylinder und dann machen sie sich dünne.

Es ist ja nicht so, dass es unter den Zurückgebliebenen auch nur einen Einzigen gibt, der über den kollektiven Abgang der "Künstler" böse ist, aber es wäre trotzdem nicht ganz schlecht gewesen, wenn sie erzählt hätten, wie es in den nächsten Tagen weitergehen soll.

Auf der anderen Seite, wie soll es schon weiter gehen. Sicherlich so wie bisher, zwar ohne die bisherige Obrigkeit, aber wenn man es richtig betrachtet, es hat mit mehr oder weniger davon irgendwie funktioniert, dann bringen wir die letzten Tage auch noch über die Bühne.

Wir machen unseren Job, da ist es eigentlich egal, wer in den Büros sitzt. Die haben jetzt sehr wahrscheinlich andere Probleme, als uns auf unsere letzten Tage auf die Füße zu treten.

Warum auch?

Die Schwarz/Weißen müssen die Ansage machen wie es laufen soll und wenn nicht, dann ziehen wir eben das Chaos gnadenlos durch.

Obwohl, es wäre schon eine Beruhigung für die Belegschaft, wenn nicht alle Bewohner zur gleichen Zeit ihre Flucht, besser gesagt die Umzugswagen vor dem Haus parken lassen würden.

Wie als wenn jemand meine Gedanken erhört hatte, erscheint die frisch gekrönte PDL und spricht: "Lassen Sie sich nicht stören, nur einige Infos für die nächsten Tage. Die Dienstpläne behalten ihre Gültigkeit, wie Sie sich denken können ist ein Umzug von vierzig Heimbewohnern an einem Tag nicht zu bewältigen, aus diesem Grunde habe ich mit dem übernehmenden Pflegeheim die Absprache getroffen, dass der Umzug in fünf Gruppen zu je acht Bewohnern erfolgen wird. Fünf im Frühdienst und drei im Spätdienst, die erste Gruppe zieht morgen früh um, die Namen und die Abfahrtszeiten liegen schriftlich in den Dienstzimmern vor, die Bewohner wissen Bescheid, die Angehörigen sind informiert und haben ihre Hilfe zugesichert, die Koordination des Ganzen liegt in meinen Händen.

Es ist eine große Herausforderung, aber gemeinsam werden wir es schaffen, bei Problemen wissen Sie, wo mein Büro ist, Gott wird uns leiten, ich wünsche Ihnen noch einen schönen Tag.“

Respekt. Für so etwas hätte Kloppo Jahre gebraucht, so ein Kaliber hätten wir früher gebraucht, aber man muss zufrieden sein über etwas was man spät bekommt, besser spät als nie. Nun ist es raus. In fünf Tagen ist Schicht im Schacht, passt ja gut, in fünf Tagen war ja auch unser letzter Tag geplant.

Es ist gut dass nun jeder weiß woran er ist, der spontane Auftritt der Oberin hat uns gezeigt, es geht auch anders, dem verwirrten Pflegeheimbetrieb folgt anders als befürchtet wenigstens ein geordneter Abgang.

Apropos Abgang. Genug geredet. Genug gehört. Wir ziehen uns nun zurück.

In wenigen Stunden ist Nachtschichtzeit. Bis dahin, denke ich, ist es gar nicht so schlecht noch ein paar Liter Luft durch den Rachen schnarchen.

Irgendwie lockerer schlendere ich nach einem entspannten Matratzenhorchdienst zum Dienstbeginn.

Auch das Spätdienstduo ist gut drauf, das ist aber auch kein Wunder, stehen die beiden doch schon in fünf Tagen auf der Gehaltsliste des neuen Pflegeheims.

Warum sollen sie sich auch noch irgendwelchen Stress machen?

Die Mehrzahl der Gammlinger ist in Gedanken schon auf Tour,

das Personal zählt die Stunden, so sind alle mehr oder weniger beschäftigt.

Selbst die Übergabe ist so etwas von absolut problemlos wie von mir noch nicht erlebt, ein Novum in diesen heiligen Hallen...

Hat ein höheres Wesen dem Ausscheiden des Heimes seinen Segen erteilt, oder warum läuft nach der Ankündigung des "Chinesenprojekts" alles scheinbar besser?

Ich weiß doch auch nicht?

Es ist schon ein merkwürdiges Gefühl, ein intaktes Pflegeheim aufzulösen.

Wo heute noch geschäftiges Treiben herrscht, ist in fünf Tagen das Licht aus, keiner mehr da, fast alle weg.

Die organisatorischen Vorbereitungen für die Gammlinger-Verschickung liegen auf dem Schreibtisch im Dienstzimmer.

Fünf Schnellhefter für fünf Tage und vierzig die ausziehen, um in einem anderen Pflegeheim glücklicher zu werden.

Gerhardt, Zenzi, Hilda, Doro und Helga gehen am ersten Tag auf Transport, vermutlich hat man ihnen ihre revolutionäre Nachtschicht nicht vergessen und will die fünf ganz schnell an anderer Stelle in Sicherheit wissen.

Kaum lese ich das Organigramm für die geplante Abreise, da höre ich die ganze Gesellschaft, sie feiern ein bisschen, natürlich, wie es sich gehört, in Hildas Höhle und alle sind gekommen.

Gerhardt begrüßt mich: "Na Otto, hast du schon Chinesisch gelernt?" Ich entgegne ihm: "Na Gerhardt, wieder dabei, einen neuen Aufstand zu planen?" Alle lachen.

"Nein, nein", versichert Zenzi, „wir werden doch in unserer letzten Nacht hier keinen Ärger mehr machen."

Na da bin ich ja beruhigt, denke ich mir, ich verabschiede mich von jedem mit Handschlag und wünsche der Fünferbande alles erdenklich Gute und das meine ich wirklich.

Ich werde sie vermissen. Stimmt nicht ganz, sie werden mir fehlen.

Ich werde sie auf jeden Fall in Erinnerung behalten
und sicher auch ab und an an sie und ihre kleinen
oder größeren Späße denken und gemeinsam mit
meiner Charlotte so manches Mal auf sie alle
miteinander anstoßen bei einem Glässchen Rotwein
in gemütlicher Stunde.

Fünf Tage und Nachtschichten später sind von ehemals siebenundvierzig Gammlingern noch fünf im Haus und auch diese werden in Kürze von ihren Angehörigen abgeholt, so sagte man mir.

Die neue Pflegelabor-Ära kann beginnen, bleibt zu hoffen, dass Ying und Yang in richtigem Verhältnis stehen.

Nach meiner letzten Nachtschicht startet Charlotte unser Auto, unser Ziel heißt Heimat. Vorläufig. Bis zum nächsten Einsatz.

Solche Menschen wie Otto und Charlotte kämpfen in vielen Pflegeeinrichtungen Deutschlands.

Und wer meint, die Gelder für eine ordentliche Pflege fehlen, der hat vielleicht Recht. Aber es gibt durchaus Möglichkeiten, Gelder dafür freizusetzen. Hier ist wohl aber die Politik eines jeden Landes gefragt.

Es wird Zeit, über den eigenen (goldenen?) Tellerrand hinauszuschauen.